알기 쉬운 경영분석

Management Analysis

김종호 | 노덕환 공저

도서출판 두남

머리말

세계 경제의 불확실성과 변화 속에서 우리 기업이 성장과 침체를 반복하면서 경제의 견인차 역할을 수행하고 있는 동안 세상 사람들은 기업에 대해서 지대한 관심을 갖게 된다.

구체적으로 경영자, 주주, 채권자, 구성원, 소비자, 노동단체 등 기업과 직·간접으로 이해관계를 맺고 있는 많은 사람들은 그들 각자의 의사결정을 하기 위해서 정확하고 다양한 정보를 적시에 필요하게 된다.

이러한 필요에 의해 기업의 경제적 현상과 미래의 방향에 관한 정보를 가공·생산해 주는 것이 바로 경영분석이다.

이 「알기 쉬운 경영분석」은 경영분석을 처음 공부하는 학생들은 물론 기업실무자에게 이르기까지 경영분석의 원리를 체계 있게 잡아 주려는 길잡이로 쓰인 것이다. 저자는 대학에서 경영분석을 강의하면서 학생들 수준에 맞는 맞춤식 강의를 하기 위해 노력해 왔다. 그러나 대부분의 교재들이 매우 어려운 수준과 내용을 담고 있어 강의 내용과 교재 내용이 동떨어지는 경우가 많이 있었다. 이런 경험을 토대로 학생들이 쉽게 읽을 수 있는 교재를 만들기 위해서 다음과 같은 점에 중점을 두고 「알기 쉬운 경영분석」을 만들었다. 따라서 이 세 가지 점이 이 책의 특징이 되겠다.

첫째, 경영분석의 기본적인 내용을 체계화하려고 노력하였다. 경영분석은 재무제표분석을 기초로 하기 때문에 이를 체계적으로 이해할 수 있는 논리적 틀이 필수적으로 요구된다.

둘째, 대학의 초학년 수준에서 꼭 알아야 할 기본적인 내용들을 쉽게 설명하기 위해서 가급적 수학적 접근을 피하고 알기 쉬운 용어를 사용하였다.

셋째, 최근 개정된 기업회계기준에 따라 내용을 쇄신하고 사례기업 등의 자료 또한 최근의 데이터를 사용하였다.

그러나 경영분석의 기초 내용을 모두 다루면서 이해하기 쉬운 교재를 만들어 보겠다는 저자의 의욕에도 불구하고 여러 가지 부족한 점이 있을 것으로 생각된다. 이에 대한 어떠한 비판이나 질책도 적극적으로 수용하는 한편 더 많은 연구와 노력을 통해서 완벽하게 다듬고 가꿀 것을 약속한다.

이 책이 나오기까지 감사해야 할 분이 많이 있다.

먼저 책이 집필되는 과정에서 국내·외 많은 학자들의 논저(論著)를 많이 참고·인용하였고, 사전에 일일이 양해를 구하지 못한 점 사과와 함께 감사드립니다.

또한 따뜻한 집필분위기를 만들어 주신 교수님, 많은 자료를 제공하여 주신 중앙도서관 직원, 항상 옆에서 많은 성원과 관심을 보여 준 우리 학생들, 그리고 이 책의 출판에 많은 협조와 노고를 아끼지 않으신 두남 임직원 여러분께 진한 감사의 마음을 드립니다.

이 모든 분들께 보다 많은 행운이 함께 하시길 간절히 기원합니다.

2019년.

김 중 호 · 노 덕 환

차 례

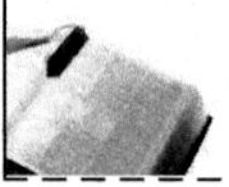

제 1 장 기업의 경영배경 이해

재무제표를 이해하는 데는 그 기업의 경영내용 및 배경을 이해하는 것이 중요하다. 오늘날 기업의 문제를 관찰하는데 있어서는 시스템적 사고를 사용하고 그것에 의하여 경영문제를 해결하고자 하는 경향이 증대되고 있다. 왜냐하면 어떤 문제를 시스템으로서 접근하게 되면 중요한 변수, 제약요소와 그들 간의 상호작용을 파악할 수 있기 때문이다.

제 1 절 경영관리의 이해 : 경영관리의 시스템 모형

기업조직은 그 외부환경과 상호의존관계에 있으며, 산업, 경제 체제 및 사회와 같은 보다 큰 시스템의 한 구성 부분이다. 다음 [그림 1-1]에서 알 수 있듯이 기업은 투입을 받아들이고, 그것을 변환하고, 외부환경에 대하여 산출을 제공하는 것이다.

그러나 이러한 단순한 모형은 여러 가지 투입이 관리기능 – 계획・조직・충원・지휘 및 통제 – 을 통하여 어떻게 변환되는가 하는 것을 설명하는데 부족하므로 경영관리의 시스템적 접근모형을 도입하여 하나하나 설명한다.

[그림 1-1] 경영관리 단순모형

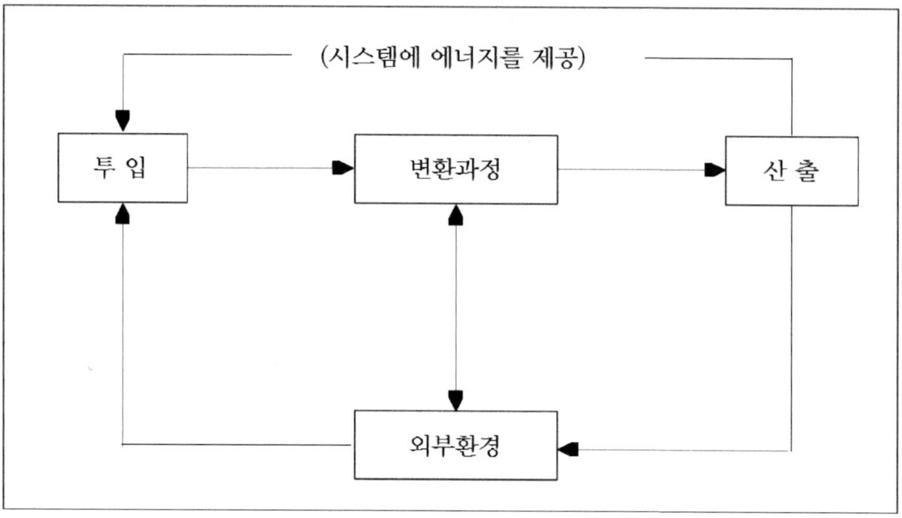

(시스템에 에너지를 제공)
투 입
변환과정
산 출
외부환경

1. 투 입

다음 [그림 1-2]에서 보는 바와 같이, 외부환경으로부터의 투입에는 사람·자본·기술·경영관리 등이 포함된다. 이들 자원은 시장가치가 있는 것이므로, 대가를 치르고 외부환경으로부터 조달해서 투입으로 활용해야 한다. 이것이 기업이라는 시스템에 에너지를 공급하는 것을 뜻한다(그림 왼쪽 참조). 그렇기 때문에, 우선 기업경영자들에게는 합리적인 경영관리를 통해 투입보다 더 많은 산출가치를 창출할 책임이 있다. 이렇게 창출된 잉여(surplus)를 가지고 그 시스템에 에너지를 재공급하는 형태로(그림 왼쪽 참조) 종전보다 더 많은 자원을 계속 재투자하여 산출을 확대·재생산할 수 있기 때문이다.

또한 기업경영자들은 어떠한 산출을 언제 어디서 얼마만큼 창출할 것인가, 그러기 위해 투입을 어떻게 경영관리할 것인가 등을 결정하여 집행할 때에(그림의 가운데 참조), 기업의 내부환경요소와 외부환경요소를 동시에 고려해야 한다.

[그림 1-2] 경영관리 시스템 모형

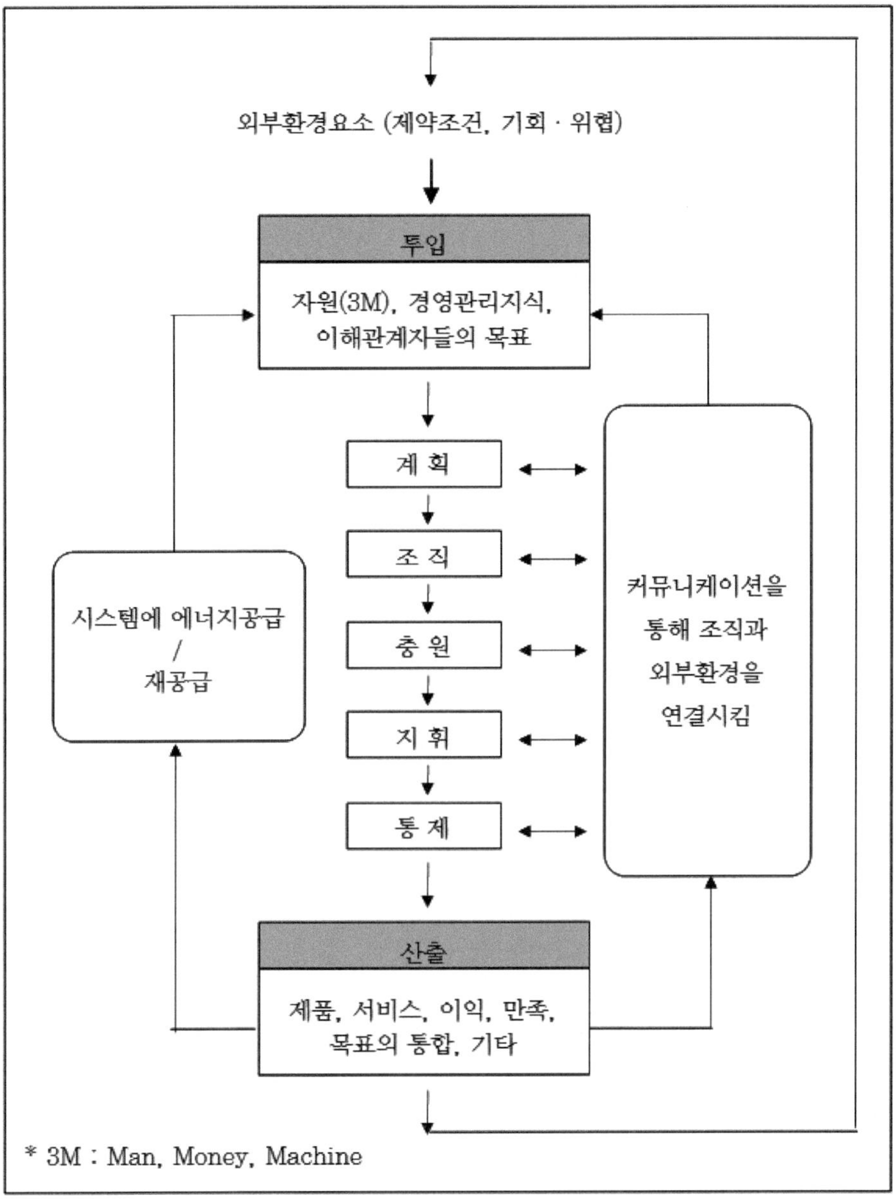

왜냐하면, 경제 · 정치 · 법률 · 윤리 등 외부환경요소들은 기업에게 기회 또는 위협으로 작용하고, 종업원 · 노동조합 · 고객 · 공급자 · 주주 · 정부 · 지역사회 등

다양한 이해관계집단은 각각 서로 다른 목표를 갖고 있어 기업에게 다양한 요구를 한다(그림 위 참조). 경영자들은 이같이 상충되는 요구들을 조정하여 기업목표로 통합하는 등 외부환경에 적응하거나 기업에 유리하게 적극 활용할 필요가 있기 때문이다.

또 실제로 그렇게 함으로써, 경영자들은 외부환경이 요구하고 기대하는 제품・서비스・만족・이익・목표의 통합 등 산출(그림 아래 참조)의 가치를 극대화하여 기업잉여를 최대화할 수 있게 된다.

2. 관리적 변환과정

효과적이고 능률적 방법으로 투입을 산출로 변환시키는 것이 경영자의 과업이다. 그러한 변환과정은 생산・마케팅・재무・인사・경영정보 등 다양한 업무기능에 초점을 맞추어서 이루어질 수 있다.

그러나 계획, 조직, 충원, 지휘, 통제 등 관리기능을 통하여 변환과정을 관리하는 관리적 접근방법이 보다 합리적이다.

3. 의사소통 시스템

의사소통은 모든 관리과정을 합리적으로 수행하는 데 필수적이다. 그것은 ① 관리기능(계획・조직・충원・지휘・통제 등)들을 통합하고 ② 기업을 외부환경과 연결시키는 중요한 기능을 하기 때문이다.

①의 예를 들면, 계획수립과정에서 설정된 목표는 그것을 달성하는 데 적합한 조직구조가 편성되도록 전달되어야 한다. 또 관리자의 선발・평가・훈련 등 충원에 필요하다. 효과적인 리더십과 동기유발에 필요한 내부환경을 조성하는 지휘도 의사소통에 달려 있다. 계획대로 실행되고 있는지 여부를 평가하고 수정조치를 취하는 통제도 의사소통시스템을 통하여 통합된다.

②의 예를 들면, 기업의 존재 이유는 소비자・시장이 존재하기 때문인데, 소비자의 필요・욕구를 확인하고 그것을 충족시켜 줄 수 있는 제품과 서비스를 공급하는 것도, 또 기업들이 다른 잠재적인 기회 또는 위협 등을 파악하여 경영관리에 반영시킬 수 있는 것도 효과적인 의사소통 시스템을 통해서만 가능한 것이다.

4. 외부환경요소

유능한 경영자는 외부환경을 정기적으로 조사(scan)한다. 물론 경영자가 이들 외부환경을 변화시키는데 거의 영향력을 행사할 수 없는 것은 사실이지만, 그들은 조사를 통하여 외부환경에 적응하는 동시에 오히려 적극적으로 활용할 수 있게 된다.

5. 산 출

기업에 필요한 투입요소를 확보하여, 외부환경요소들을 고려한 관리기능(계획·조직·충원·지휘·통제)의 수행을 통하여 투입요소를 산출로 변환시키는 것이 경영자의 과업이다. 비록 산출의 종류는 기업에 따라 다르지만, 일반적으로 제품·서비스·이익·만족 내지 이해관계집단들이 추구하는 목표의 통합 등이 포함된다.

제품과 서비스의 경우, 시장성과 판매성이 뛰어나서 경쟁력이 있어야 이익을 창출하면서 팔 수 있는 것이다. 이는 합리적인 경영관리가 전제되어야만 실현될 수 있는 것이다.

이와 같이 합리적인 경영관리를 통하여 이익을 계속 창출하고 재투자하는 기업만이 계속 성장·발전할 수 있다. 기업이 그렇게 성장하기를 바라고 또 성장·발전에 필요한 자발적인 노력과 공헌을 구성원들로부터 이끌어내기를 원한다면, 기업 내부와 외부에 많은 만족(satisfactions)을 제공해야 한다. 만족에는 인간의 생리적인 욕구뿐만 아니라 안전·사회적·존경·자아실현 등의 욕구를 충족시키는 것도 포함된다.

기업의 또 다른 산출은 여러 이해관계집단이 추구하는 서로 다른 목표를 기업의 목표에 통합(goal integration)시키는 것이다. 소비자 보호단체와 환경보호단체의 소비자보호 및 환경보호의 목표를 기업의 목표와 통합시켜 실제로 소비자 및 환경을 보호하는 것이 그 예이다.

6. 시스템에 대한 에너지 재공급

경영관리 시스템 모형에서 산출의 일부 내지 투입-산출 관리과정에서 창출된 잉여(이익)의 일부가 재투자의 형태로 다시 투입되어 확대재생산에 활용되고 있다

는 것이다.

이익은 현금의 형태로 또는 기계설비 · 장비 · 건물 · 제품과 같은 자본재의 형태로 재투자된다. 또한 종업원의 만족은 아주 중요한 인간적 투입이 된다. 이렇게 기업이라는 시스템에 에너지를 재공급하는 것이다.

제2절 업무기능별 관리의 이해

1. 생산 · 운영관리

생산관리의 첫 출발점은 생산시스템의 설계이다. 즉, 생산목표를 달성하기에 적합한 시스템을 먼저 설계하고, 그 시스템이 원활하게 진행되도록 관리(생산 활동의 계획 운용 통제)하는 것이다. [그림 1-3 참조]

(1) 생산시스템의 설계

기업이 생산을 하려면 주체가 되는 생산시스템이 있어야 한다. 생산시스템은 곧 기업이라고 할 수 있는데, 기업 안에 있는 생산적 기능을 포괄하는 개념이다. 생산시스템은 효과적으로 생산활동이 수행될 수 있도록 설계되어야 한다.

생산시스템이 일단 만들어지고 나면 쉽게 옮기거나 바꿀 수 없다. 이처럼 잘못 만들어진 생산시스템은 그 영향이 매우 오래 가기 때문에 설계과정부터 신중하게 접근해야 한다. 생산시스템의 설계에서는 어떤 제품(서비스)을 어떤 설비와 인력을 가지고 생산할 것인가에 관한 의사결정을 한다.

(2) 생산활동의 계획

생산시스템이 일단 만들어지면 실질적인 생산활동을 시작하게 된다. 생산시스템을 만드는 일은 가장 중요한 일이기는 하나, 일상적인 일은 아니다. 그에 비하여 생산활동의 계획은 생산시스템이 그 기능을 멈추지 않는 한 계속된다는 점이 다르다.

생산활동의 계획은 수요예측에서 시작된다. 오늘날 생산시스템의 생산형태는 대부분 계획생산이기 때문이다. 생산활동의 계획이란 수요예측을 기초로 어떤 제품을 언제, 얼마나 생산할 것인가를 결정하는 과정이다. 효율적으로 수립된 생산계획은 생산능력의 증감시기와 양을 결정하게 되어 향후 필요한 자원(인적·물적)의 확보에 관한 정보와 생산가능한 물량에 관한 정보를 제공, 재무계획과 마케팅계획의 수립을 용이하게 한다.

(3) 생산활동의 운용과 통제

생산시스템을 설계하고 계획을 수립한 후 기업은 생산활동을 수행한다.

그리고 생산이 계획대로 진척되고 있는지 수시로 확인할 필요가 있다. 즉, 생산성과를 측정하여 생산계획과 비교할 필요가 있다. 만일 생산성과가 계획에 미치지 못하고, 생산방식이 의도된 대로 움직이지 않는다면, 이를 원래 궤도에 올려놓는 노력이 필요하다.

[그림 1-3] 생산·운영관리 체계

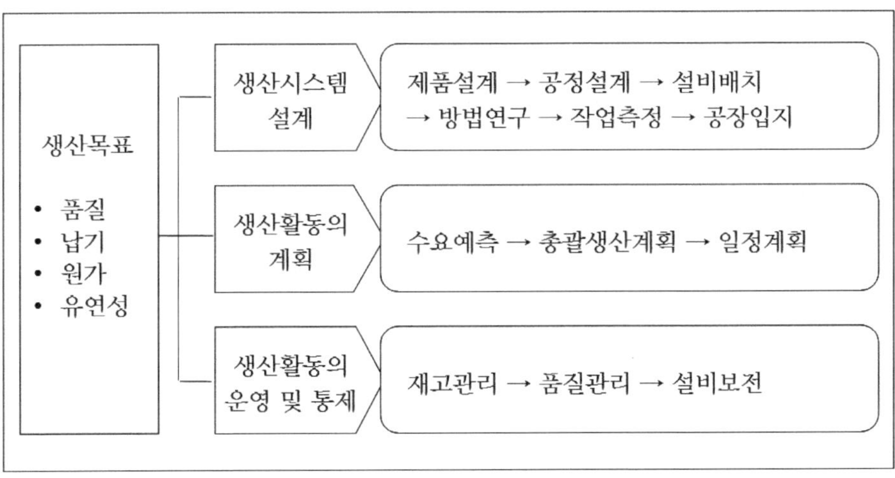

2. 마케팅관리

마케팅관리는 표적시장(소비자)의 욕구충족과 조직의 목적을 달성시켜 주는 교환을 창조하고 증대하기 위하여 제품, 가격, 유통 및 촉진 등 마케팅믹스를 개발하고 적절한 경쟁적 전략을 수립하여 이에 따라 마케팅활동을 수행하고 통제하는 것이다. 마케팅관리과정은 전략적 계획의 큰 틀 속에서 시장기회의 분석, 표적시장의 선정, 마케팅믹스의 개발, 경쟁적 전략의 수립, 마케팅프로그램의 실행 및 통제로 이어진다. [그림 1-4 참조]

[그림 1-4] 마케팅관리 체계

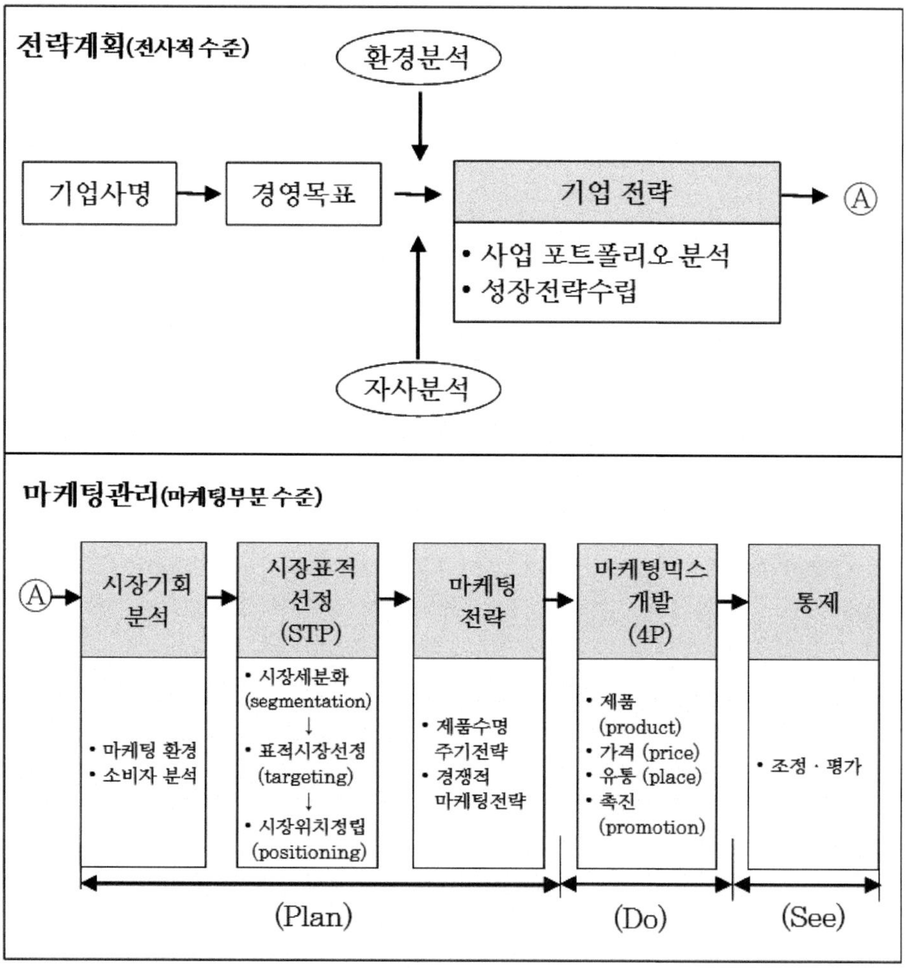

전략계획(전사적 수준)

환경분석 ↓

기업사명 → 경영목표 → 기업 전략 → Ⓐ

- 사업 포트폴리오 분석
- 성장전략수립

↑ 자사분석

마케팅관리(마케팅부문 수준)

Ⓐ → 시장기회 분석 → 시장표적 선정 (STP) → 마케팅 전략 → 마케팅믹스 개발 (4P) → 통제

시장기회 분석	시장표적 선정 (STP)	마케팅 전략	마케팅믹스 개발 (4P)	통제
• 마케팅 환경 • 소비자 분석	• 시장세분화 (segmentation) ↓ • 표적시장선정 (targeting) ↓ • 시장위치정립 (positioning)	• 제품수명 주기전략 • 경쟁적 마케팅전략	• 제품 (product) • 가격 (price) • 유통 (place) • 촉진 (promotion)	• 조정 · 평가
(Plan)			(Do)	(See)

수요가 공급을 초과하는 시장환경에서는 설비를 투자하고 생산시스템을 효율적으로 운영하여 대량생산을 하는 기업이 많은 이익을 얻을 수 있었으나, 공급이 수요를 초과하고 고객니즈의 다양화 및 정보공유가 용이하여 경쟁이 치열한 시장환경에서는 고객의 니즈를 빠르게 인지하여 상품화 가능성을 검토하고 결정하는 상품기획의 역할과 사용 편리성과 경제적 효용가치를 극대화시킬 수 있는 개발능력이 중요시 되어지고 있으며, 상품기획과 개발을 분리된 조직으로도 운영을 하고 있다.

3. 인적자원관리

인적자원관리는 인적자원계획을 기초로 직무나 종업원에 대한 분석자료, 즉 직무분석, 직무평가, 인사고과 등을 바탕으로 필요한 인원을 모집, 선발하는 확보관리 과정을 거치게 된다. 이후에는 인적자원 이동, 교육훈련 등 개발관리, 보상관리, 유지관리의 과정을 거치며 이러한 과정이 적절한가 평가하는 인적자원통제를 행하게 된다. [그림 1-5 참조]

[그림 1-5] 인적자원관리 체계

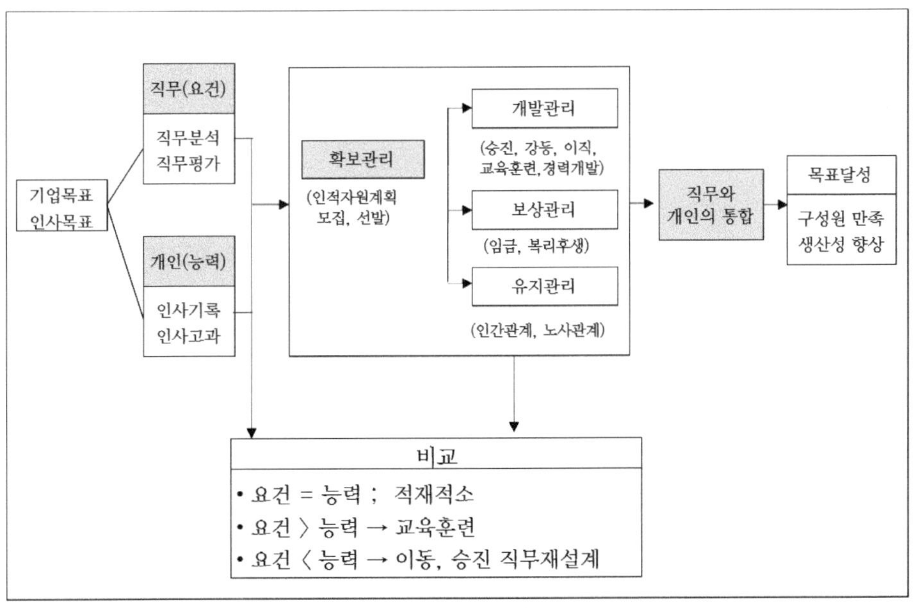

4. 재무관리

(1) 투자 결정

기업이 어떤 자산에 얼마만큼 투자해야 할 것인가 하는 재무상태표의 차변항목에 관련된 의사결정으로서 조달된 자본을 효율적으로 배분하는 자본운용을 의미한다. 투자결정에 의하여 기업의 자산구성이 결정되는데 이의 목표는 기업자산의 최적배합에 있다.

(2) 자본조달결정

투자에 소요되는 자본을 어떻게 조달할 것인가 하는 재무상태표의 대변항목에 관련된 의사결정을 말한다. 자본조달결정에 의하여 자본구조가 결정되는데 이의 목표는 기업자본의 최적배합에 있다. J.C.Van Horne 등은 자기자본에 관련된 의사결정을 특히 배당결정으로 따로 분리하고 있으나 배당문제는 자본조달과 관련되어 있으므로 자본조달결정의 한 부분으로 간주한다.

(3) 운전자본관리

단기영업자금을 어떻게 관리할 것인가?의 의사결정을 다루는 기능이다. 외상매출금 회수 또는 자재구입비용의 지출 등 매일매일의 필요자금 등을 관리한다.

(4) 재무분석 · 계획 · 통제

투자결정, 자본조달결정 등 주된 기능 이외에 이들 의사결정의 원활한 수행을 위한 기초자료를 제공하는 기능이다. 이는 기업이 처해 있는 현황과 문제점을 파악하고 앞으로 일어날 여러 경우를 예측하여 대비하고 경영성과를 분석하여 개선책을 강구한다.

재무관리는 기업이 필요로 하는 자금을 합리적으로 조달하고, 조달된 자금을 효율적으로 운용(투자)하는 관리기능으로서 궁극적 목표는 기업의 가치를 극대화하는 것이다. 따라서 이들 기능은 각기 독립된 것이 아니다. 왜냐하면 자본조달은 투자를 위한 것이며, 투자결정은 재무관리의 목표를 최적 달성할 수 있는 수준에서 이루어져야 하기 때문이다. 따라서 재무관리의 각 기능은 상호의존관계에 있으며

이들은 모두 통합되어 재무관리의 목표를 효율적으로 달성할 수 있는 방향으로 발휘되어야 한다. [그림 1-6 참조]

[그림 1-6] 재무관리의 체계

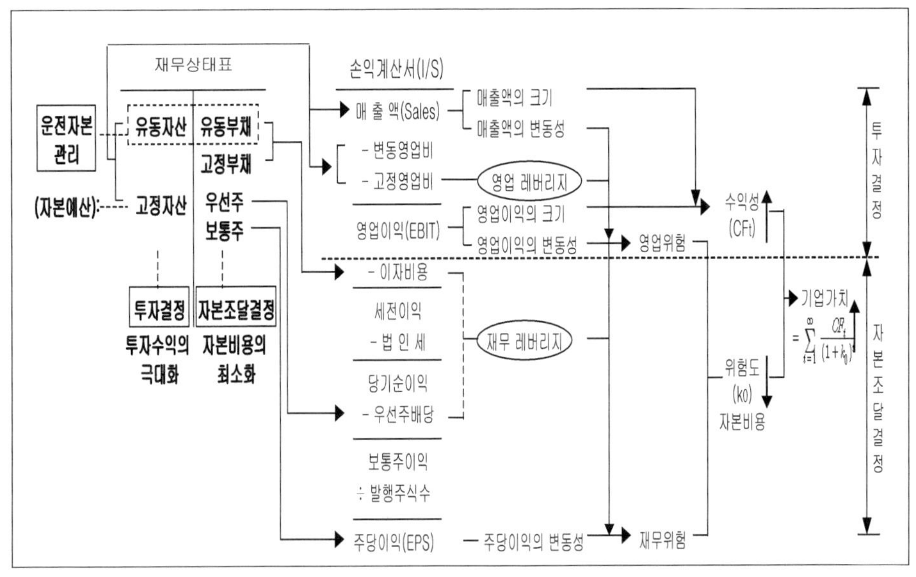

5. 회 계

회계(accounting)는 그 목적을 달성하기 위하여 기업의 경제적 활동을 측정하고 이를 체계적으로 처리한 다음 이해관계자에게 전달하여야 한다. 이를 위하여 기업은 필요한 제반 절차를 설계하고 운용하는데, 이를 총괄하여 회계시스템(accounting system)이라고 한다. 먼저 회계는 기업의 활동을 인식 · 측정하여 자료로서 기록한 다음, 이 자료를 저장하였다가 필요할 때 유용한 정보로 이용될 수 있도록 처리한다. 이러한 정보는 재무제표 등의 회계보고서로서 기업 경영활동에 관심을 가진 이해관계자들에게 전달될 수 있어야 한다. [그림 1-7]은 회계시스템에 의하여 산출되는 주요 재무보고서와 이를 이용하는 이해관계자들의 관계를 표시하고 있다.

[그림 1-7] 회계의 체계[1)]

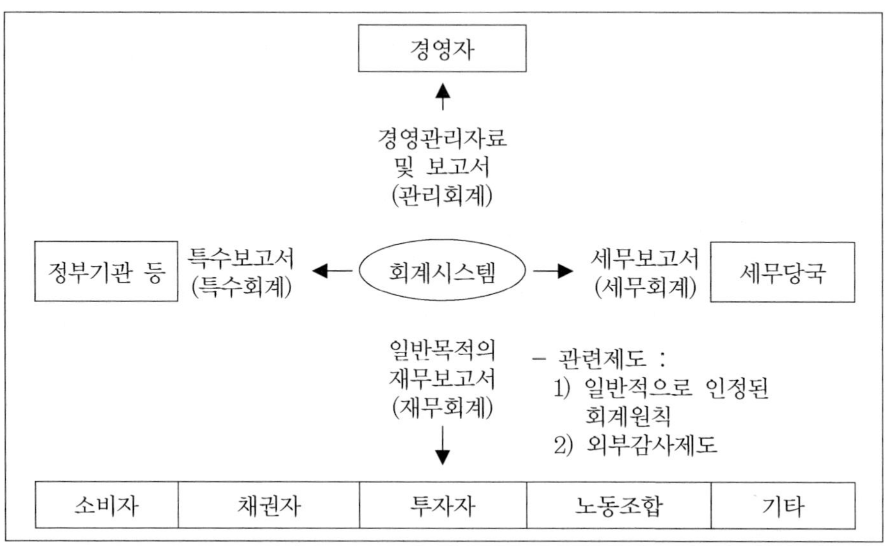

제3절 회계의 이해

1. 회계와 경영활동[2)]

(1) 회계의 의의

기업을 둘러싸고 있는 이해관계자는 주주, 경영자, 은행 등의 채권자, 소비자, 정부 및 규제기관, 노동조합 등 다양하다. 이들은 모두 기업과 관련해서 지속적으로 경제적 의사결정을 해야 하는데 회계(accounting)란 이러한 이해관계자들의 의사결정에 도움이 될 수 있는 정보를 제공하는데 목적이 있다. 그래서 주부가 가계부를 쓰듯이 기업의 경영활동에 따른 모든 거래를 화폐단위로 측정하고 기록해서 이에 관한 정보를 이해관계자에게 보고하는 일련의 과정을 회계라고 정의할 수 있다.

---

1) 송인만 外. 회계원론, 신영사, p.22
2) 이의경, 회계에서 재무까지, 신론사, pp.21-27.

(2) 경영활동의 내용

회계기록의 대상이 되는 경영활동은 화폐적 가치로 측정할 수 있는 거래이어야 한다. 이러한 경영활동은 대체로 영업활동, 투자활동, 재무활동의 세 가지 범주로 구분할 수 있다. [그림 1-8 참조] 영업활동이란 기업이 본래의 영업활동을 수행하는 과정에서 발생되는 거래를 말한다. 예를 들어서 제과회사의 경우에는 밀가루, 설탕과 같은 원재료를 구입하고 이를 가공해서 빵이나 과자와 같은 제품을 생산하여 이를 소비자에게 판매하는 활동이 영업활동이다. 투자활동이란 토지나 건물을 매입하고 새로운 설비를 도입하는 것처럼 비교적 거래의 규모가 크면서 기업에 장기적인 영향을 주는 거래를 말한다. 뿐만 아니라 합병이나 장기적인 투자수익을 목적으로 유가증권을 매매하는 것도 투자활동에 속한다. 대체로 이러한 거래는 기업의 생존에 영향을 줄 수도 있기 때문에 신중한 의사결정이 요구된다. 재무활동이란 앞서 설명한 영업활동과 투자활동을 수행하는 과정에서 필요한 자금을 조달하거나 남는 여유자금을 운용하는 거래를 말한다. 예를 들어, 부족한 자금은 은행에서 차

[그림 1-8] 경영활동과 현금순환과정

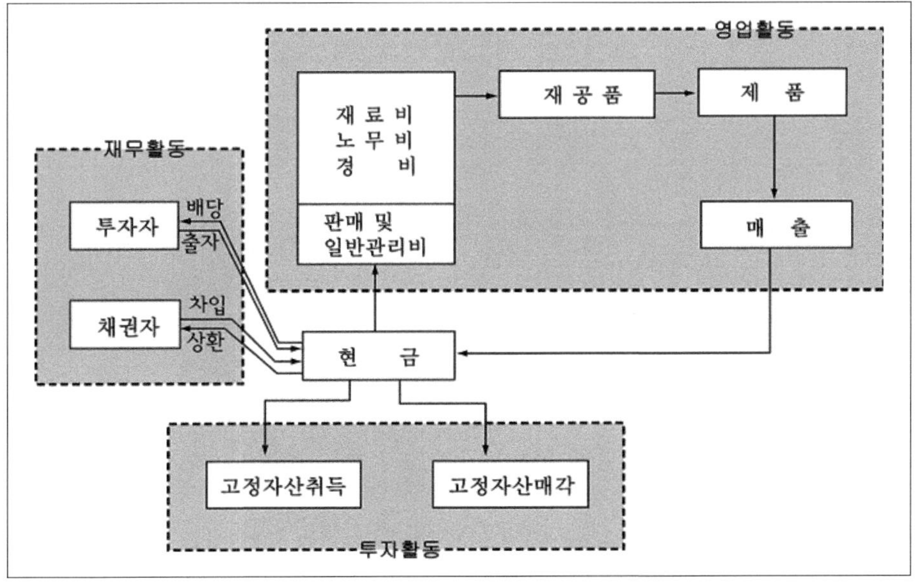

입금을 조달하거나 증권시장에서 주식을 발행하여 조달할 수 있을 것이다. 반대로 여유자금이 있으면 차입금을 상환하거나 일시적으로 예금을 할 수도 있는데 이런 것들이 모두 재무활동에 포함되는 것들이다.

(3) 회계과정

경영활동을 수행하는 과정에서 화폐적 거래가 발생되면 이에 대한 회계처리가 뒤따라야 한다. 그런데 이러한 회계과정은 크게 회계처리과정과 회계보고과정으로 구분할 수 있다. 회계처리과정이란 경제적 사건이나 거래를 화폐단위로 측정하고 이를 기록하는 것을 말한다. 구체적으로는 각 부서에서 발생한 매일 매일의 거래에 대해 전표를 발행하고 이를 장부에 기록하는 업무를 말한다. 일반적으로 경리부서에서 연중 내내 하는 일이 바로 이러한 회계처리과정이라고 보면 될 것이다. 회계보고과정이란 연중 기록된 자료를 회계보고서로 작성하여 보고하는 것을 말한다. 구체적으로는 연중 내내 기록된 회계장부를 통해서 재무제표를 작성하고 이를 공고하는 것을 말한다. 경리부서에서 매년 한 번씩은 결산작업으로 야근하는 일이 있게 마련인데 이것이 회계보고 과정이라고 생각하면 된다. 그런데 최근에는 회계작업이 대부분 전산화되었기 때문에 회계보고서를 종전과는 달리 반년, 분기별, 또는 월별로 작성하여 보고하는 경우가 많아졌다.

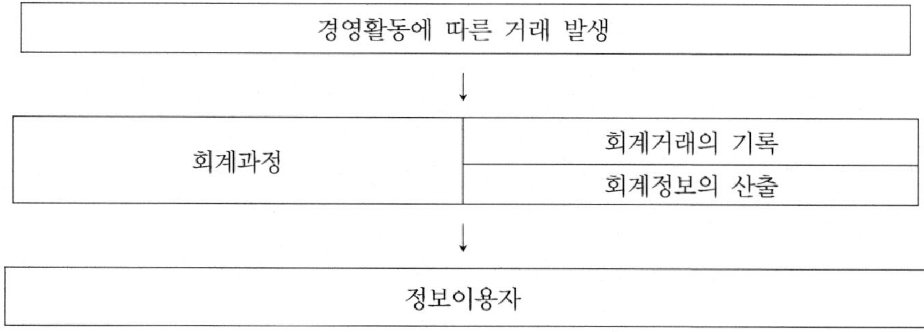

2. 회계(학)의 체계

회계(학)는 크게 재무회계와 관리회계 두 가지로 구분할 수 있으며 이 두 영역에

공통적으로 원가회계가 위치하고 있다. 또한 재무회계의 연장선상에서 재무제표의 작성과 세무회계를 파악할 수 있으며 관리회계를 통해 경영자의 의사결정과 경영자의 성과를 평가할 수 있다. 이를 요약하면 [그림 1-9]와 같다.

[그림 1-9] 회계학의 체계

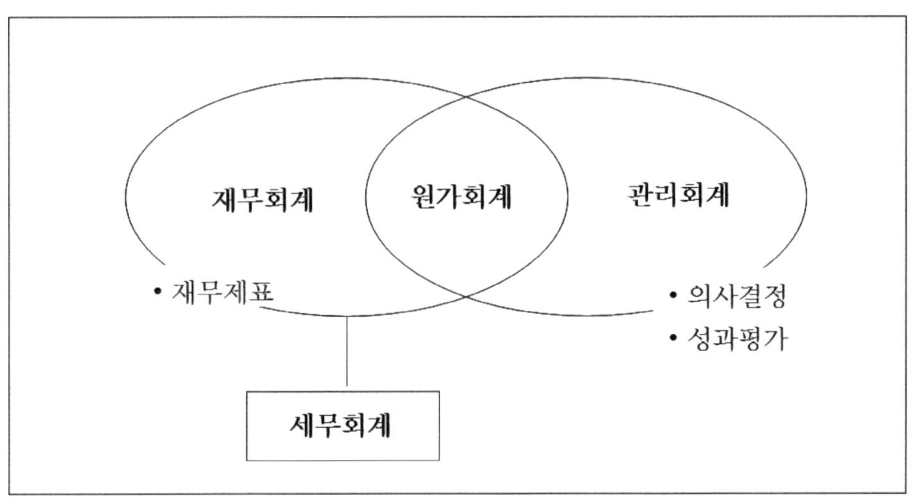

(1) 재무회계와 관리회계

회계보고서를 이용하는 사람을 중심으로 이들의 유형에 따라서 회계를 구분하면 크게 재무회계(financial accounting)와 관리회계(management accounting)로 구분된다. 재무회계는 외부이용자에게 기업의 재무상태 및 경영성과에 관한 정보를 제공하는 것을 주된 목적으로 한다. 외부이용자에는 주주, 채권자를 비롯한 투자자는 물론이고 정부, 세무서, 거래처 등도 포함된다. 재무회계에서 만들어진 정보는 여러 이해관계자가 이용하기 때문에 객관적이어야 한다. 그리고 모든 기업들을 서로 비교할 수 있어야 하기 때문에 정해진 기준에 따라서 회계보고서가 작성되어야 한다. 이에 반해 관리회계는 내부이용자에게 의사결정에 필요한 정보를 제공하는 것을 주된 목적으로 한다. 이때에 내부이용자란 주로 경영자를 말하는데 경영자는 관리적 의사결정을 하거나 업적평가를 할 때에 필요한 판단자료를 관리회계에서 얻을 수 있다. 관리회계는 이처럼 경영자가 특정한 목적으로 이용하는 정보를 제공하는 것이기 때문에 회계보고서를 작성하는 기준이나 양식도 정해진 것은 없다. 다만 정보를 이용하려는 목적에 알맞게 작성하기만 하면 된다. [그림 1-10 참조]

[그림 1-10] 재무회계와 관리회계

구 분	재무회계	관리회계
정보이용자	외부이해관계자(주주, 채권자, 소비자, 잠재적 투자자 등)	내부이해관계자
회계목적	투자의사결정에 필요한 정보	경영의사결정 및 성과평가
정보의 특성	객관성	목적적합성
준거기준	기업회계기준	정해진 기준 없음
보고방법	재무제표	정해진 양식 없음
보고시기	정기(결산기말)	수시

(2) 원가회계와 세무회계

원가회계(cost accouting)는 제품을 생산하거나 서비스를 창출하는 데 발생하는 원가를 집계하고 분류, 배부하여 제품원가를 산출하는 것이다. 이를 원가계산의 기능이라고 하는데 원가회계에는 이러한 원가계산 기능뿐만 아니라 원가의 흐름을 파악하여 관리적 의사결정에 이용하는 것까지 포함한다. 그래서 원가회계는 재무회계와 관리회계의 양 분야에 걸쳐있다고 볼 수 있다. 세무회계(tax accounting)는 재무회계의 연장이라고 할 수 있다. 즉 재무제표상의 순이익을 기초로 세무조정과정을 거쳐서 과세표준을 구하고 이로부터 납부세액을 산출하는 것이 세무회계의 주된 내용이다. 이때에 세무조정이란 세법규정에 따라서 재무제표상의 당기순이익을 늘리는 가산조정(익금산입, 손금불산입)과 당기순이익을 줄이는 차감조정(익금불산입, 손금산입)으로 양분할 수 있다. 이러한 조정과정을 거쳐서 과세표준액이

산출되면 여기에 세율을 곱해서 법인세액이 산출된다. 그 과정을 정리하면 다음과 같다.

 당기순이익
+가산조정(익금산입, 손금불산입)
−차감조정(익금불산입, 손금산입)
 과세표준액
× 세율(%)
 법인세액

제2장 경영분석이란?

제1절 경영분석의 의의

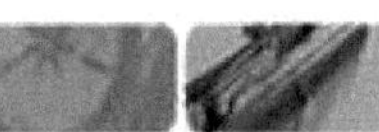

현대 자본주의 사회에서 경제주체인 기업의 중요성은 점점 커지고 있으며, 기업의 활동은 수많은 사람에게 다양한 영향을 미치고 있다. 기업을 직접 운영하는 경영자, 기업의 구성원, 주주, 채권자, 고객, 지역사회, 국가 등 거의 모든 사람이 기업활동에 영향을 받고 영향을 주는 이해관계자의 위치에 있다.

경영자가 회사의 전체 또는 부문의 효율성(영업 및 재무)을 평가하고, 투자자가 포트폴리오 결정을 하고, 금융기관 등 채권자가 대출을 원하는 기업 또는 개인의 신용상태를 사정하고, 노동조합이 단체교섭을 위한 경제적 근거를 마련하고, 정부가 산하기관의 업무를 지도・감독하고, 경영・경제학자가 기업 및 개인행위를 연구하는 등의 모든 의사결정이 기업과 관련을 맺고 있다.

이러한 의사결정을 합리적으로 하기 위해서는 이해관계자들이 기업에 관한 올바른 정보를 가지고 있어야 한다. 기업에 관한 각종 자료를 수집・분석하여, 올바른 정보를 의미 있게 추출하는 제반 활동을 경영분석 또는 재무제표분석이라 한다.[1]

예를 들어 어느 기업이 은행에 대출 신청을 했을 경우 은행은 그 기업의 대출결

1) 이 용어는 엄격히 하자면 구분할 수 있으나 오늘날에는 같은 뜻으로 혼용하여 쓰이고 있다.

정에 관한 정보를 얻기 위하여 재무상태에 관한 자료(재무상태표 등)를 수집・분석하여 단기상환능력 즉 유동성 지표를 만들어내야 하는데 이러한 일련의 과정을 말한다.

한편 경영분석은 발전과정과 분석대상의 범위에 따라 전통적 경영분석과 현대 경영분석으로 구분할 수 있다.

(1) 전통적 경영분석

전통적 경영분석(traditional approach)은 주로 재무상태표나 손익계산서, 현금흐름표 등과 같은 재무제표를 중심으로 분석하는 것으로서 재무제표분석(financial statement analysis) 또는 재무분석(financial analysis)이라고 한다. 재무제표는 기업의 재무상태와 경영성과를 집약적으로 표시해 줌으로 재무제표분석을 통하여 기업의 이해관계자들은 유용한 정보를 얻을 수 있다. 재무제표분석은 몇가지 한계점이 있음에도 불구하고, 자료를 쉽게 구할 수 있고, 이해하기가 비교적 쉽기 때문에 전통적으로 널리 사용되어 왔다.

그러나 분석자료의 범위가 재무제표에 한정되어 있으므로 좁은 의미의 경영분석이라고 한다.

(2) 현대 경영분석

산업사회가 발전함에 따라 경영자, 투자자, 금융기관과 같은 기업과 관련이 있는 의사결정자들의 정보욕구가 다양해지면서 경영분석의 범위가 – 분석도구 내지 기법도 다양해지고 그 응용 분야도 – 계속 확대되며 발전되어 가고 있다.

현대 경영분석(new approach)은 재무제표 중심의 전통적 경영분석을 기본으로 하되, 의사결정의 이론적인 틀과 밀접한 관련을 갖고 분석도구와 기법을 개발함으로써 전통적 경영분석과 다른 광의의 경영분석으로서 구체적으로 다음과 같은 특징을 갖는다고 할 수 있다.

첫째, 현대경영분석은 의사결정 시스템에 공헌하는 것이어야 한다.

즉, 경영분석 정보(information)는 의사결정모형(포트폴리오 선택, 신용평가, 기타 투자결정 모형 등)의 투입정보로서의 역할을 수행하며 제반 경제이론과 모형에 밀접

한 연관을 가져야 한다.

그러므로 경영분석을 합리적 의사결정을 하기 위하여 필요한 정보를 제공하고자 설계된 정보가공 시스템(information processing system)이라고 정의한다.

[그림 2-1] 경영분석의 정의

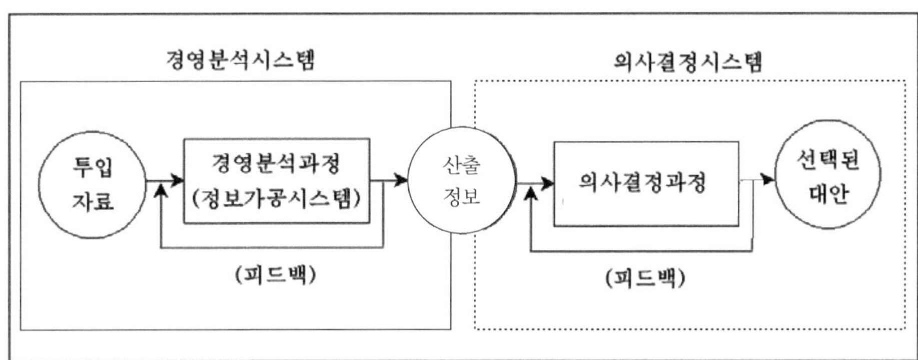

[그림 2-1]과 같이 기업과 관련된 자료를 투입자료로 삼고, 경영 분석기법 또는 도구로 가공처리하여 의사결정에 필요한 정보를 산출한다. 이와 같이 산출된 정보는 의사결정시스템에 투입되어 의사결정에 유용하게 쓰여진다. 또한 경영분석에 의해서 산출된 정보가 의사결정에 어느 정도 유용하였는지를 사후적으로 평가하여 차기의 투입자료와 분석기법에 피드백 된다.

둘째, 현대경영분석에 이용되는 자료(data)는 재무제표에 보고되는 회계자료뿐만 아니라 주가나 사채평가와 같은 시장자료, 기업의 제품구성, 경쟁력, 기술수준, 경영자 등 구성원의 능력 등과 같은 질적 요인의 자료, 산업동향이나 경제분석자료 등으로 다양하다.

셋째, 현대경영분석 시스템을 구축하고 검증하려면 상당히 정교한 분석기법(techniques)을 필요로 한다. 포트폴리오 이론 등에서 도출되는 현대의사결정모형으로부터 요구되는 정보는 단순하고 직관적인 재무지표비율분석만으로는 부족하다. 따라서 재무제표 정보시스템을 개발하고 검증하는 데는 회귀분석 등 보다 발전된 통계적 분석기법을 이용하여야 한다.

넷째, 현대경영분석의 적용 분야(applications)가 기업부실예측, 사채평가, 여

신결정, 증권분석, 기업인수합병 등으로 다양화되고 확대되고 있다.

현대 경영분석에 대한 새로운 연구방법은 최근에 활발한 진전을 보이고 있지만, 아직도 연구의 범위가 한정되어 있으며, 개념적 혹은 방법론적 문제점을 지니고 있다. 이는 경영학자들이 해결해야 할 과제이나 불확실한 상황에 적용될 수 있는 의사결정이론의 발전과 의사결정자의 행동과 정보욕구에 대한 불완전한 지식을 극복하는 것 또한 함께 해결해야 할 것이다.

제2절 경영분석의 목표

경영분석의 내용은 크게 재무상태에 근거를 두는 안전성(risk)의 분석과 경영성과인 수익성(return)의 분석으로 구분할 수 있다.

그러나 경영분석을 수행하는 주체가 누구냐에 따라 분석의 목표는 약간씩 달라지게 된다. 경영분석 주체가 기업의 내부자인가 외부자인가에 따라 경영분석을 내부분석(internal analysis)과 외부분석(external analysis)으로 구분할 수 있다.

내부분석과 외부분석으로 구분하여 경영분석의 주체별로 그 목표를 살펴보면 다음과 같다.

1. 내부분석

내부분석은 기업의 경영자(management)가 경영분석을 그들의 관리수단으로 이용하는 것을 말한다. 경영을 직접 관리하는 것은 경영자이다. 따라서 경영자는 경영자 자신의 이익을 위해서 그리고 그들이 수탁받은 경영자원을 효율적으로 이용하기 위해서 기업의 재무상태와 경영성과를 누구보다 먼저 파악해야 하며 또 그것을 정확하게 분석하고 그 원인을 규명하지 않으면 안 된다. 최근 우리나라에서도 경영분석이 관리적 목적으로 널리 이용되고 보편화하는 추세에 있는 것은 다행한 일이다.

2. 외부분석

외부분석이란 기업외부의 여러 이해관계자가 서로 다른 목적에 따라 행하는 경영분석을 말한다.

(1) 채권자

기업에 대한 채권자(lenders)에는 은행과 같은 금전상의 채권자와 원재료, 부품 공급자 등 거래상에서 발생되는 채권자 등이 있다. 이들 채권자들은 만기일에 그들의 채권을 확실히 회수할 수 있는가를 판단하기위하여 사전에 거래선에 대하여 충분한 신용분석(credit analysis)을 할 필요가 있다.

이와 같은 신용분석은 처음에는 주로 금융기관에서 먼저 시행하였으나 점차 거액의 매출채권을 가지는 일반기업에서도 신용분석을 실시하게 되었다. 그리고 채권자에 의한 경영분석의 초점은 처음에는 유동성분석에만 주로 치중하였던 것이 최근에는 수익성분석에까지 그 분석범위를 확대하고 있다.

(2) 투자자

기업의 소유와 경영이 분리되고, 주식의 대중화가 일반화됨에 따라 많은 투자자 집단이 형성되게 되었다. 이들 투자자들(investors)은 기업의 주식 또는 사채를 매입함으로써 기업과 밀접한 이해관계자가 된다. 따라서 투자자들은 기업의 수익성과 성장성은 물론 재무상의 안전성에도 지대한 관심을 갖게 되며 이러한 입장에서의 경영분석을 투자분석(investment analysis)이라 한다.

그러나 투자자에 의한 경영분석은 일부 특수한 투자자가 아니고서는 전문적인 것이 되지 못하므로 일반 투자자들은 증권관계기관, 연구기관 또는 경제신문 등에서 제공되는 분석자료를 간접적으로 이용하는 것이 일반적이다.

(3) 정부 및 규제기관

많은 정부 및 규제기관(regulatory agencies)은 세금의 부과, 정부와 거래관계를 맺을 공공계약의 체결, 공공요금 및 가격결정, 공정거래를 위한 규제 등의 활동을 수행하기 위하여 경영분석을 하고 있다.

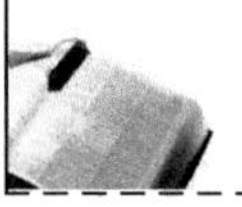

국세청은 적정과세를 위하여 기업의 담세능력평가 등 세무분석을 한다. 이때는 특히 과세대상 소득이나 납세액이 적정한가를 조사하기 때문에 수익성분석이 중요시된다. 금융감독원은 증권시장의 육성과 투자자 보호를 위하여 증권회사 및 상장회사의 자산구성이나 수익성, 경영효율성에 대한 정보를 필요로 한다. 금융기관의 건전경영을 통하여 부실화를 방지하고 불공정 금융거래를 예방하기 위하여 자산구성 및 유동성분석을 중요시한다.

(4) 소비자

소비자(consumers)는 일정한 가격을 지급하고 특정제품을 구입하여 사용하므로, 사용하는 동안 제조회사로부터 계속적인 애프터서비스를 받고자 한다. 그런데 만일 구입한 제품을 제조한 회사가 도산하여 없어지면 원하는 서비스를 받을 수 없게 되므로 소비자들은 도산할 염려가 없는 건실한 기업에서 만든 제품을 선호한다. 특히 내구재를 구입하는 소비자는 구매의사결정을 할 때 제조회사의 상태에 관한 정보를 얻기 위하여 경영분석을 한다.

(5) 기타

넓게 보면 모든 사람이 기업의 이해관계자라고 할 수 있다. 노동조합은 단체교섭의 근거를 마련하기 위하여 수익성과 생산성분석을 중심으로 기업의 임금지급능력을 분석하고 있다. 연구기관에서는 기업활동을 정확하게 알고 관련 정보를 이해관계자에게 제공하기 위한 조사분석을 실시하고 있다. 한편 대학생들은 더 좋은 직장선택을 위하여 기업의 성장가능성, 안정성을 분석하기도 한다.

제3절 경영분석의 방법

1. 경영분석의 방법

경영분석의 방법은 일반적으로 실수분석과 비율분석, 그리고 평가 방법으로서 단일분석과 비교분석으로 구분할 수 있다. 그런데 실무적으로는 이들 실수분석과 비율분석에 속하는 각종 방법들을 다양하게 혼용함으로써 그 목적을 달성할 수 있게 되며 이것은 수익성분석에 있어서나 안전성분석에 있어서도 마찬가지다.

기업의 재무상태와 경영성과는 비율을 통하여 분석하는 것이 편리할 때도 있지만 경우에 따라서는 실수치의 인식이 더 필요할 때가 있기 때문이다.

(1) 실수분석과 비율분석

1) 실수분석

실수분석이란, 비율분석에 대응하는 말로서, 1 기간 또는 여러 기간의 재무수치를 실수 그대로 관찰하는 방법으로서 단순법, 증감법, 균형법으로 나누어진다.

① **단순법**이란 재무제표에 포함된 각 항목들의 수치를 단순히 비교하여 기업의 경영내용을 분석하는 방법을 말한다. 예를 들면, 매출액에서 변동비를 차감하여 한계이익의 크기를 관찰하거나 또는 유동자산에서 유동부채를 차감한 차액으로 기업의 단기지급능력을 판단하는 **공제법**, 기업의 자산액을 매각가치 또는 가격변동률 등을 감안한 일정률로 평가절하하여 그 잔액의 크기에 의하여 지급능력을 판단하는 **절하법**, 재무제표상의 각 항목을 개별적으로 검토하여 수치상의 분식을 발견 제거하고 재무상태와 경영성과의 정상적인 상태를 파악하는 **항목관찰법** 등이 그것이다. 이 방법은 실수가 경영활동의 내용을 반영한다는 의미에서 경영실태에 부응하는 분석이라 할 수 있다. 그러나 이 방법은 기업간 비교에는 적합하지 않다.

② **증감법**은 2기 또는 그 이상의 재무제표의 각 항목을 비교하여 증감의 정도와 그 원인을 분석하는 기간비교분석의 하나이다. 이 방법은 비교재무상태표, 비교손익계산서, 비교현금흐름표 등을 작성하여 재무상태와 경영성과의 변화, 자금운용상황의 변화 등을 파악하고 그 원인을 분석하는 데 이용된다. 예를 들면, 순이익증

감원인분석, 매출총이익증감원인분석, 자금운용분석 등이 있다.

③ **균형법**이란 서로 관계되는 2개의 항목, 즉 수익과 비용, 또는 자금의 수입과 지출이 일치하는 균형점을 산출하고, 이에 의하여 기업의 재무상태와 경영성과를 분석하는 방법으로서, 분기법이라고도 한다. 예를 들면 손익분기점분석, 자본회수점분석, 이익계획분석, 레버리지분석, 자본조달분기점분석, 그리고 수지분기점분석 등이 있다.

2) 비율분석

비율분석이란 상호 관련이 있는 2개 항목간의 관계를 비율로 산정하여 그 유기적인 관계를 관찰함으로써 경영의 내용을 분석・평가하는 기법이다. 경영의 각 요소는 유기적으로 관련되어 있고, 따라서 재무제표상의 각 항목은 상호 밀접하게 관련되어 있다.

[그림 2-2] 실수분석과 비율분석

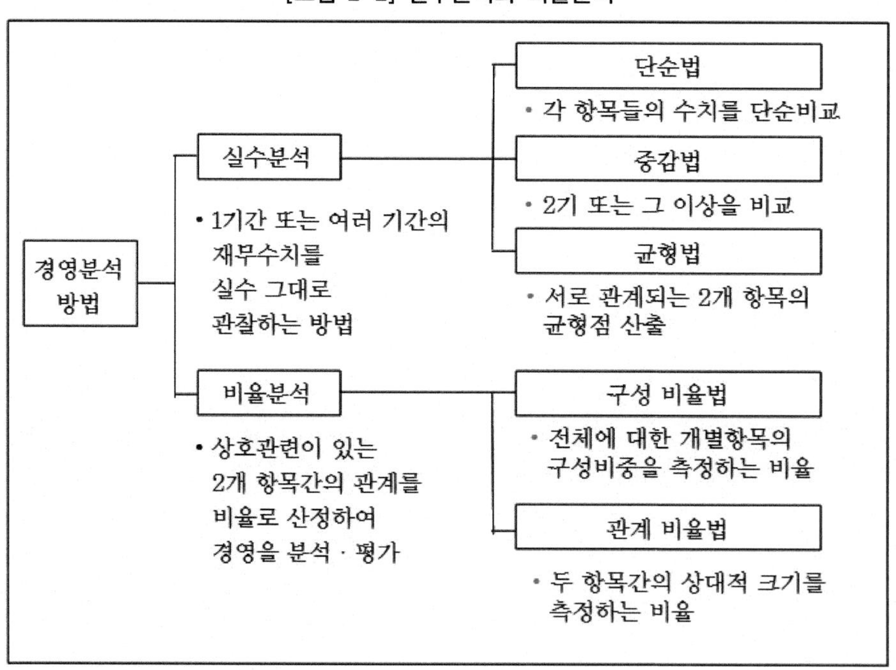

[그림 2-3] 단일분석과 비교분석

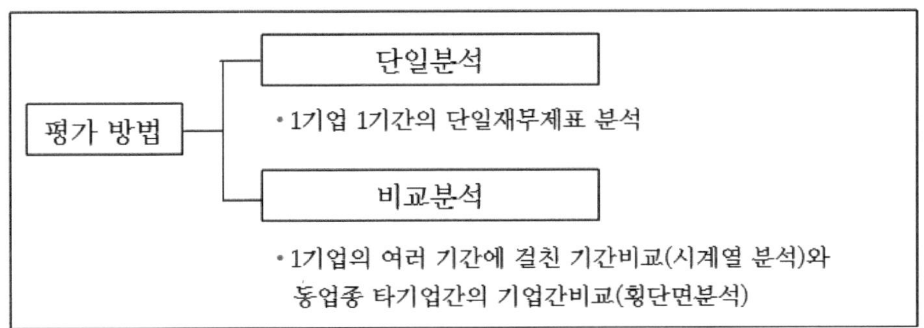

2. 경영분석의 일반적 절차

경영분석의 일반적인 프레임워크는 다음의 5단계로[2] 정리할 수 있다.

① 분석계획의 수립

② 데이터의 수집

③ 데이터의 처리

④ 업체방문 등 현장조사

⑤ 결론 도출과 커뮤니케이션

(1) 분석계획의 수립

분석계획을 수립할 때는 다음 사항을 고려한다.

1) 분석목적을 명확히 한다

경영분석의 목적을 명확하게 인식하지 못한 상태에서 조사·분석에 임하면 그 내용이 산만하여지고 경우에 따라서는 재조사를 하지 않으면 안 된다.

2) 어떤 사항을 조사하고 분석할 것인가를 미리 선정한다

조사항목의 적정여부는 업체에 대한 판단의 정확성과 기간 및 비용 등에 크게

2) 원래는 「보고서의 작성」까지 6단계이나 보고서 작성은 너무 실무적인 부분임으로 생략했다. 양남하, 「현대신용분석-신용리스크 측정이론과 실무-」, 육법사, 1996, pp.120-137.

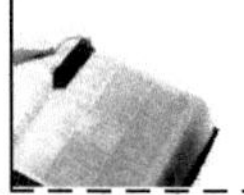

영향을 미치고 경영분석의 충실성을 좌우하게 된다.

조사항목의 선정시에는 경영분석 대상기업의 업종, 규모, 법적 형태 등에 따라 어떤 점에 분석의 중점을 둘 것인지를 고려해야 한다.

3) 조사실시 계획을 수립한다

조사사항이 선정되면 그에 필요한 자료, 정보의 수집으로부터 조사서 작성까지 구체적인 순서, 시간 및 방법에 대한 계획을 세워야 한다. 그렇게 함으로써 시간 및 비용을 줄일 수 있고, 충실한 조사서를 작성할 수 있다.

(2) 데이터의 수집

조사계획의 수립이 끝나면 실제 조사활동에 들어가게 되는데, 조사의 시작은 데이터의 수집이다.

자료수집에 있어서 특히 유의해야 할 점은 다음과 같다.

① 분석목적에 꼭 필요한 자료만 수집한다.
② 가능한 한 기존자료를 활용하고 분석대상기업의 자료제출부담을 경감시킨다.
③ 일단 입수된 자료는 소중히 보관하고 추후에 재차 요구하지 않도록 한다.
④ 자료는 확인한 후 보관할 것을 제외하고는 모두 반환하여야 한다.

(3) 데이터의 처리

1) 기업 외부환경을 분석한다

기업경영의 외부조건은 계속해서 변화하므로 경영분석자는 기업을 둘러싼 외부환경의 변화에 항상 주의를 기울여야 한다. 왜냐하면 기업경영자가 현재 선택하고 있는 경영전략은 현재의 상황에서는 적합할지 모르나, 앞으로 어떤 방향으로 변화할지 모르는 미래의 여건 하에서 수정되어야 하기 때문이며, 이러한 수정은 경영자가 의식적이고 능동적으로 행동에 옮길 때만 가능하고 기업경영지도의 거시적 방향이 될 수도 있기 때문이다. 따라서 일반적인 경영분석영역을 국내외 경제동향, 동종업계 현황과 전망, 경쟁회사와의 경쟁요소 등을 비교·분석하게 된다.

2) 수집자료의 미비사항 보완·검토한다

경영분석담당자는 수집한 자료를 검토하여 자료상의 모순점은 없는가, 업계상황의 추이나 생산 · 판매동향은 동종업계와 비교해서 어떤 상황인가를 살펴야 한다. 따라서 이에 필요한 자료를 수집 · 검토하여 현장조사분석(본조사라고도 한다)의 필요성 여부 또는 질문사항 및 확인할 사항 등을 미리 정리해 두어야 한다.

3) 재무제표를 수정하고 예비분석을 실시한다

이상의 절차가 끝나면 (또는 병행해서) 기업회계기준에 의하여 회사의 재무제표를 수정한다.[3] 그리고 나서 재무제표분석의 여러 기법을 응용하여 예비분석을 한다.

4) 현장조사계획을 수립한다

현장조사(또는 본조사) 계획은[4] 경제성과 효율성을 생각하면서 인원과 경비의 절약을 위하여 합리적인 계획을 사전에 수립하는 것이 원칙이다. 이 때 분석목적을 확인하고 적합한 분석항목을 결정한 다음, 분석목적과의 관련성과 분석의 난이도를 생각해서 계획을 수립해야 한다. 조사계획은 신빙성 있는 자료분석을 통하여 문제점에 대한 원인이 될 만한 단서를 찾아 낸 다음 이 요인의 추측과 추리를 거쳐 그 참된 주 요인을 발견 또는 확인할 수 있도록 계획되어야 한다. 왜냐하면, 경영분석실무상 현장에 머무를 수 있는 시간은 충분하지 않기 때문에 조사범위와 조사실시방법에 대하여 사전에 면밀한 계획이 없으면 현장조사의 목적을 달성하기 어렵기 때문이다. 따라서 다음과 같은 간단한 「〈표 2-1〉 기업체 현장조사 계획서」 양식을 활용하면 다소 도움이 될 것이다.

---

3) 「C.P.A 감사보고서」가 있는 재무제표는 일단 이 감사의견에 따라 수정 여부를 결정한다.

4) 전년도에 분석한 사실이 있는 기업인 경우에, 원인을 규명하여야 할 중요한 문제점이 없을 때에는 서류로 분석을 하고 있는 경우가 많은 실정임.

〈표 2-1〉 기업체 현장조사 계획서

기 업 체 명	
대 표 자	
소 재 지	
의 뢰 점	

1. 출 장 기 간 :

2. 주요 조사사항 :

3. 조사의 중요성 및 조사방법

(4) 업체방문 등 현장조사

이 단계에서는 3단계에서 수립된 「기업체 현장조사 계획」에 따라 제기된 문제의 원인을 추적하여 규명하면서 추가자료를 수집한다. 즉 예비조사단계에서 구성비율 및 관계비율분석기법 등을 이용하여 제기된 문제의 원인과 중요도 등을 결정하고, 관계비율기법 등에 의하여 그 원인을 규명할 수 없을 때에는 현금흐름분석 또는 이익변동원인분석표 등을 이용해 본다. 그래도 원인이 규명되지 않을 때는 회계감사기준과 회계감사실시준칙을 활용하여 조사 · 분석하는 과정이다.

1) 사전 준비사항

① 기업체 종합평가를 하는 데 증거로서 필요한 자료는 빠진 것이 없는지를 파악하고, 회사 직원과 면담 시 확인 또는 질문할 목록을 「기업체 현장조사 계획」에 누락되지 않고 요점정리되었는지를 재검토한다.

② 동종업계 현황과 전망, 회사에 대한 개요, 업종에 대한 예비지식은 충분한지를 점검한다.

③ 이런 점검이 끝나면 회사의 관계자에게 현장방문일자와 시간을 전화 또는 이메일 등으로 미리 약속하는데, 면담대상자에 대한 인적사항을 파악할 수 있으면 더욱 편리하다.

2) 면담대상자 및 면담내용

면담은 실권자와 하는 것이 이상적이다. 가능하면 대표자와 면담을 하되 자금(경리) 또는 업무 담당임원과 면담하는 것도 필요하다. 물론 실무적인 것은 경리담당 책임자나 공장직원 및 기타 필요한 직원과 대화하게 된다.

이 때 경영자와 면담 시의 대화내용은 일률적으로 규정하기는 어려우나 현장 조사에 앞서 미리 준비한 내용을 염두 해 두고 「사업계획, 최근의 생산 및 판매현황과 전망, 기타 복지후생관계」 등에 대하여 대화가 주로 이루어질 것이다. 그 과정에서 경영자의 경영태도, 경영철학, 사업의지 등을 파악하여 회사의 발전가능성을 분석하게 된다.

3) 측면조사

앞서 본 바와 같이 분석대상기업을 통하여 직접 조사할 수 있는 것이 있는가 하면, 현장조사과정에서 심증은 가지만 물증 확보가 어려운 경우를 포함하여 간접적으로 조사할 사항이 있는 바, 이러한 간접적인 조사를 측면조사라고 한다.

측면조사의 방법은 대부분 「**조회**」라는 형태를 취하며, 조사하는 일반적 사항은 일반경제, 동종업계사정, 동종업계와 관련업체의 상태에 대한 외부환경에 관한 사항, 거래처와의 거래상황 등이다. 더욱이 측면조사는 회사에서 제출한 자료가 부족하고 그 자료가 신빙성이 없을 때 주로 활용한다.

측면조사에 있어서 조회를 하는 요령은 다음과 같다.

① 조회처로는 거래선, 거래은행, 감독관청, 업계단체, 동업자 등이 있다. 조회처의 선택은 조회사항, 자료의 목적, 조사대상기업과의 거래관계 등을 잘 고려하여야 한다.

② 조회할 사항은 경영자의 인물, 평판, 기술특색의 유무, 제품 및 신용에 대한 평판 등에 관한 것이다.

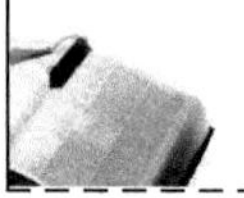

조사하는 과정에서 소득세 또는 법인세 등에 대해서는 세무서를 이용할 수도 있으며, 상장기업의 경우에는 증권거래소 등을 통하여 주식거래상황, 주가 등 기업정보에 대한 의견을 들어보는 것도 유익하다.

(5) 결론도출과 커뮤니케이션

마지막으로 자료와 정보의 분석에 의하여 얻어진 몇 가지 중요한 사실과 원인을 종합하여 대상기업에 대한 결론을 내야 한다. 이때 예비분석단계와 현장조사단계 등에서 얻은 주요한 사실이나 원인을 그 성격이나 중요도 등을 감안하여 결론을 얻어야 한다. 따라서 예비조사단계와 현장조사(또는 본조사)단계에서 문제의 크기와 관찰된 문제의 중요성이 결정되면 다음과 같은 요령에 따라 관련 정보를 해석·판단하면 더욱 효과적일 것이다.

1) 문제의 상호관련성

예를 들면, 과다재고는 과다 생산, 판매 부진, 기술 수준 낙후, 노사갈등 등 여러 원인과 관련이 있는 바, 이 중에서 어느 것과 가장 관련성이 있는가를 파악해야 한다. 또 일부 기업에서는 이익조작목적으로 재고자산을 분식(window-dressing)하는 사례도 있음에 유의하여야 한다. 그 관련성이야 어떻든 재고자산의 과다는 현금부족 초래와 상호관련성이 있다.

2) 문제의 운동방향

문제의 동태적 특성을 확인해야 한다는 뜻이다. 즉, 여러 가지 경영문제는 항상 변화하므로 그 운동방향을 확인할 필요가 있다. 예를 들어, 수익성과 총자본회전율, 외상매출채권현금회수액과 매입대금현금지급액의 차이 등이 매년 감소 추세에 있으면 부실채권이 많거나, 주력제품의 사양화 등 도산의 길로 빠져 들어가는 기업일 가능성이 농후하기 때문이다.

3) 문제의 통제가능성

문제의 중요성과 운동방향이 파악되면, 문제의 통제가능 여부를 판단해야 한다. 그렇게 함으로써 경영분석 종합의견에서의 「문제점과 대책」란 및 「신용허용방향과 사후관리방향」 설정에 도움이 되기 때문이다.

이상에서 세 가지로 요약하였으나, 가장 중요한 것은 분석시에 문제를 둘러싼 불필요한 정보를 제거하는 점이다. 이렇게 함으로써 문제와 직결되는 자료를 집중적으로 분석할 수 있는 바, 이것이 문제의 핵심을 파악하는 비결이다.

정리문제

1. 경영분석의 의미를 설명하시오.

2. 경영분석의 목적을 분석 주체와 관련시켜 설명하시오.

3. 현대 경영분석의 내용을 설명하시오.

4. 경영분석 시스템과 의사결정 시스템의 관계를 설명하시오.

제3장 경영분석의 자료

제1절 회계자료

경영분석에서 사용(투입)되는 자료는 다양하지만, 그 중에서 가장 중요한 자료는 회계자료이다. 회계자료(accounting data)는 일반적으로 인정되는 회계원칙(generally accepted accounting principles : GAAP)에 의하여 기업의 재무상태와 경영성과를 집약적으로 표시한 재무자료로서, 주로 기업이 공시하는 재무제표를 말하나, 기타 부속명세서, 주기, 주석 등 재무제표 아닌 회계자료도 포함된다. 재무제표(financial statement)란 기업의 거래가 측정・기록되어 작성되는 회계보고서인데, 우리나라 기업회계기준(korea-international financial reporting standards : K-IFRS)은 재무상태표, 포괄손익계산서, 자본변동표, 현금흐름표를 재무제표로 규정하고, 재무제표의 이용자에게 충분한 회계정보를 제공할 수 있도록 하기 위하여 부속명세서(제조원가명세서 등)와 주기 및 주석을 이용하여 필요한 사항을 공시하도록 하고 있다.

1. 재무상태표

재무상태표(a statement of financial position)는 일정시점에서 기업의 재무상태 즉 자산, 부채 및 자본의 내용을 수록한 표이다. 기업은 자기자본과 타인자본

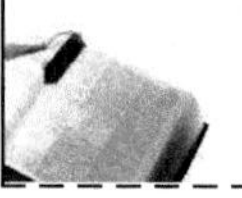

으로 공장, 기계설비 등 고정자산을 구입하고 일부는 운전자금으로 사용하기 위하여 현금이나 예금 등 유동자산으로 보유한다. 이와 같이 기업의 자금조달과 운용상태를 한 표에 나타낸 것이 재무상태표인데, 자본과 부채를 합한 금액과 자산총액이 일치하도록 작성된다. 이 때 자본과 부채는 재무상태표의 오른쪽인 대변에 기록되어 자금의 조달원천을 나타내고, 자산은 재무상태표의 왼쪽인 차변에 기록되어 조절된 자금의 운용 상태를 나타낸다.

재무상태표가 의미하는 바를 예로 들어 살펴보자.1)

〈표 3-1〉은 20xx년 12월 31일 현재 HH주식회사의 재무상태표이다. 총 자산은 519억원으로서 대변에 나타난 부채 389억원과 자본 130억원으로 조달되었음을 보여주고 있다. 자산내역을 보면 유동자산은 현금, 매출채권 등의 당좌자산이 147억원, 재고자산이 49억원이며, 고정자산은 투자유가증권 등의 투자자산이 84억원, 토지, 건물 등의 유형자산의 226억원, 영업권, 개발비 등의 무형자산의 13억원으로 구성되어 있음을 알 수 있다.

〈표 3-1〉 재무상태표

HH 주식회사 20xx. 12. 31 현재 (단위: 억원)

차변		대변	
유동자산	**196**	**유동부채**	**218**
당좌자산	147	매입채무	48
현금	34	단기차입금	123
매출채권	75	기타유동부채	47
기타당좌자산	38	**고정부채**	**171**
재고자산	49	장기차입금	75
고정자산	**323**	회사채	66
투자자산	84	부채성충당금	17
유형자산	226	기타고정부채	13
토지	56	**자본**	**130**
건물	60	자본금	46
기타유형자산	110	자본잉여금	65
무형자산	13	이익잉여금	19
자산 총계	**519**	**부채와 자본 총계**	**519**

1) 한국은행, 알기 쉬운 경제지표 해설, 16. 기업경영분석에 크게 의존했음.

한편 부채는 매입채무와 단기차입금 등 유동부채가 218억원, 장기차입금 등 고정부채가 171억원이며, 자본은 주식발행으로 납입된 자본금 46억원과 자본잉여금 65억원, 그리고 이익잉여금 19억원으로 이루어져 있음을 나타내고 있다.

재무상태표에 기재되는 자산(assets)의 항목은 유동성이 높은 순서에 따라 배열함을 원칙으로 한다(유동성 배열법). 유동성(liquidity)은 자산의 현금화 가능성을 의미한다. 따라서 현금화가 용이한 자산을 유동성이 높은 자산이라고 한다. 〈표 3-1〉에서 볼 수 있는 바와 같이 자산항목으로 유동자산과 고정자산이 있다.

유동자산(current assets)은 재무상태표 작성일로부터 1년 이내에 현금으로 전환될 가능성이 있는 자산을 말하며, 현금화 가능성(유동성)이 큰 정도에 따라 당좌자산(quick assets_현금 및 현금등가물, 단기금융상품, 유가증권, 매출채권 등), 재고자산(inventories)의 순으로 분류된다.

고정자산(non-current assets)은 정상적인 영업활동에 투자되어 1년 이내 현금화하기 어려운 자산으로서 그 사용형태가 급격하게 변하지 않는 자산이다. 고정자산은 투자자산, 유형자산, 무형자산의 순으로 분류되며, 토지를 제외한 대부분의 고정자산은 감가상각을 통해 장기간에 걸쳐 비용으로 처리된다.

투자자산(investment assets)은 다른 회사를 지배하거나 장기적인 투자수익을 얻을 목적으로 보유하고 있는 자산으로서 장기금융상품, 투자유가증권, 장기대여금 등을 말한다.

유형자산(tangible assets)은 판매목적이 아닌 것으로 정상적인 영업활동에 사용할 목적으로 소유하고 있는 물리적 형태가 있는 자산을 말하며, 토지, 건물, 구축물, 기계장치, 선박, 차량운반구, 건축 중인 자산, 비품 등을 포함한다.

무형자산(intangible assets)은 물리적 형태는 없으나 기업의 정상적 영업활동에 사용할 목적으로 보유하는 자산으로 영업권, 산업재산권, 광업권, 어업권, 차지권, 창업비, 개발비 등을 포함한다.

부채와 자본항목도 유동성 배열의 원칙에 따라 구분·표시되고 있다.

부채(liabilities)는 상환만기가 빠른 순으로, 유동부채, 고정부채로 구분된다.

유동부채(current liabilities)는 상환만기가 1년 이내인 단기부채로 일상적인 상거래에서 발생하는 영업상의 채무와 지급채무로 구성된다.

고정부채(long-term liabilities)는 상환만기가 1년 이상인 장기성부채로서 사채, 장기차입금 등이 포함된다.

자본(stockholders' equity)은 기업의 소유자인 주주에게 귀속될 소유자지분을 의미한다. 자산총액에서 부채총액을 차감한 잔여지분으로서 자본은 자본금, 자본잉여금, 이익잉여금, 자본조정의 순으로 분류된다.

자본금(capital stock)은 1주당 액면금액에 발행주식총수를 곱하여 산출되며, 우선주자본금, 보통주자본금으로 구분된다.

자본잉여금(capital surplus)은 자본거래(증자, 감자 등)에서 발생된 잉여금이며, 이익잉여금(retained earnings)은 기업의 이익 중 사회에 배당 등으로 유출되지 않거나 자본금계정에 대체되지 않고 사내에 유보된 부분이다.

자본조정(capital adjustment)은 자본의 성격이 결정되지 않은 임시항목으로서 자본총계에 가감하는 형식으로 기재되며, 일반적으로 자본과 부채의 양면적 성격을 가진다.

2. 포괄손익계산서

포괄손익계산서(a statement of recognized income and expense)는 일정기간 동안의 기업의 경영성과를 나타내는 표이다. 재무제표를 작성하는 중요한 목적 중의 하나는 기업이 일정기간 중에 얼마나 손익을 발생시켰는지를 정확하게 계산하는 데 있으며, 포괄손익계산서의 작성을 통하여 기업의 손익을 정확히 계산하고 그 손익이 경영의 어떤 활동에서 발생하였나를 알아보는 것이 가능하다.

생산이나 판매 등 기업의 고유한 영업활동의 결과로 발생한 손익을 영업손익, 주된 영업활동 이외의 보조적 또는 부수적인 영업활동의 결과로 발생한 손익을 영업외손익으로 각각 구분하고 이들 정상적인 영업활동과는 관계없이 발생한 손익을 특별손익이라 한다. 또한 기업이 얻는 모든 수익에서 기업이 지출한 모든 비용을 차감하고 순수하게 기업의 이익으로 남은 몫을 당기순이익이라 한다.

기업의 손익을 구하는 방법을 〈표 3-2〉를 통하여 보면 HH주식회사는 20xx년 한 해 동안 420억원어치의 제품을 만들어 팔고 제품을 만드는 데 332억원의 비용이 들어 매출총이익은 88억원이었다. 그런데 HH 주식회사가 제품을 팔기 위해 광

고비 및 영업사원 급여 등 판매비와 관리비로 52억원을 지급하여 영업이익은 36억원이었다.

〈표 3-2〉 포괄손익계산서

HH주식회사	20xx. 1. 1 ~ 20xx. 12. 31	(단위: 억원)
매출액		420
매출원가	(−)	332
매출총이익		88
판매비와관리비	(−)	52
영업이익		36
영업외수익	(+)	33
영업외비용	(−)	37
경상이익		32
특별이익	(+)	7
특별손실	(−)	14
법인세비용차감전 순이익		25
법인세비용	(−)	3
당기순이익		22

이 영업이익에서 영업활동과 직접적인 관련이 없는 금융자산 운용 등으로부터 얻은 영업외수익 33억원을 더하고 빌린 돈에 대한 이자 등 영업외비용으로 지출한 37억원을 빼고 난 후의 경상이익은 32억원이었다. 그리고 경상이익에서 채무면제이익, 재해손실 등의 특별손익을 감안하고 법인세비용을 차감한 당기순이익은 22억원으로 나타났다.

매출액(sales)은 주된 영업활동을 통하여 재화 또는 서비스를 제조·판매한 대가로 발생하는 수익을 말한다. 매출원가는 재화 또는 서비스를 생산하는 과정에서 발생하는 비용으로 재화 또는 서비스의 제조원가를 의미한다.

매출총이익(gross margin)은 매출액에서 매출원가를 차감한 것이며 제조활동의 성과를 측정하는 수단이 된다.

영업이익(operating income)은 매출총이익에서 판매비와 관리비를 차감한 것이며 제조에서 판매까지의 영업활동에 대한 성과를 나타낸다.

경상이익(ordinary income)은 영업활동에 보조적이거나 부수적인 영업외활동

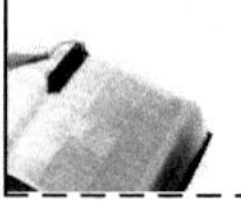

까지를 고려한 이익으로 매년 발생하는 활동에 대한 성과이다.

여기에서 영업외활동은 주로 재무활동이 포함되는데 자본거래에 따른 수입이자와 지급이자 등의 항목이다. 법인세비용차감전순이익(income before income taxes)은 경상이익에 당해연도에서만 특별히 발생한 특별항목(특별이익, 특별손실)을 가감하여 계산된다. 법인세비용차감전순이익에서 법인세비용을 차감한 것이 당기순이익(net income)으로 이것이 주주에게 귀속되는 기업가치의 증식분인 셈이다.

포괄손익계산서에서는 기업활동 부문별로 비용과 수익을 대응시켜 나타내므로 부문별 성과의 발생원천과 문제점을 보다 명확하게 밝혀 낼 수 있다. 특히 비용구조를 변동비와 고정비로 나누어 파악하면 영업이익이나 당기순이익이 고정비에 따라 변동하는 모습을 분석할 수 있다. 이를 이익계획이라고 하며 손익분기점분석이나 레버리지분석이 분석도구로 이용된다.

포괄손익계산서의 이러한 문제점을 보완하기 위하여 현금기준으로 기업 활동을 다시 측정한 것이 현금흐름표이다.

3. 현금흐름표

현금흐름표(statement of cash flows)는 일정기간 동안 기업이 조달한 현금의 내역과 조달된 현금이 어떻게 이용되어졌는가 하는 운용 내역을 영업활동, 투자활동 및 재무활동으로 나누어 정리한 재무보고서이다.

즉 현금흐름표는 일정기간 동안 기업의 현금유입과 유출내역을 제품의 생산과 상품의 구매・판매 등과 같은 영업활동, 현금의 대여와 회수, 유가증권・투자자산・유형자산 및 무형자산의 취득과 처분등과 같은 투자활동, 그리고 현금의 차입 및 상환, 주식발행이나 배당금 지급 등 자본과 부채에 영향을 미치는 재무활동으로 구분하여 나타낸 표이다.

현금흐름표 작성의 기준이 되는 현금(cash)의 개념은 국가마다 다소 차이가 있으나 우리나라는 현금(현금통화 및 타인발행수표 등)과 당좌예금, 보통예금, 취득당시 만기가 3개월 이내인 유동성이 높은 유가증권 및 단기금융상품으로 정의하고 있다. 현금흐름표는 현금의 실제 흐름을 기준으로 작성하기 때문에 현금잔액 및 그 증감요인을 파악할 수 있다는 장점이 있다. 한국은행에서는 1996년부터 한국신용정보(주)의 외부감사대상법인에 대한 현금흐름표 자료를 이용하여 업종별로 현금흐름표 통계를 발표하고 있다.

〈표 3-3〉을 통해 HH주식회사의 20xx년 중 현금흐름을 살펴보면 영업활동으로 인한 현금흐름은 당기순이익과 현금유출이 없는 비용 등으로 86억원의 순현금유입이 발생하였으며, 주식 및 회사채발행과 은행차입 등의 재무활동으로는 32억원의 순현금유입이 있었다. 한편 건물, 기계장치 구입 등의 투자활동으로 115억원의 순현금유출이 발생함에 따라 기말의 현금잔액은 기초의 현금잔액 31억원보다 3억원이 증가한 34억원이 되었다.

〈표 3-3〉 현금흐름표

HH주식회사 20xx. 1. 1 ~ 20xx. 12. 31 (단위: 억원)

I. 영업활동으로 인한 현금흐름	86
1. 당기순이익	22
2. 현금유출이 없는 비용 등의 가산	65
3. 현금유입이 없는 수익 등의 차감	42
4. 영업활동으로 인한 자산・부채의 변동	41
II. 투자활동으로 인한 현금흐름	−115
1. 투자활동으로 인한 현금유입액	271
2. 투자활동으로 인한 현금유출액	386
III. 재무활동으로 인한 현금흐름	32
1. 재무활동으로 인한 현금유입액	891
2. 재무활동으로 인한 현금유출액	859
IV. 현금의 증가(I+II+III)	3
V. 기초의 현금	31
VI. 기말의 현금(IV+V)	34

4. 자본변동표

자본변동표(statement of changes in equity)는 일정시점의 기업 자본규모와 일정기간의 기업 자본변동에 관한 정보를 나타내는 재무제표이다. 즉 자본변동표에는 자본금, 자본잉여금, 자본조정, 누적기타포괄손익 및 이익잉여금의 각 항목별 기초잔액, 변동사항, 기말잔액이 나타나 있다.

기업회계기준에 의한 자본변동표 양식은 〈표 3-4〉와 같다.

〈표 3-4〉 자본변동표

HH주식회사　　　　　　20xx. 1. 1 ~ 20xx. 12. 31

계정과목	자본금	자본 잉여금	자본조정	누적기타 포괄손익	이익 잉여금	총계
20xx년 1월 1일	xxx	xxx	xxx	xxx	xxx	xxx
전기분 배당금					(xxx)	(xxx)
기타이익잉여금처분액					(xxx)	(xxx)
처분후 이월이익잉여금					xxx	xxx
전기오류수정손익					xxx	xxx
회계정책변경누적효과					xxx	xxx
수정후 이월이익잉여금					xxx	xxx
중간배당					(xxx)	(xxx)
유상증자(감자)	xxx	xxx				xxx
당기순이익(손실)					xxx	xxx
자기주식취득			(xxx)			(xxx)
매도가능증권평가차손익 등				(xxx)		(xxx)
20xx년 12월 31일	xxx	xxx	xxx	xxx	xxx	xxx

이러한 자본변동표는 첫째, 자본의 변동에 대한 포괄적인 정보를 제공해 준다. 기존의 이익잉여금처분계산서는 자본의 구성항목 중 이익잉여금의 변동만을 나타낸다. 이익잉여금을 제외한 자본 구성항목의 변동내용을 파악하기 위해서는 다른 재무제표나 주석, 부속명세서 등을 참조해야 하는 불편함이 있다. 그러나 자본변동표는 재무상태에 표시되어 있는 모든 자본항목의 변동내용을 나타내 줌으로써 정보이용자에게 유용한 정보를 제공해 준다.

둘째, 자본변동표는 재무제표간의 연결을 제고시킴으로써 재무제표의 이해가능성을 높여준다. 자본의 기초잔액과 기말잔액을 모두 나타내 줌으로써 재무상태와

연결한다. 또한 자본의 변동내용을 포괄손익계산서와 현금흐름표에 나타나는 정보와 연결함으로써 정보이용자로 하여금 재무제표의 이해를 돕는다.

셋째, 재무상태에만 가감되는 자본항목에 대한 정보를 제공한다. 이러한 자본항목은 매도가능증권평가차손익 또는 해외사업환산차손익과 같은 미실현손익이다. 자본변동표는 포괄손익계산서에는 기재할 수 없는 미실현손익의 변동내용을 나타냄으로써 경영성과에 대한 정보를 제공한다.

5. 제조원가명세서

제조원가명세서(statement of cast of goods manufactured)는 일정기간동안 제품을 만드는데 든 비용을 재료비, 노무비, 경비로 나누어 정리한 표로서 어느 부문에서 원가가 얼마나 소요되었는지를 파악함으로써 제조과정상의 개선점을 발견하는데 유용하게 쓰인다.

〈표 3-5〉를 예로 설명하면 HH주식회사는 20xx년 1년 동안 제품을 만들기 위해 원재로 108억원어치를 투입하고, 고용한 근로자에게 급여로 125억원을 지급하였으며, 기타 전기, 수도요금 등 경비로 74억원을 지출함으로써 당기총제조비용이 307억원에 달하였다. 여기에 연초에 재공품 상태로 제조공정에 투입되었던 기초재공품원가 12억원을 더(+)하고 연말 현재 남은 기말재공품원가 9억원과 재공품을 자가소비한 부분인 타계정대체액 8억원을 뺀(−)결과 당기제품제조원가는 302억원으로 나타났다.

〈표 3-5〉 제조원가명세서

HH주식회사 20xx .1. 1 ~ 20xx. 12. 31 (단위: 억원)

재료비	108
노무비	125
경비	74
당기총제조비용	307
기초재공품원가 (+)	12
기초재공품원가 (−)	9
타계정대체액 (−)	8
당기제품제조원가	302

제2절 비회계자료

비회계자료는 대개 시장자료, 경제자료, 실물자료, 경영분석 통계자료, 인터넷 자료 등으로 구분할 수 있다.

1. 시장자료

비회계자료 중에서 가장 많이 사용되는 자료는 시장자료이다. 시장자료(market data)는 증권시장에서의 거래결과 얻어지는 자료로서 주식의 가격・거래량, 투자수익률, 채권의 수익률 및 거래량, 주가수익비율(PER), 주당이익(EPS), 배당수익률 등이 이에 포함된다.

자료명	작성기관	주요내용
증권시장지	금융투자협회	시세표, 공지사항 주가지수, 종목별 주가 및 거래량 채권수익률동향 및 거래량
주보/월보	각 증권회사	증권에 관한 투자정보 및 통계
주식	한국거래소	상장증권총괄 월별주가지수 및 시장지표 채권수익률 및 거래실적 외국 증권시장통계
증권통계연보	한국거래소	주식, 채권시장 통계, 상장회사통계 증권기관통계, 해외증권시장 통계
증권금융	한국증권금융(주)	증권금융지

2. 경제자료

국민경제에 관한 자료(economic data)는 예를 들어 국민소득통계, 물가통계, 통화 및 재정통계, 인구통계, 이자율동향, 경기지표, 생산활동지표, 고용관계자료 등을 말한다.

이를 통하여 경제 및 산업동향을 파악할 수가 있다.

자료명	작성기관	주요내용
주간매경	매일경제신문사	주간 경제동향, 산업동향
주간해외경제	한국은행	주요국의 해외경제정보, 금융경제동향 국제금리, 환율, 원자재의 가격 동향 등
신용정보 신평비즈니스	한국신용정보(주)	경제・산업분석자료 회사채와 CP에 대한 신용등급
경제브리피스	한국산업은행	주간 경제동향, 산업동향
월간재정동향	기획재정부	국내외 경제동향 및 주요 경제통계
조사통계월보 주요경제지표	한국은행	국내외 경제동향, 통화금융・증권・재정・ 물가 등 경제전반에 관한 통계
경제통계연보	한국은행	국내경제전반에 관한 연간 통계 통화금융・증권・재정・물가・고용・임금 등 경제 전반에 관한 통계
경제전망	한국개발원	국내외 경제동향에 대한 조사결과와 통계
한국통계연감	기획재정부	국내 경제 전반에 관한 통계 즉 통화 금융・증권・재정・물가・고용・임금・국제수지 등의 연간자료

3. 실물자료

실물자료(real data)는 화폐가치에 의한 평가를 하지 않는 자료로서 의미 있는 정보로 가공하는 데는 주관적 판단이 작용하고 또한 기업 스스로 제공하지 않으면 입수할 수 없는 자료가 대부분이어서 외부분석의 입장에서는 이용하기 어렵다는 특징이 있다.

실물자료를 분야별로 정리해 보면 다음과 같다.

기본자료	· 기업형태 · 업종 및 그 선방 · 취급품목 및 품질수준	· 회사의 정관 · 경영방침 · 관리체제 및 합리화 정도
조직 · 인사	· 조직의 형태 및 특징 · 임금수준 · 인간관계 및 작업조건	· 인원현황 및 승진제도 · 기술수준
생 산	· 제품 종류 및 품질 · 시설의 규모 및 수준	· 제조공정 · 원료구매사정
판 매	· 판매실적 · 판매계획 · 광고 및 판매촉진전략	· 시장점유율 · 판매경로 및 판매조직

4. 통계자료

국내외에서 발표하는 경영분석 통계자료들을 살펴보면 국내자료는 한국은행의 「기업경영분석」 외에 KDB산업은행의 「기업재무분석」, 중소기업중앙회의 「중소기업경영지표」 등이 있으며 해외자료로는 미국 상무부의 「Quarterly Financial Report」, 일본 재무성의 「財政金融統計月報」 등이 있다.

자 료 명	작성기관	주 요 내 용
기업경영분석	한국은행 (www.bok.or.kr)	업종별 재무제표 및 경영분석비율, 주요국 경영분석지표 현금흐름표
기업재무분석	KDB산업은행 (www.kdb.co.kr) KDB산업은행경제연구소	업종별 기업경영지표 주요국 경영지표
중소기업실태 조사보고	중소기업중앙회 (www.kbiz.or.kr)	중소기업 경영실태 및 경영분석비율 (설비투자, 기술개발, 구매, 판매, 도급거래, 고용)
Quarterly Financial Report	미국 상무부 (www.commerce.gov)	업종별 재무상태표 및 손익계산서
財政金融 統計月報	일본 재무성 (www.mof.go.jp)	업종별 재무상태표 및 손익계산서
Annual Accounts of West German Enterprises	독일 연방은행 (www.bundesbank.de)	업종별 재무상태표 및 손익계산서

5. 인터넷 자료

경영분석에 필요한 자료를 보다 신속하고 저렴하게 입수할 수 있는 방법은 인터넷(Internet)을 이용하는 것이다. 인터넷에는 국내・외 경제, 산업, 기업 등과 관련된 정보가 실시간(real time)에 공유된다. 특히 특정 기업에 관한 자료가 필요한 경우 직접 그 기업의 홈페이지(home page)에 접속하면 1차적 자료를 쉽게 입수할 수 있다.

사이트명	주 소	주 요 내 용
금융감독원 전자공시시스템	dart.fss.or.kr	거래소법인 및 코스닥 법인의 모든 서면공시 서류를 비치하고 공시
한국거래소	www.krx.or.kr	증권시황, 상장회사, 기업공시, 해외투자 등에 관한 정보
각 증권회사	홈페이지	기업분석, 기술적 분석, 산업분석 등
팍스넷	www.paxnet.co.kr	투자전략, 매매신호, 라이브팍스, 종목분석, 시장정보, 해외증시, 선물옵션, 매매기법

정리문제

1. 우리나라의 「기업회계기준」에서 규정하고 있는 재무제표에 관하여 설명하시오.

2. 경영분석에 흔히 사용되는 자료가 어떻게 입수될 수 있는지 알아보시오.

3. 포괄손익계산서의 기본구조를 설명하고, 매출총이익, 영업이익, 경상이익, 법인세차감전이익, 당기순이익의 차이를 설명하시오.

4. 재무상태표와 포괄손익계산서를 비교・설명하시오.

5. 비회계자료의 중요성에 대하여 설명하시오.

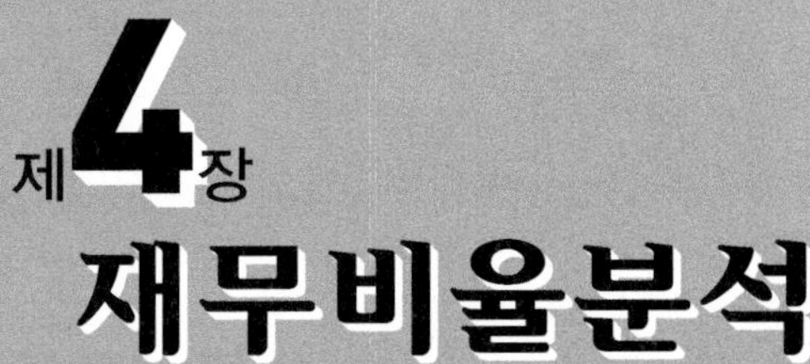

제 4 장 재무비율분석

제1절 재무비율분석의 의의

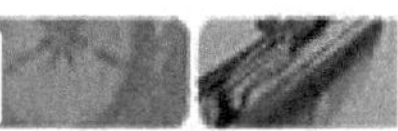

기업의 재무상태 또는 경영성과의 개략적인 내용은 기업이 공표하는 재무상태표, 포괄손익계산서 등 재무제표에 요약되어 나타난다. 그러나 재무제표를 구성하는 항목은 그 수가 많고 난해하여 재무제표를 있는 그대로 이용해서는 의사결정에 필요한 정보를 적절히 추출해 내기가 여간 어렵지 않다.

그래서 복잡한 재무제표에 포함된 다양하고 난해한 경제적 정보를 보다 쉽게 파악할 수 있는 도구 내지 수단으로서 등장한 것이 재무비율(financial ratios)분석이다.

기업의 재무제표나 기타 재무자료를 구성하는 항목은 수없이 많고 이로부터 만들어질 수 있는 비율 역시 매우 많을 수 있다.[1] 일반적으로 비율은 어떤 항목을 관련 있는 다른 항목으로 나누어 구해진다. 이 때 비율이 재무비율로 되기 위해서는 그 비율이 명확한 경제적 의미를 담고 있어야 하나, 실제로 그러한 재무비율의 수는 그리 많지 않다.

예컨대 유동비율$\left(\frac{유동자산}{유동부채}\right)$은 기업의 단기채무상환능력 즉 유동성이라는 명

1) 예를 들면 10개의 항목으로부터 만들 수 있는 비율의 수는 ${}_{10}C_2 = 45$개나 된다.

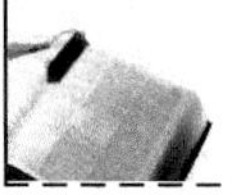

확한 경제적 의미를 담고 있다. 왜냐하면 유동부채를 상환하기 위해 단기적으로 동원할 수 있는 자원은 유동자산인바, 유동부채에 비하여 유동자산을 어느 정도 보유하고 있나를 알 수 있는 유동비율은 단기채무 상환능력이라는 경제적 의미를 보다 명확하게 담고 있기 때문이다.

그렇지만 $\left(\frac{\text{고정자산}}{\text{유동부채}}\right)$비율은 명확한 경제적 의미를 갖고 있다고 할 수 없다. 왜냐하면 고정자산과 유동부채 사이에는 어떤 명확한 논리적 관련성이 존재한다고 볼 수 없기 때문이다.

비율분석(ratio analysis)은 명확한 경제적 의미를 담고 있는 재무비율을 구하여 기업의 재무상태나 경영성과를 분석하고자 하는 방법이다. 다시 말하면 비율분석은 복잡한 재무제표항목을 재무상태나 경영성과를 나타내는 몇 가지 범주의 재무비율로 축소시킴으로써 재무제표의 해석을 도와주는 기능을 한다.

비율분석은 금융기관은 물론 신용평가회사, 투자자문회사, 일반기업 등에서 널리 이용하고 있다. 물론 분석목적에 따라서 사용하는 재무비율이 각각 다르고, 다른 경영분석의 기법도 함께 쓰고 있지만 비율분석을 많이 이용하는 것은 다음과 같은 유용성이 있기 때문이다.

① 비율분석은 간단하며, 이해가 쉬워 전문가가 아니더라도 쉽게 사용할 수 있다.
② 의사결정을 위한 자료수집이 거의 필요 없다. 단순히 이미 작성된 재무제표를 사용함으로써 많은 시간과 노력을 절약할 수 있다.
③ 구체적이고 복잡한 기업분석을 하기 이전의 예비분석으로서 많이 쓰이고 있다. 재무비율은 어디까지나 기업의 건강상태에 대한 징후를 표현하는 것이기 때문에 비율분석은 어떤 최종적인 결론을 제시하는 것이 아니라 문제점을 발견하는 정도에서 의미가 있는 것이다. 그러므로 깊이 있는 기업분석을 위해서는 비율분석 등 양적 자료뿐만 아니라 질적 자료의 분석 그리고 현장조사 등도 병행하여야 한다.

이러한 이유로 해서 비율분석을 근간으로 하는 재무제표분석은 근래 기업 이해관계자들의 중요한 의사결정에 이용되면서 그 응용범위가 넓어지고 있다. 즉 부실기업의 예측, 채권등급예측, 포트폴리오 투자결정, 경영정책의 수립 등에 다양하게

이용되고 있는 것이다. 많은 현대인들이 정기건강진단을 받는 것처럼 기업도 재무적 건강상태를 정기적으로 진단받을 필요가 있는데, 비율분석은 기업의 건강상태를 평가하는 손쉬운 방법이 되고 있다.

제2절 재무비율의 체계

비율은 재무제표의 두 항목을 선택하여 임의로 계산할 수 있으므로 수없이 많이 나올 수 있다. 그러나 실제로는 경제적 의미가 명확한 재무비율만이 유용성이 있으므로 실무에서 이용되고 있는 재무비율의 수는 많아야 50여 개를 넘지 않는다. 그런데 이와 같은 재무비율을 몇 가지 범주로 체계화하면 목적에 적합한 재무비율을 경영분석에 이용할 수 있어 대단히 유용하다. 자주 사용되는 분류방법은 다음과 같다.

1. 자료원천에 따른 분류

재무비율을 분류하는 가장 단순한 방법은 재무비율이 계산되는 자료의 원천에 따라 분류하는 것이다. 여기서는 재무비율을 구성하는 분자와 분모의 값이 어느 재무자료에서 나왔느냐에 따라 다음과 같이 분류한다.

① 재무상태표비율 : 재무비율의 분자·분모항목이 모두 재무상태표에서 얻어진 경우 (예: 유동비율, 부채비율 등)

② 손익계산서비율 : 재무비율의 분자·분모항목이 모두 손익계산서에서 얻어진 경우 (예: 매출액총이익률, 매출액순이익률 등)

③ 혼합비율 : 재무비율의 분자·분모항목이 상이한 회계자료에서 나온 경우 (예: 총자산수익률, 재고자산회전율 등)

그런데 재무상태표는 일정시점의 재무상태(정태)를 나타내기 때문에 재무상태표비율을 정태비율이라고도 하며, 손익계산서는 일정기간 기업의 경영성과(동태)를 나타낸다고 해서 손익계산서비율을 동태비율이라고 한다. 앞서 설명한 혼합비율은

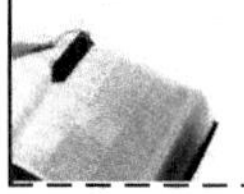

흔히 손익계산서의 한 항목과 재무상태표의 한 항목을 대응시켜 작성된 비율이므로 내용상 동태비율의 성격을 띠고 있다.

2. 측정대상에 따른 분류

재무비율이 측정하고자 하는 대상이 무엇이냐에 따라서 관계비율과 구성비율로 분류한다.

① 관계비율(relative ratios) : 관계비율이란 두 항목간의 상대적 크기를 측정하는 비율로 재무제표의 두 항목을 대응시켜 계산한 재무비율을 말한다. 보통 비율분석이라고 하면 관계비율을 이용한 분석을 말하며, 앞서 언급한 정태비율(재무상태표비율), 동태비율(손익계산서비율, 혼합비율)도 관계비율에 속하는 분류방법이라고 할 수 있다.

② 구성비율(component ratios) : 전체에 대한 개별 항목의 구성비중을 측정하는 비율로 재무상태표에서는 자산・부채・자본의 각 개별 항목을 자산총계(전체)로 나누어 계산한 백분비를 말하며, 손익계산서에서는 각 개별 항목을 매출액(전체)으로 나누어 계산한 백분비를 말한다. 구성비율로 표시된 재무제표를 「구성재무제표」 또는 「공통형재무제표」라고 한다.

3. 의사결정목적에 따른 분류

그러나 재무비율을 분류하는 보다 의미 있는 방법은 재무비율의 경제적 의미에 따라 분류하는 것이다. 경제적 의미에 따른 분류체계는 대체로 재무자료 이용자들의 의사결정목적과도 일치한다. 투자자는 기업의 수익성과 안정성에 관심이 많고 채권자는 기업의 자금능력에 관심을 갖게 되며, 경영자는 기업경영 전반의 효율성을 중요시한다. 이와 같은 정보는 주로 재무비율의 분석에 의해서 제공될 수 있으므로 재무비율은 의사결정자의 의사결정목적에 따라 분류하는 것이 바람직하다.

왜냐하면 경영분석결과는 의사결정 특히 재무적 의사결정에 도움이 될 때 비로소 의미가 있는 것이다. 그런데 재무적 의사결정은 재무관리이론의 기본사고라고 할 수 있는 위험-수익의 트레이드・오프관계(risk-return trade-offs)를 조화하

는 방향으로 이루어지기 때문에 재무비율을 분류하고 체계화하는 데도 이 논리가 적용되어야 하는 것이다.

그런데 이러한 분류방법은 학자에 따라 조금씩 차이가 있다. 여기에서는 웨스톤과 브리감 등의 분류체계, 우리나라 공적기관의 체계, 그리고 본서의 비율체계를 소개하기로 한다.

(1) 웨스톤과 브리감의 체계[2)]

① 유동성비율(liquidity ratios) : 기업의 단기채무상환능력을 나타내는 비율로 유동비율과 당좌비율이 포함된다.

② 레버리지비율(leverage ratios) : 기업자본 중 부채에 의하여 조달된 부분을 나타내는 비율들로 부채구성비율, 이자보상비율, 재무비용보상비율, 현금흐름보상비율이 이에 해당된다.

③ 수익성비율(profitability ratios) : 매출이나 투자자로부터 창출된 수익의 효율성을 나타내는 비율들로 매출액순이익률, 총자산이익률, 자기자본이익률 등이 해당된다.

④ 활동성비율(activity ratios) : 기업이 보유하는 여러 자원을 어느 정도 효율적으로 이용하였는가를 나타내는 비율들로 재고자산회전율, 평균회수기간, 고정자산회전율, 총자산회전율 등이 해당된다.

⑤ 성장성비율(growth ratios) : 경제전반이나 특정산업의 성장과 함께 어떤 기업이 그것의 경제적 지위를 유지할 수 있는 능력을 표시하는 것으로 매출액증가율, 순이익증가율, 주당이익성장률, 주당배당성장률, 주가상승률 등이 해당된다.

⑥ 시장평가비율(valuation ratios) : 기업의 위험도와 수익성을 포괄적으로 반영하는 비율들로 주가수익비율과 주가대장부가치비율 등이 해당된다.

---

2) J.Fred Weston and Engene F.Brigham, Managerial Finance, 7th ed.(the Dryden Press, 1981), Ch. 7.

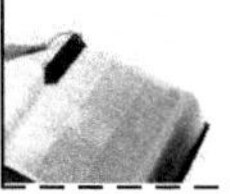

그리고 밴혼(Van Horne)은 ① 유동성비율, ② 부채비율, ③ 재무보상비율, ④ 수익성비율로 분류하여 설명하고 있다.3)

또 레브(Lev)는 ① 수익성비율, ② 단기지급능력비율, ③ 장기지급능력비율, ④ 효율성비율로 구분하고 있다.

한편 포스터(Foster)는 ① 유동성비율, ② 레버리지비율, ③ 수익성비율, ④ 활동성비율, ⑤ 시장평가비율로 분류하고 있다.4)

(2) 한국은행과 산업은행의 체계

한국은행은 매년 전년도의 산업별 종합재무제표에 기초하여 여러 가지 재무비율을 산출하여 「기업경영분석」을 간행하고 있다. 한국은행이 사용하는 비율체계는 ① 성장률에 관한 지표로서 6종의 재무비율, ② 손익의 관계비율로서 29종의 재무비율, ③ 자본·자산의 관계비율로서 13종의 재무비율, ④ 자산, 자본의 회전율로서 11종의 재무비율, ⑤ 생산성에 관한 지표로서 11종의 재무비율 등 합계 70종의 재무비율로 이루어져 있다. 이에 대한 구체적 내용은 「기업경영분석」을 참조하기 바란다.

KDB산업은행에서 매년 간행하는 「기업재무분석」은 전년도의 산업별 종합재무제표에 기초하여 각 산업별 재무비율을 산출·발표하고 있다. KDB산업은행에서 사용하는 재무비율들은 ① 안전성비율 13종, ② 수익성 비율 22종, ③ 성장성 및 활동성비율 14종, ④ 생산성비율 12종 합계 61종의 비율로 체계화하고 있다. 이에 대한 구체적 내용은 「기업재무분석」을 참조하기 바란다.

3) J. C. Van Horne, Financial Management and Policy, 6th ed.(Prentice-Hall, 1983), Ch. 27
4) George Foster, Financial Statement Analysis, 2nd ed.(Prentice-Hall, 1986), Ch. 3.

(3) 본 책자의 체계

이 책에서는 이 중에서 대표적인 방법이라고 간주되는 웨스톤과 브리감(Weston and Brigham)의 체계를 근간으로, 우리나라의 실정에 꼭 필요하다고 생각되는 생산성비율을 추가, 다음 〈표 4-1〉과 같은 분류체계를 주장한다.

〈표 4-1〉 재무비율의 분류

1.유동성비율 (liquidity ratios)	기업의 단기채무상환능력을 측정	(1) 유동비율 (2) 당좌비율 (3) 자금흐름비율 : 영업비용방어기간
2.레버리지비율 (leverage ratios)	기업의 타인자본의존도와 장기채무상환능력을 측정	(1) 부채비율 (2) 자기자본비율 (3) 이자보상비율 (4) 고정비율과 고정장기적합률
3.수익성비율 (profitability ratios)	기업경영의 총괄적 효율성(화폐적 효율성)을 측정	(1) 투자수익성비율 총자본순이익률 자기자본순이익률 (2) 매출수익성비율 매출액영업이익률 매출액경상이익률 매출액순이익률
4.활동성비율 (activity ratios)	기업이 보유한 여러 자원의 활용도(물리적 효율성)를 측정	(1) 총자산회전율 (2) 매출채권평균회수기간 : 매출채권회전율 (3) 재고자산회전율 (4) 고정자산회전율
5.성장성비율 (growth ratios)	기업이 외형 및 성과면에서 얼마나 성장하고 있는가를 측정	(1) 매출액증가율 (2) 총자산증가율 (3) 주당이익증가율
6.시장평가비율 (valuation ratios)	기업의 위험도와 수익성을 포괄적으로 반영하는 비율로서 기업의 성과를 가장 완전하게 측정	증권시장에서의 주식가격과 관련된 비율 (1) 주가수익비율 (2) 주가 대 장부가치비율 (3) q비율
7.생산성비율 (productivity ratios)	기업활동의 능률과 업적을 측정하고, 성과배분의 적정여부를 분석	(1) 부가가치율 (2) 노동생산성 (3) 자본생산성: 총자본투자효율 (4) 생산성과 분배측정 : 부가가치분배율

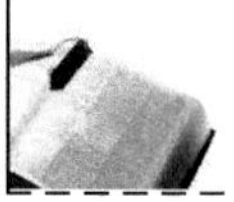

제3절 재무비율의 의미

사례기업 : 삼성전자(주)

이 절에서는 경영분석실무에서 이용하고 있는 각종 재무비율의 계산과 경제적 의미를 설명하고자 한다.

재무비율을 2절에서 제시한 대로 유동성비율, 레버리지비율, 수익성비율, 활동성비율, 성장성비율, 시장평가비율, 생산성비율로 구분하여 설명한다. 재무비율은 삼성전자(주)의 2005년~2007년도의 재무상태와 경영성과를 분석하기 위하여 〈표 4-2〉의 재무자료[5])를 이용하여 계산하였으며, 산업표준비율은 한국은행의 「기업경영분석」을 참조하였다.

우리나라의 전자산업에서 삼성전자와 LG전자가 생산, 판매, 자산, 고용면에서 거의 절대적 비중을 점유하고 있다고 할 수 있다.

이들 전자회사는 수출위주의 대량생산시스템을 구축하면서 독과점적 산업구조를 형성시켜 왔다. 이들 전자회사는 가전제품의 시장점유율에서 과점적 위치를 확보하고 있을 뿐 아니라, 가전사업 중심에서 탈피하여 고부가가치, 고성장이 예상되는 첨단 산업용 전자장비의 비중을 높이는 전략을 취하고 있다.

이 장에서 사례기업으로 분석하고자 하는 삼성전자는 1969년에 설립되어 1975년에 증권거래소(한국거래소)에 상장된 기업으로서 국내 최초로 PCS 단말기 출하와 세계 최초로 256램을 양산하였으며 이를 계기로 고성장을 하고 있는 국내 정상의 종합전자업체이다.

삼성전자는 LG전자에 비하여 늦게 출발하였지만, 1980년대 후반부터 외형면에서 추월하기 시작하면서 세계적인 규모의 종합전자업체를 추구하고 있으며, 이후 반도체, 정보통신, 멀티미디어 및 정보가전 사업의 강화로 매출, 순이익, 규모면에서 국내 제조업체 중 1위를 고수하고 있다.

---

5) 삼성전자(주) 재무자료는 교육 목적으로 과거의 자료를 활용함.

〈표 4-2〉 삼성전자의 재무자료 (단위: 백만 원, %)

재무상태표	2005		2006		2007	
	금액	구성비	금액	구성비	금액	구성비
현금및현금성자산	4,082,817	5.5	4,222,027	5.2	5,831,989	6.2
단기금융상품	4,061,388	5.5	3,504,366	4.3	5,061,898	5.4
단기매도가능증권	1,930,802	2.6	2,058,781	2.5	922,833	1.0
단기만기보유증권	1,076	0.0	248	0.0	130	0.0
매출채권	7,397,353	9.9	9,089,452	11.2	11,125,132	11.9
단기대여금	330,704	0.4	262,373	0.3	145,296	0.2
미수금	1,102,620	1.5	972,426	1.2	989,143	1.1
미수수익	581,302	0.8	228,895	0.3	249,079	0.3
선급금	578,773	0.8	684,123	0.8	1,043,130	1.1
선급비용	840,363	1.1	1,018,602	1.3	1,292,315	1.4
예치보증금	128,686	0.2	123,095	0.2	131,617	0.1
단기이연법인세자산	1,159,245	1.6	1,469,973	1.8	1,537,946	1.6
기타당좌자산	34,037	0.0	14,127	0.0	26,697	0.0
단기대출채권	5,663,347	7.6	4,586,972	5.6	5,575,006	6.0
당좌자산(계)	27,534,263	37.0	28,235,460	34.7	33,932,211	36.3
상품	198,529	0.3	167,980	0.2	219,801	0.2
제품	1,785,983	2.4	2,013,067	2.5	2,120,265	2.3
반제품	43,526	0.1	86,018	0.1	108,543	0.1
재공품	1,229,471	1.7	1,508,396	1.9	1,586,968	1.7
원재료	1,537,769	2.1	1,695,696	2.1	1,999,632	2.1
저장품	227,195	0.3	268,027	0.3	310,348	0.3
미착품	842,416	1.1	1,014,261	1.2	1,623,246	1.7
재고자산(계)	5,864,889	7.9	6,753,445	8.3	7,968,803	8.5
유동자산(계)	33,399,152	44.9	34,988,905	43.0	41,901,014	44.9
장기금융상품	9,311	0.0	926	0.0	1,129	0.0
장기매도가능증권	2,232,601	3.0	2,557,004	3.1	3,712,322	4.0
장기만기보유증권	221,838	0.3	197,680	0.2	147,287	0.2
지분법적용투자주식	2,923,314	3.9	3,393,617	4.2	3,782,413	4.1
장기성매출채권	15,165	0.0	16,434	0.0	42,712	0.0
장기대여금	185,201	0.2	288,237	0.4	329,137	0.4
보증금	780,467	1.0	790,034	1.0	793,737	0.9
장기선급비용	494,421	0.7	472,275	0.6	489,775	0.5
장기이연법인세자산	522,689	0.7	353,027	0.4	266,280	0.3
기타투자자산	15,152	0.0	58,532	0.1	24,104	0.0
장기대출채권	3,753,470	5.0	3,806,535	4.7	3,799,955	4.1

투자자산(계)	11,153,629	15.0	11,934,301	14.7	11,796,347	12.6
토지	2,768,774	3.7	2,976,819	3.6	3,154,330	3.4
건물	5,265,301	7.1	6,158,507	7.5	7,458,014	8.0
구축물	305,135	0.4	295,535	0.4	342,144	0.4
기계장치	15,850,980	21.3	19,141,537	23.5	21,921,021	23.5
공구기구비품	943,225	1.3	966,532	1.2	966,775	1.0
차량운반구	109,548	0.1	199,566	0.2	183,932	0.2
건설중인자산	3,875,668	5.2	3,888,659	4.8	3,188,101	3.4
미착기계	157,530	0.2	157,460	0.2	166,327	0.2
유형자산(계)	29,276,161	39.3	33,784,615	41.5	37,380,644	40.0
영업권	9,839	0.0	6,776	0.0	26,644	0.0
부의영업권	(599)	0.0	(186)	0.0	–	0.0
산업재산권	240,754	0.3	262,726	0.3	314,901	0.3
기타의무형자산	382,862	0.5	389,069	0.5	363,082	0.4
무형자산(계)	632,856	0.8	658,385	0.8	704,627	0.8
고정자산(계)	41,062,646	55.1	46,377,301	57.0	51,474,122	55.1
자산총계	74,461,798	100.0	81,366,206	100.0	93,375,136	100.0
매입채무	4,206,962	5.6	4,578,915	5.6	6,037,864	6.5
단기차입금	7,807,865	10.5	7,360,778	9.0	8,453,099	9.1
미지급금	3,336,651	4.5	3,609,419	4.4	3,861,661	4.1
선수금	209,855	0.3	518,418	0.6	818,636	0.9
예수금	353,517	0.5	298,110	0.6	389,029	0.4
미지급비용	4,191,577	5.6	5,011,755	6.2	6,777,936	7.3
미지급법인세	896,862	1.2	1,263,088	1.6	1,343,941	1.4
유동성장기부채	3,786,791	5.1	2,771,866	3.4	1,987,148	2.1
단기이연법인세부채	803	0.0	7,839	0.0	4,639	0.0
기타유동부채	117,707	0.2	102,683	0.1	122,023	0.1
유동부채(계)	24,908,590	33.5	25,522,871	31.4	29,795,976	31.9
사채	4,093,687	5.5	3,937,455	4.8	2,959,550	3.2
장기차입금	744,021	1.0	407,011	0.5	1,120,708	1.2
장기미지급금	670,789	0.9	641,064	0.8	638,734	0.7
장기미지급비용	134,974	0.2	276,019	0.3	43,005	0.0
장기선수금	507,310	0.7	341,438	0.4	168,913	0.2
퇴직급여충당부채	576,822	0.8	721,205	0.9	739,936	0.8
장기이연법인세부채	905,683	1.2	1,182,262	1.5	1,465,555	1.6
기타고정부채	312,411	0.4	397,014	0.5	478,723	0.5
고정부채(계)	7,945,797	10.7	7,903,468	9.7	7,607,252	8.1
부채총계	32,854,387	44.1	33,426,339	41.1	37,403,228	40.1

보 통 주 자 본 금	778,047	1.0	778,047	1.0	778,047	0.8
우 선 주 자 본 금	119,467	0.2	119,467	0.1	119,467	0.1
자 본 금 (계)	897,514	1.2	897,514	1.1	897,514	1.0
자 본 잉 여 금	6,338,460	8.5	6,364,604	7.8	6,574,995	7.0
자 기 주 식	(5,970,778)	8.0	(7,520,023)	9.2	(9,157,492)	9.8
주 식 선 택 권	–	–	539,152	0.7	475,197	0.5
기 타 자 본 조 정	10,103	0.0	(13,339)	0.0	(65,086)	0.1
자 본 조 정 (계)	(5,960,675)	8.0	(6,994,210)	8.6	(8,747,381)	9.4
매도가능증권평가이익	559,881	0.7	733,050	0.9	1,430,806	1.5
매도가능증권평가손실	(23,540)	0.0	(1,933)	0.0	(1,350)	0.0
지 분 법 자 본 변 동	123,384	0.2	141,958	0.2	251,591	0.3
부의지분법자본변동	(63,969)	0.1	(43,887)	0.1	(8,017)	0.0
해 외 사 업 환 산 이 익	–	–	–	–	202,697	0.2
해 외 사 업 환 산 손 실	(149,618)	0.2	(293,812)	0.4	–	–
파 생 상 품 평 가 손 실	–	–	(2,556)	0.0	(342)	0.0
기 타 포 괄 손 익 누 계 액(계)	446,138	0.6	532,820	0.7	1,875,385	2.0
법 정 적 립 금			655,604	0.8	450,789	0.5
임 의 적 립 금			35,952,854	44.2	43,263,294	46.3
미처분연결이익잉여금			7,855,255	9.7	7,351,091	7.9
이 익 잉 여 금 (계)	37,369,265	50.1	44,463,683	54.6	51,065,174	54.7
지 배 회 사 지 분 (계)	39,707,526	53.3	45,264,411	55.6	51,665,687	55.3
소 수 주 주 지 분 (계)	1,899,885	0.2	2,675,456	3.3	4,306,221	4.6
자 본 총 계	41,607,411	55.8	47,939,867	58.9	55,971,908	59.9
부 채 와 자 본 총 계	74,461,798	100.0	81,366,206	100.0	93,375,136	100.0

손익계산서	2005		2006		2007	
	금액	구성비	금액	구성비	금액	구성비
매 출 액	80,629,510	100.0	85,425,626	100.0	98,507,817	100.0
매 출 원 가	55,251,655	68.5	59,652,262	69.8	70,880,912	72.0
매 출 총 이 익	25,377,855	31.5	25,773,364	30.2	27,626,905	28.0
판 매 비 와 관 리 비	17,802,357	22.1	16,765,553	19.6	18,653,619	18.9
급 여	1,619,805	2.0	1,841,685	2.2	2,085,242	2.1
퇴 직 급 여	128,415	0.2	130,116	0.2	155,036	0.2
지 급 수 수 료	2,739,031	3.4	2,721,043	3.2	3,241,321	3.3

감 가 상 각 비	307,130	0.4	201,831	0.2	236,505	0.2
무 형 자 산 상 각 비	–	–	81,058	0.1	89,774	0.1
광 고 선 전 비	1,299,318	1.6	1,654,604	1.9	1,707,127	1.7
판 매 촉 진 비	1,360,721	1.7	1,273,914	1.5	2,011,304	2.0
운 반 비	1,556,865	1.9	1,591,911	1.9	1,803,900	1.8
애 프 터 서 비 스 비	931,958	1.2	995,354	1.2	1,270,962	1.3
기 업 홍 보 비	401,471	0.5	417,147	0.5	380,160	0.4
대 손 상 각 비	2,007,139	2.5	536,879	0.6	170,372	0.2
경 상 개 발 비	967,165	1.2	1,016,944	1.2	1,093,288	1.1
연 구 비	2,179,981	2.7	2,252,848	2.6	2,353,844	2.4
주 식 보 상 비 용	32,177	0.0	9,405	0.0	780	0.0
기타판매비와관리비	2,271,181	2.8	1,924,915	2.3	2,054,004	2.1
영 업 이 익	7,575,498	9.4	9,129,025	10.7	8,973,286	9.1
영 업 외 수 익	3,019,856	3.7	3,265,290	3.8	4,144,939	4.2
이 자 수 익	284,200	0.4	364,614	0.4	465,202	0.5
배 당 금 수 익	36,509	0.0	19,555	0.0	18,402	0.0
수 수 료 수 익	35,646	0.0	59,866	0.1	54,201	0.1
임 대 료	54,558	0.1	39,669	0.0	42,753	0.0
매도가능증권처분이익외환차익	41,178	0.1	59,171	0.1	62,991	0.1
외 환 차 익	1,190,611	1.5	1,328,344	1.6	1,831,629	1.9
외 화 환 산 이 익	144,465	0.2	191,178	0.2	127,891	0.1
지 분 법 이 익	491,405	0.6	551,057	0.6	652,500	0.7
유 형 자 산 처 분 이 익	77,911	0.1	84,629	0.1	107,542	0.1
기 타 영 업 외 수 익	663,373	0.8	567,207	0.7	781,828	0.8
영 업 외 비 용	2,470,041	3.1	2,566,669	3.0	3,485,352	3.5
이 자 비 용	218,233	0.3	294,449	0.3	294,140	0.3
기 타 대 손 상 각 비	1,523	0.0	8,999	0.0	2,455	0.0
매 출 채 권 처 분 손 실	205,501	0.3	269,450	0.3	296,375	0.3
매도가능증권처분손실	29,826	0.0	3,645	0.0	1,768	0.0
외 환 차 손	1,124,380	1.4	1,257,136	1.5	1,849,002	1.7
외 화 환 산 손 실	117,571	0.1	109,444	0.1	116,231	0.1
지 분 법 손 실	149,656	0.2	31,396	0.0	274,874	0.3
기 부 금	180,135	0.2	183,618	0.2	192,441	0.2
매도가능증권감액손실	81,588	0.1	14,499	0.0	1,452	0.0
만기보유증권감액손실	90,557	0.1	–	–	–	–
유 형 자 산 처 분 손 실	31,302	0.0	54,270	0.1	71,964	0.1
기 타 영 업 외 비 용	239,769	0.3	339,763	0.4	384,650	0.4
경 상 이 익	8,125,313	10.1	9,827,646	11.5	9,632,873	9.8
특 별 이 익	–		–		–	

특별손실	-		-		-	
법인세비용차감전순이익	8,125,313	10.1	9,827,646	11.5	9,632,873	9.8
법인세비용	1,218,246	1.5	1,633,987	1.9	1,709,892	1.7
당기순이익	6,907,067	8.6	8,193,659	9.6	7,922,981	8.0
지배회사지분순이익	7,640,092	9.5	7,926,087	9.3	7,420,579	7.5
소수주주지분순이익	74,160	0.1	274,538	0.3	502,402	0.5
지배회사지분순이익의주당이익		0.0		0.0		0.0
기본주당순이익(단위:원)	49,969	0.1	52,880	0.1	49,502	0.1
희석주당순이익(단위:원)	49,128	0.1	52,120	0.1	48,924	0.0

이익잉여금처분계산서	2005		2006		2007	
	금액	구성비	금액	구성비	금액	구성비
미처분이익잉여금	7,563,591	100.0	7,748,314	100.0	7,248,594	100.0
전기월이익잉여금	30	0.0	30	0.0	(103,386)	1.4
회계변경의누적효과	-	-	(93,821)	1.2	-	-
중간배당액	(76,652)	1.0	(74,386)	1.0	(73,036)	1.0
당기순이익	7,640,213	101.0	7,916,491	102.2	7,425,016	102.4
이익잉여금처분액	7,563,561	100.0	7,851,700	101.3	7,248,564	100.0
기업합리화적립금	1,000,000	13.2	1,000,000	12.9	1,000,000	13.8
배당금	757,403	10.0	746,075	9.6	1,098,099	15.1
연구및인력개발준비금	4,000,000	52.9	4,000,000	51.6	4,000,000	55.2
자사주처분손실준비금	650,000	8.6	550,000	7.1	550,000	7.6
시설적립금	1,156,158	15.3	1,555,625	20.1	600,465	8.3
차기이월미처분이익잉여금	30	0.0	(103,386)	1.3	30	0.0

자료 : 삼성전자 홈페이지, 감사보고서.

(단위: 원, 배)

시장관련자료		05	06	07
주가	최고	662,000	740,000	687,000
	최저	428,500	549,000	507,000
주당	순이익	49,970	52,880	49,532
	순자산	230354.27	262960.63	299720.68
	매출액	337722.54	346627.91	371333.34
PER(최고/최저)		14.76/14.72	11.34/11.32	11.37/11.09

자료 : (주)한국신용평가, 「한국기업총람」

1. 유동성비율

유동성은(liquidity)은 어떤 자산이 적정한 가격으로 신속하게 현금으로 전환될 수 있는 성질 내지 정도를 나타내는 개념으로서 일반적으로 기업의 단기채무상환능력을 측정하는 지표로 사용된다. 기업의 단기채무란 회계학상 1년 이내에 만기가 도래하는 채무로서 주로 재무상태표상의 유동부채를 말하지만, 유동부채 이외에도 기업이 단기적으로 부담해야 하는 지급이자, 매일의 정상적 영업활동과정에서 발생하는 노무비・재료비・조세공과 등도 포함한다.

이러한 단기 채무를 상환하기 위해 이용될 수 있는 자원은 유동자산이라고 할 수 있다. 유동자산이란 1년 이내에 현금화가 가능한 자산을 말하며, 이에는 현금, 일시적 소유의 유가증권, 매출채권, 재고자산 등이 포함된다. 따라서 기업의 유동성을 측정하기 위해서는 단기채무(유동부채)에 비해 얼마만큼의 유동자산을 보유하고 있는지를 나타내는 유동성비율을 이용해야 한다. 유동성비율(liquidity ratios)은 유동성자산을 유동부채로 나누어 계산하게 된다. 유동성비율은 금융기관이나 신용으로 상품을 공급한자 등의 단기채권자가 가장 많은 관심을 갖는 비율로서, 19C 말 미국의 금융기관이 단기여신 결정을 위하여 가장 먼저 이용되기 시작한 비율이다.

유동성비율을 이용하여 기업의 단기채무상환능력을 알고자 하는 경우에는 다음 사항을 고려할 필요가 있다.

① 유동자산을 구성하는 각 항목은 i) 현금화하는데 걸리는 시간과 ii) 정당한 가격으로 현금화될 수 있는 확실성의 정도에서 차이를 갖는다는 점이다. 현금화의 시간이 짧을수록, 그리고 그 확실성이 클수록(가격 등), 유동성은 그만큼 크다고 할 수 있다. 현금예금, 유가증권(단기), 매출채권, 재고자산의 순으로 유동성이 작아진다.

② 유동성자산이 현금화되는 과정을 보면 현금 → 재고자산 → (생산 및 판매) → 매출채권 → (수금) → 현금의 과정으로 되어 있다. 따라서 유동성자산의 현금화속도는 각 과정에서 현금이 묶여있는 기간에 의해서도 결정된다는 점을 고려해야 한다. 이와 같은 정보는 재고자산회전율, 매출채권회전율 등 활동성분석으로 얻어질 수 있다.

③ 기업의 유동성을 완전하게 분석하기 위해서는 현금예산 등 다른 분석도구를 병용할 필요가 있다.

(1) 유동비율

유동비율(current ratio)은 유동자산을 유동부채로 나누어 산출한다. [식 4・1 참조] 유동자산은 단기 채무를 상환하는 데 동원되는 자원으로 간주되기 때문에 유동비율이 높을수록 유동성이 높은 것으로 판단한다. 유동비율은 은행이 대출결정 시 기업의 단기지급능력을 판단하는 지표로 이용되어 왔기 때문에 은행가비율(banker's ratio)이라고도 한다.

유동비율은 전통적으로 200% 이상이 채권자에게 안전한계로 평가되어 왔으며 (2:1의 원칙), 이러한 2:1의 원칙은 매출채권이나 재고자산은 현금화의 소요시간이 길고, 그 확실성이 낮기 때문에 유동자산총액의 유동부채의 2배 이상은 되어야 건전한 신용도를 갖는 것으로 판단할 수 있다는 것을 의미한다. 그러나 근래에는 이 기준의 의미가 없어지고, 기업의 형태 및 특성, 상품의 종류, 기업규모, 분석자의 입장에 따라 상대적으로 평가할 문제로 인식되고 있다. 특히 분석자의 입장에 따라 판단의 기준이 달라질 수 있는데, 이를테면 유동비율이 높은 것은 채권자의 입장에서는 양호한 것으로 평가할 수 있지만, 경영자의 입장에서는 유동자산에 대한 지나친 투자는 수익성을 저하시키는 요인이 될 수 있으므로 반드시 좋다고 평가할 수는 없는 것이다. 다른 재무비율의 평가에 있어서도 이와 마찬가지로 상대성의 문제가 있다.

$$\text{유동비율} = \frac{\text{유동자산}}{\text{유동부채}} \qquad (4\cdot1)$$

(2) 당좌비율

당좌비율(quick ratio)은 유동자산에서 재고자산을 차감한 당좌자산을 유동부채로 나눈 비율이다. [식 4・2 참조] 재고자산은 판매과정을 거쳐야 현금화할 수 있으

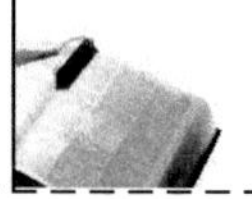

므로, 현금, 예금 또는 외상매출금 등의 당좌자산에 비하면 유동성이 낮다고 할 수 있다. 따라서 재고자산을 포함한 유동자산보다 현금화가 보다 용이한 당좌자산만으로 유동성을 평가하는 것이 보다 합리적이라고 할 수 있다.

당좌비율은 유동비율보다 기업의 단기지급능력을 보다 엄격하게 평가해준다고 해서 산성시험비율(acid test ratio)이라고도 하는데 통상 유동비율의 보조지표로서 이용된다. 이 비율은 경기변동에 민감하거나 부패성이 높은 재고자산을 많이 보유한 기업의 유동성을 파악하는 데 효과적이다.

$$\text{당좌비율} = \frac{\text{당좌자산}}{\text{유동부채} } \qquad (4\cdot2)$$

(3) 자금흐름비율 : 영업비용방어기간

앞에서 설명한 유동비율, 당좌비율은 특정시점(재무상태표 작성일)에서의 유동성 상태를 의미하는 것이지(정태적 유동비율) 그 기업의 연중 평균적인 유동성을 나타내는 것이 아님을 유념해야 한다. 유동성이란 오히려 일정기간의 현금의 유입과 유출간의 시간적 대응정도가 중시되어야 한다. 이런 의미에서 정태적 유동성비율의 한계를 극복하기 위하여 현금흐름비율(flow of funds ratio)이 기업의 유동성(동태적 유동성)측정을 위한 비율로 이용된다.

자금흐름비율에는, ㉠ 1일평균현금영업비용에 대한 당좌자산의 비율(영업비용방어기간), ㉡ 영업활동에서 조달된 자금(=당기순이익+감가상각비 등 비현금비용)에 대한 순 운전자본의 비율, ㉢ 유동부채에 대한 영업활동에서 조달된 자금의 비율 등이 있는데 이들은 일정시점의 유동자산에 그 이후 일정기간의 현금의 유입을 가산한 금액이 필요한 현금유출액을 충분히 커버할 수 있는가 판단하려는 것이다.

이 중 대표적인 영업비용방어기간(defensive interval measure)에 대하여 설명한다. 영업비용방어기간은 당좌자산을 1일 평균 현금영업비용으로 나눈 것이다. [식 4·3 참조]

$$영업비용방어기간(일) = \frac{당좌자산}{1일평균현금영업비용}$$

$$= \frac{당좌자산}{\left(\frac{연간영업비용 - 감가상각비\ 등}{365}\right)} \quad (4\cdot3)$$

분자인 당좌자산은 유동자산에서 재고자산, 선급비용, 선급금을 차감한 것으로서 현금·예금, 시장성 유가증권, 매출채권과 같은 매일 매일의 영업비용 지출에 곧바로 충당할 수 있는 준 현금자산을 말한다. 분모인 1일평균현금영업비용은 연간영업비용에서 당좌자산의 사용을 필요로 하지 않는 감가상각비, 이연법인세 등 비현금비용을 차감한 연간현금영업비용 총액을 영업일수(또는 365일)로 나눈 것이다. 1일평균현금영업비용은 다음 기간의 현금예산 등에 기초하여 산출하여야 이상적이지만, 이에 대한 자료를 얻을 수 없는 경우에는 전기의 손익계산서에 표시된 총비용을 이용하고 이에 영업활동계획의 변동을 예상하여 계산한다.

따라서 영업비용방어기간은 매일 매일의 비용지출에 즉시 충당될 수 있는 준현금과 같은 방어자산(defensive assets)인 당좌자산이 일상적인 영업비용 지출을 며칠간이나 충당할 수 있는가를 나타낸다. 이 비율이 길다는 것은 추가적인 현금유입이 없어도 오랫동안 정상적인 영업활동을 유지할 수 있음을 의미한다.

(4) 사례기업의 유동성비율

$$유동비율 = \frac{유동자산}{유동부채} = \frac{41,901,014}{29,795,976} = 140.63$$

$$당좌비율 = \frac{당좌자산}{유동부채} = \frac{33,932,211}{29,795,976} = 113.88$$

	05	06	07
유 동 비 율	134.09(134.38)	137.09(122.70)	140.63(136.27)
당 좌 비 율	110.54(104.24)	110.63(94.86)	113.88(109.01)

주: 괄호 밖의 수치는 삼성전자의 실제비율을, 괄호 안의 수치는 산업평균비율을 나타내고 있다.

2. 레버리지비율

레버리지비율(leverage ratios)은 기업의 장기채무상환능력을 측정함과 동시에 기업의 타인자본의존도를 나타내 준다. 레버리지비율을 이용하여 분석할 때는 이 비율이 기업경영상 다음 세 가지 의미를 갖는다는 점에 유의해야 한다.

① 채권자들은 기업의 자기자본을 채권에 대한 안전도로 생각한다. 만일 총자본 중에서 자기자본의 구성비가 작다면 채권자의 위험은 증가하게 된다.

② 주주들은 타인자본을 많이 이용하게 되면 한정된(적은) 투자액으로 기업을 지배할 수 있다.

③ 타인자본의 조달은 재무레버리지효과(financial leverage effect)를 발생시킨다. 즉 타인자본 조달을 통해 얻는 투자수익률이 지급이자율보다 높으면 자기자본에 대한 수익은 확대된다. 그러나 투자손실이 부채비용을 상회할 수 있다면 레버리지는 바람직하지만 그 반대의 경우는 불리하게 된다. 다시 말하면 기업의 타인자본의존도가 지나치면 재무위험(financial risk)의 가능성이 높아지고, 반면에 자본구조의 안전성을 지나치게 강조하면 수익성이 떨어지게 된다. 그러므로 자본조달(레버리지 사용)에 관한 의사결정은 투자수익률과 재무위험 간의 트레이드・오프 관계를 조화하여 이루어져야 할 것이다.

이러한 레버리지비율은 두 가지로 측정한다.

첫째는 영업레버리지비율로서 생산 및 판매수단으로 고정자산을 이용하는 정도를 분석하는 것으로 이에는 고정비율과 고정장기적합률이 있다.

둘째는 재무레버리지비율로서 자본조달의 수단으로 타인자본을 이용하는 정도를 분석하는 것으로서 부채비율과 이자보상비율 등이 이에 해당된다.

(1) 부채비율

부채비율(debt ratio)은 부채(유동부채+고정부채)를 자기자본으로 나누어 산출한다. [식 4·4 참조] 이 비율은 채권자의 입장에서는 위험요인 때문에 낮은 것을 바라지만, 소유주 입장에서는 레버리지효과 때문에 저렴한 코스트를 갖고 있는 부채를 많이 이용하려는 경향이 있어 채권자와 소유주의 이해가 상반되는 비율이다.

부채비율의 보조지표로서 이용되는 유동부채비율은 유동부채를 자기자본으로 나누어 계산하는데, 유동부채의 과대 여부를 측정하는 비율이다. 타인자본이 자기자본을 초과하게 되면 일단 위험신호로 간주되지만 위험신호는 대부분 단기고리의 유동부채가 과다한 경우이다.

그러므로 부채비율이 100%를 초과하고 유동부채비율마저 100%를 넘는다면 매우 위험한 상태로 판단해야 할 것이다.

$$\text{부채비율} = \frac{\text{부채}}{\text{자기자본}} \qquad (4 \cdot 4)$$

(2) 자기자본비율

자기자본비율(new worth to total assets) 또는 자기자본구성비율은 자기자본을 총자본으로 나누어 계산한다. [식 4·5 참조] 자기자본에는 납입자본금, 자본잉여금, 이익잉여금이 포함된다. 자기자본은 상환기간이 없고 이자지급을 하지 않아도 되는 영구자본이므로 이 비율이 높을수록 기업의 재무상태는 안전하다고 할 수 있다. 특히 채권자의 입장에서 채권에 대한 안전도가 그만큼 높다는 것을 의미한다. 이 비율은 부채비율과 함께 기업의 재무구조를 측정하는 중요한 지표로 이용되고 있다.

$$\text{자기자본비율} = \frac{\text{자기자본}}{\text{총자본}} \qquad (4 \cdot 5)$$

한편 금융기관의 경우에는 일반 제조업과는 다른 영업적 특성을 가지고 있기 때문에 금융기관의 안정성을 측정하는 비율로 자기자본비율을 수정한 국제결제은행(Bank for International Settlement : BIS) 기준의 자기자본비율(흔히 BIS비율이라 한다)을 사용한다. 금융기관의 BIS 비율은 자기자본 등을 위험가중자산으로 나누어 다음식과 같이 계산된다.

$$BIS\text{비율}(\%) = \frac{\text{자기자본} + \text{보완자본}}{\text{위험가중자산}} \times 100$$

위 식에서 보완자본은 대손충당금, 후순위채무 등을 의미한다. 그리고 자산별로 거래상대방의 신용도, 담보, 보증의 유무 등 위험도를 고려하여 가중치가 부여되고, 그 위험가중치에 의해 가중평균된 자산이 위험가중자산(분모 부분)이다. 예를 들어 현금의 경우 위험이 전혀 없으므로 0%, 공공기관에 대한 채권에는 10%, OECD 국가의 은행에 대한 채권에는 20%, 주거용 주택에 대한 저당권이 설정된 채권에는 50%, 기타 민간부문에 대한 채권이나 주식에는 100%등의 위험가중치를 부여하게 된다.

국제결제은행은 국제금융시장에서 활동하는 금융회사들에게 최소한 8%의 BIS 비율을 준수하도록 규정하고 있다. 이에 따라 BIS비율이 8%에 미치지 못하는 금융회사 등은 해외차입이 곤란하거나 차입을 하더라도 높은 자금조달비용을 부담해야 한다. 특히 IMF(International Monetary Fund) 구제금융 이후 우리나라 금융기관의 경우 BIS비율 8%의 의미는 매우 중요하다. 이는 BIS비율 8%가 금융기관 구조조정의 기준이 되고 있기 때문이다.

(3) 이자보상비율

이자보상비율(times interest earned)은 이자 및 법인세비용차감전이익(earning before interest and taxes : EBIT)을 이자비용으로 나누어 계산한다. [식 4·6 참조] 이 비율을 영업활동으로 얻어지는 현금흐름이 이자비용의 충당에 몇 배의 여유가 있는지, 그 안전도를 나타낸다. 비율의 분석에 법인세차감전이익을 사용하는 것은 이자비용은 법인세차감전이익에서 지출되므로 기업의 이자지급능력은 세금의

영향을 받지 않기 때문이다. 부채비율이나 자기자본비율은 재무상태표로부터 계산되는 정태비율이므로 장기채무상환에 필요한 현금흐름을 감안하지 못한다는 문제가 있는 반면에 이자보상비율은 현금흐름에 의하여 장기채무상환능력을 측정하는 동태적 비율이다.

$$\text{이자보상비율} = \frac{\text{법인세비용차감전이익} + \text{이자비용}}{\text{이자비용}} \qquad (4 \cdot 6)$$

(4) 고정비율과 고정장기적합률

고정비율과 고정장기적합률은 조달된 자본이 유동자산과 고정자산이 어떻게 배분・운용되고 있는가를 측정함으로써, 자본조달의 원천과 운용 사이의 균형관계 즉 자본배분의 안정성을 판단하기 위한 비율이다.

고정비율(fixed ratio)은 고정자산을 자기자본으로 나누어 계산한다. [식 4·7 참조] 장기적으로 자금이 고착되는 고정자산은 가급적 가장 안정적인 자기자본으로 충당하는 것이 기업의 장기적 안정성면에서 바람직하다는 견해에서 비롯된다. 따라서, 고정비율은 100% 이하로 낮을수록 양호한 상태로 판단한다. 그러나 실제로 거액의 설비투자를 요하는 장치산업(예: 중화학공업)에 있어서는 소요자금의 상당부분을 부채로 충당하지 않으면 안 된다. 이 때 고정부채도 안정성 있는 장기자금이므로 고정자산에 대한 투자는 자기자본과 고정부채의 합의 범위 내에서 하게 되면 안정상이 있다고 볼 수 있다.

고정장기적합률(fixed assets to net worth and fixed liabilities)은 이러한 취지에서 고장자산을 장기자본(자기자본+고정부채)으로 나누어 산출한다. [식 4·8 참조]

$$\text{고정비율} = \frac{\text{고정자산}}{\text{자기자본}} \qquad (4 \cdot 7)$$

$$\text{고정장기적합률} = \frac{\text{고정자산}}{\text{자기자본} + \text{고정부채}} \qquad (4 \cdot 8)$$

고정장기적합률의 계산에 사용된 사고는 그레고리(Gregory)가 기업의 재무상태 변동의 적부를 판단하기 위해서 사용한 법칙, 즉 그레고리법칙에 근거한다. 그레고리법칙은 다음과 같이 세 가지로 구성되어 있다.

① 고정자산에 대한 투자는 자기자본과 고정부채의 범위 내에서 이루어져야 한다.
② 유동(단기)부채로 조달한 자금은 유동(단기)자산에만 투자되어야 한다.
③ 고정부채는 유동부채보다 안전하다. 따라서 재무적인 안정성면에서 볼 때 유동부채를 고정부채로 바꾸는 것은 좋으나, 고정부채를 유동부채로 바꾸는 것은 좋지 못하다.

(5) 사례기업의 레버리지비율

	05	06	07
부 채 비 율	78.96(57.36)	69.73(58.70)	66.83(53.04)
자 기 자 본 비 율	55.88(63.55)	58.92(63.01)	59.94(65.34)
이 자 보 상 비 율 (배)	38.23(−)	34.38(−)	33.75(−)
고 정 비 율	123.71(110.82)	96.74(114.21)	91.96(109.24)
고 정 장 기 적 합 률	103.88(90.30)	83.05(93.28)	80.96(90.36)

주: 괄호 밖의 수치는 삼성전자의 실제비율을, 괄호 안의 수치는 산업평균비율을 나타내고 있다.

$$부채비율 = \frac{부채}{자기자본} = \frac{37,403,228}{55,971,908} = 66.83$$

$$자기자본비율 = \frac{자기자본}{총자본} = \frac{55,971,908}{93,375,136} = 59.94$$

$$이자보상비율 = \frac{법인세비용차감전이익 + 이자비용}{이자비용}$$

$$= \frac{9,632,873 + 294,140}{294,140} = 33.75$$

$$고정비율 = \frac{고정자산}{자기자본} = \frac{51,474,122}{55,971,908} = 91.96$$

$$고정장기적합률 = \frac{고정자산}{자기자본 + 고정부채}$$

$$= \frac{51,474,122}{55,971,908 + 7,607,252} = 80.96$$

3. 수익성비율

수익성이란 기업의 제반의사결정의 결과가 종합적으로 함축된 경영성과라 할 수 있다.

기업의 궁극적인 목적은 수익성의 추구에 있다. 따라서 수익성을 측정하는 여러 종류의 수익성비율(profitability ratios)은 기업목표달성의 효과성을 나타내는 것이라고 할 수 있다.[6)]

기업의 수익성은 두 가지 측면으로 나누어 측정된다. 그 하나는, 제품의 생산 및 매출이라는 과정을 통하여 이익이 창출되므로 매출액에 비하여 이익이 어느 정도 얻어졌는가를 측정하고자 하는 매출수익성(매출액이익률)이다. 다른 하나는 자본 제공자들이 조달한 투입자본과 그들에게 귀속되는 이익을 대비하여 측정하고자 하

6) 수익성은 효율성이나 경제성과 구분된다. 효율성(efficiency)은 물량적 개념으로서 투입량에 대한 산출량의 비율이다. 경제성(economy)은 효율의 물량적 개념에 가치를 부여한 것이다. 수익성(profitability)은 효율이나 경제성의 개념과는 달리 자본중심의 개념으로서 투자자본에 대하여 어느 정도의 자본가치 증가가 이루어졌는가를 나타낸다.

는 투자수익성(자본이익률)이다.

① 여기서 분모의 투하자본(매출액은 통상 순매출액)을 무엇으로(자본의 종류) 하느냐, 그리고 분자의 이익을 무엇으로(이익의 종류)하느냐에 따라 여러 가지 수익성비율이 나올 수 있다.

② 특히 자본이익률의 분자는 일정기간의 유량(flow)을 나타내는 손익계산서상 이익이고, 분모는 일정시점의 저량(stock)을 나타내는 재무상태표상 자본이므로 분자와 분모의 성격이 일치하지 않는다. 따라서 분모의 자본을 일정기간(통상 연간)의 평균액으로 하고 분자의 이익은 연간이익(반년의 경우에는 2배한다)으로 하여 분모와 분자의 성격을 일치시킬 필요가 있다. 일반적으로 평균잔액을 계산하는 경우에는 기초잔액과 기말잔액의 평균 [(기초잔액+기말잔액)/2] 을 사용하지만, 그 기간 동안에 자본의 큰 변동이 있는 경우에는 월평균액을 사용하는 것이 바람직하다.

수익성비율이 높을수록 양호하다고 할 수 있으나 지나치게 높으면 소비자의 부담이 컸다는 뜻이 되어 결국 많은 경쟁기업이 사업에 참여할 수 있게 된다. 따라서 이 비율이 높은 기업은 소비자의 반응과 경쟁기업의 동향을 자세히 검토・관찰할 필요가 있다.

(1) 투자수익성비율(총자본순이익률, 자기자본순이익률)

총자본(자산)순이익률(net income to total assets)은 당기순이익을 총자본 또는 총자산으로 나눈 비율로서 총자본(자산)순이익률 또는 투자수익률(return on investment : ROI)[7]이라고도 한다. [식 4・9 참조] 이 비율을 총 자산을 얼마나 효율적으로 이용하여 영업성과를 올렸는가를 총괄적으로 나타내는 대표적인 수익성비율이다.

ROI는 매출액순이익률과 총자본회전율로 분해할 수 있기 때문에 ROI가 개선되려면 매출액순이익률과 총자본회전율의 양자를 함께 높이는 것이 이상적 방안이나 이것은 지극히 어려운 일이고, 이익폭을 크게 하여 매출액순이익률이 높아지거나

7) 투자수익률((return on investment: ROI)은 투자자본에 대한 경영효율성을 측정하는 지표로, 이익관련 항목을 투하자본으로 나누어 계산한다.

또는 매출액이 늘어 총자본 회전율이 높아지거나 해야 한다. 그러나 어느 한쪽의 비율을 높이기 위한 경영전략은 다른 한쪽의 비율을 저하시킬 가능성이 있으므로 경영의 질적 분석을 동시에 검토해야 한다.

예컨대 매출증대를 위한 적극적인 마케팅전략은 총자본회전율을 개선시킬지 모르나 판매 증가로 매출액이익률을 저하시킬 가능성이 있을 것이고 가격인상은 매출액이익률을 높일지는 모르나 수요의 가격탄력성이 있는 한 수요감퇴를 가져와 총자본회전율을 악화시킬 소지가 있는 것이다.

자기자본순이익률(return on equity : ROE)은 주주가 기업에 투자한 자본에 대한 수익성을 나타내는 비율로서 주주에게 귀속되는 당기순이익을 자기자본으로 나누어 계산한다. [식 4・10 참조] 보통 자기 자본은 기말잔액을 사용하나 기간 중 경기변동이 심한 경우에는 자기자본의 연평균액을 사용한다. 기업의 소유자인 주주는 경영활동의 성과가 주식가격의 상승으로 나타나기를 요구하고 있다. 따라서 주주들은 주가에 직접 영향을 미치는 자기자본 순이익률에 가장 큰 관심을 갖게 된다.

$$\text{총자본순이익률} = \frac{\text{당기순이익}}{\text{총자본}} \qquad (4\cdot9)$$

$$\text{자기자본순이익률} = \frac{\text{당기순이익}}{\text{자기자본}} \qquad (4\cdot10)$$

(2) 매출수익성비율(매출액영업이익률, 매출액경상이익률, 매출액순이익률)

매출액이익률은 매출액을 이익항목과 대비시켜 구하는 비율로서 매출에 대한 마진(margin)을 나타낸다. 매출액이익률은 이익을 어떻게 보느냐에 따라 여러 가지 비율이 나오겠지만 다음과 같은 세 가지 비율이 많이 사용된다.

매출액영업이익률(operating income to net sales)은 영업이익을 매출액으로 나누어 계산된 비율로서 [식 4・11 참조], 기업의 주된 영업활동에 의한 경영성과를 측정하는 지표로 이용되고 있다.

매출액경상이익률(normal income to net sales)은 경상이익을 매출액으로 나누어 계산된 비율로서 [식 4・12 참조], 기업의 전체적인 경영활동의 성과를 총괄적으로 측정하는 지표가 된다.

매출액순이익률(net income to net sales)은 기업활동의 모든 과정(생산, 판매, 관리, 재무활동)에 소요된 비용을 매출액에서 차감한 당기순이익을 매출액으로 나누어 계산된 비율로서 [식 4 · 13 참조], 총투자수익률(ROI)을 결정하는 한 요인이 된다.

앞의 세 가지 비율을 기업간 비교, 기간비교를 통해서 판단해야함은 물론이지만 특히 세 가지 비율 상호간을 비교 · 검토함으로써 자기기업의 이익폭의 대소와 자기기업의 결함을 개선하는데 더욱 효과적이라는 사실에 유념해야 할 것이다. 이를테면 매출액순이익률과 매출액영업이익률을 비교해서 차이가 크다면 이 기업은 영업활동 이외의 부분이 크다는 것을 뜻하기 때문에 바람직한 기업경영을 하지 못했다고 할 수 있을 것이다.

$$\text{매출액영업이익률} = \frac{\text{영업이익}}{\text{매출액}} \qquad (4 \cdot 11)$$

$$\text{매출액경상이익률} = \frac{\text{경상이익}}{\text{매출액}} \qquad (4 \cdot 12)$$

$$\text{매출액순이익률} = \frac{\text{당기순이익}}{\text{매출액}} \qquad (4 \cdot 13)$$

(3) 사례기업의 수익성비율

	05	06	07
총 자 산 순 이 익 률	8.51(9.63)	10.52(6.96)	9.07(7.31)
자 기 자 본 순 이 익 률	17.71(15.24)	17.70(11.08)	15.25(11.35)
매 출 액 영 업 이 익 률	9.40(8.77)	10.69(6.30)	9.11(5.77)
매 출 액 경 상 이 익 률	10.08(8.87)	11.50(7.11)	9.78(–)
매 출 액 순 이 익 률	8.57(8.32)	9.59(6.39)	8.04(6.92)

주: 괄호 밖의 수치는 삼성전자의 실제비율을, 괄호 안의 수치는 산업평균비율을 나타내고 있다.

$$총자산순이익률 = \frac{당기순이익}{총자산}$$

$$= \frac{7,922,981}{(81,366,206+93,375,136)/2} = 9.07$$

$$자기자본순이익률 = \frac{당기순이익}{자기자본}$$

$$= \frac{7,922,981}{(47,939,867+55,971,908)/2} = 15.25$$

$$매출액영업이익률 = \frac{영업이익}{매출액} = \frac{8,973,286}{98,507,817} = 9.11$$

$$매출액경상이익률 = \frac{경상이익}{매출액} = \frac{9,632,873}{98,507,817} = 9.78$$

$$매출액순이익률 = \frac{당기순이익}{매출액} = \frac{7,922,981}{98,507,817} = 8.04$$

4. 활동성비율

활동성비율(activity ratios)은 기업이 보유하고 있는 자산이 어느 정도 효율적으로 이용되었는가, 즉 자산의 이용도를 측정하는 비율로서 매출액을 각 자산항목으로 나누어 구하는 회전율로 표시되는 것이 보통이다.

여기서 활동성이란 자산의 효율적 이용으로 인한 물리적 효율성(physical efficiency)을 나타내는 것으로서, 화폐적 효율성을 의미하는 수익성과는 구별되어야 한다.

활동성비율을 이용하여 얻을 수 있는 정보는 다음과 같다.

① 영업활동의 순환과정의 각 단계(현금 → 재고자산 → 매출 → 외상매출금 → 현금)에 얼마의 자금이 묶여 있는지에 대한 정보를 제공한다.

② 투하된 자본 1단위당 얼마의 매출액이 실현되었는가를 나타낸다.

③ 특정자산에 대한 투자가 과연 적정한지에 관한 정보를 제공한다.

(1) 총자산회전율

총자산회전율(total assets turnover)은 총자본회전율이라고도 부르며, 매출액을 총자산으로 나누어 계산된다. [식 4・14 참조] 이 비율은 총자산이 1년 동안 매출을 통하여 몇 번 회전하였는가를 나타내어 자산 이용의 효율성을 총괄적으로 측정하는 비율이다. 총자산회전율이 높다는 것은 총자산에의 투자에 비하여 상대적으로 높은 매출을 나타내고 있음을 의미하므로 총자산의 이용이 매우 효율적인 것으로 평가할 수 있으며, 총자산회전율이 낮다는 것은 총자산이 비효율적으로 이용되거나 과다하게 투자된 것으로 평가할 수 있다.

이 비율은 매출액순이익률과 함께 기업의 투자수익률(ROI)을 결정하는 요인이 되기 때문에 수익성을 평가할 때도 중요한 의미를 갖는다. 일반적으로 장치산업의 회전율은 낮고, 경공업이나 제3차 산업의 회전율은 높다.

$$\text{총자산회전율} = \frac{\text{매출액}}{\text{총자산}} \qquad (4 \cdot 14)$$

(2) 매출채권평균회수기간 : 매출채권회전율

매출채권평균회수기간(average collection period)은 매출채권회전기간이라고도 하며 매출채권의 발생부터 회수까지의 평균기간, 다시 말하면 매출채권이 1회전하는데 소요되는 기간을 의미한다. 대체로 평균회수기간이 짧을수록 매출채권이 효율적으로 관리되고, 자금이 매출채권에 오래 묶여 있지 않음을 의미한다.

그러나 이러한 문제는 그 기업의 신용정책(credit policy), 이를테면 목표회수기간이나 판매조건 등과 비교하여 최종적인 평가를 해야 한다. 매출채권평균회수기간은 식 [4・15]와 식 [4・16]의 2단계로 계산된다.

매출채권회전율(receivables turnover)은 매출액을 매출채권으로 나눈 비율로서 [식 4・17 참조], 매출채권이 1년 동안 몇 번 회전하였는가를 표시하기 때문에 매출채권회전율은 매출채권회수기간과 역의 관계에 있다.

$$1일평균매출액 = \frac{연간매출액}{365일} \quad (4\cdot15)$$

$$매출채권평균회수기간 = \frac{매출채권평균잔액}{1일평균매출액} \quad (4\cdot16)$$

$$매출채권회전율 = \frac{매출액}{매출채권} \quad (4\cdot17)$$

(3) 재고자산회전율

재고자산회전율(inventory turnover)은 매출액을 재고자산으로 나눈 비율로서 [식 4・18 참조], 재고자산이 일정기간(보통 1년)에 몇 번이나 현금 또는 외상매출금으로 전환되었는가를 측정하는 것이다.

재고자산회전율이 낮다는 것은 재고자산에 과대투자 되고 있어, 자금이 재고자산에 묶여 있는 기간이 장기화되고 있음을 뜻하며, 이 비율이 높다는 것은 재고자산이 효율적으로 관리되고 있음을 뜻한다. 그러나 이 비율이 지나치게 높게 되면 재고자산의 부족을 초래하여 긴급수요에 대처하지 못하는 단점이 있으므로 해석의 상대성에 유의해야 한다. 재고자산회전율의 계산에 있어 흔히 두 가지가 문제가 된다.

① 매출액은 시장가격(market value)으로 계산되나, 재고자산은 역사적 원가(historical cost)로 측정된다는 점이다. 분모의 재고자산이 원가로 측정된 것이기 때문에 논리적 일관성을 위해서 매출액 대신 매출원가를 사용함이 보다 합당하다. 그러나 공적인 통계의 대부분이 분자에 매출액을 사용하여 계산하였기 때문에 이러한 통계자료와 비교하기 위해서는 매출액을 사용하지 않을 수 없다.

② 매출활동(분자)은 연중 계속하여 이루어지지만 재고자산(분모)은 일정시점의 통계치이므로 이것도 통일을 하기 위해서는 연평균 재고자산액을 사용하는 것이 보다 타당하다. 특히 매출액이나 재고수준의 계절적 기복이 심한 업종인 경우에는 더욱 그렇다.

$$재고자산회전율 = \frac{매출액}{재고자산} \qquad (4 \cdot 18)$$

이 수치의 역수에 365를 곱하면 재고자산회전기간이 된다. 즉 365/14.30=25.5(일)의 경우, 재고자산이 판매되기까지는 평균 25일이 소요된다고 볼 수 있다.

(4) 고정자산회전율

고정자산회전율(fixed assets turnover)은 매출액을 고정자산으로 나눈 비율로서 [식 4・19 참조], 고정자산의 효율적 이용 정도와 고정자산의 적정 여부를 측정하는 지표이다. 이 비율이 높으면 고정자산의 이용도가 양호하다고 평가할 수 있다.

다만 유의해야 할 점은 노후화된 고정자산은 오랜 기간의 감가상각으로 인하여 장부가치가 낮을 때는 오히려 이 비율이 높을 수도 있기 때문에 잘못 평가될 수도 있다는 점이다. 이러한 문제점은 매출액이 현행가격으로 측정되는 데 반해 고정자산은 역사적 원가로 측정됨으로써 이 비율이 과대평가되기 때문이다.

$$고정자산회전율 = \frac{매출액}{고정자산} \qquad (4 \cdot 19)$$

(5) 사례기업의 활동성비율

	05	06	07
총 자 산 회 전 율	1.20(1.16)	1.10(1.09)	1.13(1.06)
매 출 채 권 회 전 율	11.38(16.35)	10.36(14.26)	9.75(14.16)
재 고 자 산 회 전 율	13.82(15.95)	13.54(16.63)	13.38(17.62)
고 정 자 산 회 전 율	3.44(1.67)	1.95(1.54)	2.01(1.48)

주: 괄호 밖의 수치는 삼성전자의 실제비율을, 괄호 안의 수치는 산업평균비율을 나타내고 있다.

$$총자산회전율 = \frac{매출액}{총자산}$$

$$= \frac{98,507,817}{(81,366,206 + 93,375,136)/2} = 1.13$$

$$매출채권회전율 = \frac{매출액}{매출채권}$$

$$= \frac{98,507,817}{(9,089,452 + 11,125,132)/2} = 9.75$$

$$재고자산회전율 = \frac{매출액}{재고자산}$$

$$= \frac{98,507,817}{(6,753,445 + 7,968,803)/2} = 13.38$$

$$고정자산회전율 = \frac{매출액}{고정자산}$$

$$= \frac{98,507,817}{(46,377,301 + 51,474,122)/2} = 2.01$$

5. 성장성비율

성장성비율(growth ratios)은 기업의 경영규모 및 경영성과가 일정 기간중에 얼마나 성장(증가)하였는가를 나타내는 비율로서 보통 일정기간에 있어 재무제표 각 항목의 증가율로 측정된다. 이 비율은 기업의 수익성과 함께 투자자들의 투자결정에 중요한 지표로 사용된다. 특히 성장성분석을 할 때 다음 사항을 유의해야 한다.[8)]

① 재무제표 각 항목의 일정기간에 걸친 증가율은 흔히 명목증가율인데 인플레이션하에서는 명목증가율로부터 물가상승률을 차감하여 실질증가율을 구하여 비교할 필요가 있다.

② 성장률이 매우 높을 때는 일시적인 유동성 부족이 발생하여 기업이 어려움을

8) 장영광, 「현대경영분석」(무역경영사, 1986), p.116

겪을 수도 있으므로 유동성분석과 연계하여 성장성을 분석해야 한다.

③ 성장률 자체의 측정뿐 아니라 성장률에 영향을 주는 질적요인 – 제품의 특성, 산업구조, 제품수명주기 등 – 에 대한 분석이 필요하다.

(1) 매출액 증가율

매출액증가율(net sales growth rate)은 일정기간의 매출액증가액을 전기의 매출액으로 나누어 계산하며 [식 4 · 20 참조], 기업의 외형적 신장세를 나타내는 대표적인 비율이다. 매출액증가율은 제품의 가격상승과 수요 증가의 두 가지 요인의 영향을 받는다. 어떤 제품의 수요가 증가하지 않거나 오히려 감소하였다 하더라도 제품의 가격상승에 의하여 정(+)의 매출액증가율을 보일 수도 있으며 이는 실질적 증가라고 할 수가 없다.

$$\text{매출액증가율} = \frac{\text{당기매출액} - \text{전기매출액}}{\text{전기매출액}} \qquad (4 \cdot 20)$$

(2) 총자산증가율

총자산증가율(total assets growth rate)은 일정기간 중의 총자산증가액을 기초의 총자산으로 나누어서 계산하며 [식 4 · 21 참조], 매출액증가율과 함께 기업의 외형적 신장세를 나타낸다. 매출액과는 달리 자산의 항목별 평가기준이 다르기 때문에 기업간 비교를 하는 데 어려움이 있다. 따라서 총자산증가율의 비교를 위해서는 현행원가(current cost)로 평가된 자료를 사용하여야 한다.

$$\text{총자산증가율} = \frac{\text{기말총자산} - \text{기초총자산}}{\text{기초총자산}} \qquad (4 \cdot 21)$$

(3) 주당이익증가율

기업활동의 최종성과는 당기순이익이지만 순이익 자체보다 보통주주에게 더욱

의미가 있는 것은 주당이익의 증가율이다. 주당이익증가율(EPS growth rate)은 일정기간의 주당이익의 증가액을 전기의 주당이익으로 나누어 계산한다. [식 4·22 참조] 이 비율은 투자자에게 미래수익발생능력에 대한 전망을 가늠하게 하는 지표로 사용된다.

$$\text{주당이익증가율} = \frac{\text{기말주당이익} - \text{기초주당이익}}{\text{기초주당이익}} \quad (4\cdot22)$$

(4) 사례기업의 성장성비율

$$\text{매출액증가율} = \frac{\text{당기매출액} - \text{전기매출액}}{\text{전기매출액}}$$

$$= \frac{98,507,817 - 85,425,626}{85,425,626} = 15.31$$

$$\text{총자산증가율} = \frac{\text{기말총자산} - \text{기초총자산}}{\text{기초총자산}}$$

$$= \frac{93,375,136 - 81,366,206}{81,366,206} = 14.76$$

	05	06	07
매 출 액 증 가 율	-1.63(-1.52)	5.95(3.16)	15.31(5.53)
총 자 산 증 가 율	7.91(13.65)	9.27(7.82)	14.76(9.27)

주: 괄호 밖의 수치는 삼성전자의 실제비율을, 괄호 안의 수치는 산업평균비율을 나타내고 있다.

[주의]

성장성비율을 계산할 때는 부호에 주의를 하여야 한다. L사의 경영실적에서 당기 영업이익 증가율을 계산해 보면 +9.93%로 계산이 되지만 실질적으로는 -9.93%이다.

항 목	전기	당기
영업이익	−10,916	−12,000

$$\text{영업이익 증가율(\%)} = \frac{\text{당기영업이익} - \text{전기영업이익}}{\text{전기영업이익}} \times 100$$

$$= \frac{(-12,000) - (-10,916)}{-10,916} = 9.93\%$$

6. 시장평가비율

지금까지 설명한 여러 가지 재무비율은 기업의 시장가치를 평가하는 기본적인 자료가 된다. 그리고 투자자가 이러한 비율 및 기업의 전망을 종합적으로 고려하여 평가한 기업의 시장가치는 증권시장(특히 효율적 시장)에서 주식의 시장가격 즉 주가(stock price)로 나타난다. 따라서 기업의 시장가치와 장래성은 주가와의 관계에서 분석할 필요가 있으며, 시장평가비율은 이러한 관계를 분석하는 지표이다.

시장평가비율(valuation ratios)[9]은 기업의 재무상태와 경영성과에 대하여 증권시장이 어떻게 평가되고 있는가를 나타내는 비율이다. 따라서 정보이용자(특히 투자자 등)에게 앞서의 전통적인 재무비율에서는 얻을 수 없는 내용을 전달한다는 점에서 의미가 크다. 그러나 시장평가비율은 주식가격과 관련된 지표이므로 상장기업에 한하여 분석될 수 있고, 증권시장이 효율적(efficient)이지 못하면 비율의 유용성은 그만큼 떨어진다는 한계점이 있다.

9) 시장평가비율(노덕환)은 학자에 따라 여러 가지로 표현한다.

(1) 주가수익비율

자본시장이 특정주식의 가치를 어떻게 평가하고 있는가를 나타내는 대표적인 비율이 주가수익비율(price earning ratio : PER)이다. 이 주가수익비율은 주가를 주당이익(EPS)으로 나눈 값이다. [식 4 · 23 참조]

일반적으로 주가는 미래의 수익에 대한 투자자의 기대 즉 기대이익을 반영하므로 주가를 기대 EPS로 나누어 구하는 것이 바람직하다. 그러나 예상에 따른 불확실성의 문제와 실제로 기대 EPS수치는 구하기 어려운 관계로 실무에서는 주가를 당기 또는 전기의 EPS로 나누어 주가수익비율을 계산하고 있다.

$$주가수익비율(배) = \frac{주가}{주당이익} \qquad (4 \cdot 23)$$

이 비율은 자본시장이 EPS 1원을 얼마의 시장가치로 평가하고 있는가를 보여준다.

PER의 값이 크다는 것은

① 이익규모에 비하여 주가가 과대평가되었든지(효율적 시장), 아니면

② 이익내용에 대하여 주가가 호의적으로 평가되었든지(효율적 시장), 둘 중의 하나라는 것을 의미한다.

PER의 값이 작다는 것은 이와 반대의 해석이 가능하다.

업종, 규모(자본금, 발생주식수), 회계처리방법 등이 유사한 두 회사 A, B의 PER가 각각 20, 10이라면 다음과 같은 해석이 가능하다.

만약 비효율적 시장이라면 B회사의 주가는 상대적으로 과소평가되었다고 해석할 수 있다. 따라서 B주식을 선택함으로써 A주식을 매입한 것보다 더 큰 이득을 볼 수 있을 것이다.

그러나 효율적인 시장이라면 PER가 높은 A회사의 주식을 매입해야 한다. 왜냐하면 증권시장에 참여한 많은 사람들이 A회사를 B회사보다 더 장래성이 있는 기업으로 평가하고 있기 때문이다.

이와 같이 PER(기타 시장평가비율)을 해석하는 데는 기본적으로 기업간 비교(업종, 발행주식수, 회계처리방법, 경영성과 등이 유사한 기업)도 중요하지만 증권

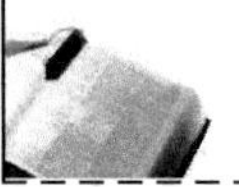

시장의 효율성에 대한 판단이 우선되어야 한다.

이와 같이 효율적인 증권시장에서 PER은 기업의 분석지표로서 유용한 정보가 될 수 있으나, 상대적으로 비효율적인 시장에서는 분석지표로서 한계가 있다.

(2) 주가 대 장부가치비율

주가 대 장부가치비율(price book value ratio : PBR)은 주식가격을 1주당 장부가치(1주당 순자산)로 나누어 계산하는 비율로서 주가순자산비율이라고도 한다. [식 4・24 참조] 이 때 1주당 장부가치는 자산총계로부터 무형고정자산과 이연자산 및 사외유출금을 차감하고, 이연부채를 가산한 다음 이를 기말발행주식수(보통주+우선주)로 나누어 계산한다.

이 비율을 주식의 장부가치 1원이 자본시장에서 얼마의 시장가치로 평가되고 있는가를 나타낸다. 따라서 다른 조건이 동일하다면 PBR이 낮을수록 주가가 상대적으로 낮게 평가되어 있다는 것을 의미한다.

$$\text{주가대장부가치비율} = \frac{\text{주가}}{\text{1주당 장부가치}} \qquad (4 \cdot 24)$$

(3) q비율

q비율(q ratio)은 토빈(Tobin)이 제시한 것으로서[10] 기업의 부채와 자기자본의 시장가치, 즉 기업이 보유하고 있는 자산의 시장가치를 그 자산에 대한 대체원가(replacement cost)로 나눈 비율을 말하며 토빈의 q비율(Tobin's q ratio)이라고도 하며, 다음 식 [4・25]으로 산출된다.

$$q\text{비율} = \frac{\text{자산의시장가격}}{\text{자산의추정대체원가}} \qquad (4 \cdot 25)$$

이 q비율은 주가대장부가치비율과 유사하지만, 몇 가지 중요한 차이가 있다.

10) J.Tobin, "A General Equibrium Approach to Monetary Theory," Journal of Money, Credit and Banking(February 1969), pp. 15~29.

q비율의 경우에는 분자가 보통주만을 나타내는 것이 아니고 부채와 지분(보통주, 우선주 등)의 시장가치이고, 분모는 모든 자산의 원가가 장부상의 취득원가가 아닌 대체원가라는 점이다. 인플레이션이 진행하는 시기에는 자산의 대체원가가 취득원가를 초과한다.

토빈(Tobin)의 주장에 따르면, q비율이 1.0을 초과할 때, 즉 자본설비의 시장가치가 대체원가를 초과할 때는 기업이 투자에 대한 유인(incentive)을 갖게 되며, 이러한 유인은 q비율이 1.0에 이르게 될 때 없어진다는 것이다. 따라서 q=1.0인 수준이 투자결정의 기준치가 되며, 경쟁력이 강한 기업일수록 q비율은 높게 나타난다는 것이다.

(4) 사례기업의 시장평가비율

$$주가수익비율(배) = \frac{주가}{주당이익}$$

$$주가대장부가치비율 = \frac{주가}{1주당\ 장부가치}$$

		05	06	07
주 가(원)	최고	662,000	740,000	687,000
	최저	428,500	549,000	507,000
주당순이익(원)		49,970	52,880	49,532
주당순자산(원)		230354.27	262960.63	299720.68
PER(배)	최고	14.76	11.34	11.37
	최저	14.72	11.32	11.09
PBR(배)	최고	3.08	2.47	1.99
	최저	3.07	2.46	1.94

7. 생산성비율

(1) 생산성분석의 의의

기업은 자본과 노동을 결합하여 재화와 서비스를 생산·판매해서 이윤을 얻는 것을 목적으로 활동하는 경제주체이다. 따라서 기업회계에서는 기업의 이윤추구가 중시되어 수익성의 계산 및 그 분석이 기본 목적으로 되어 있다.

그러다가 기업의 사회성 문제가 대두됨에 따라 수익성과 함께 생산성이 크게 주목을 끌게 되었다. 즉 기업의 이해관계집단 중 투자자와 경영자는 자본의 위탁자 또는 수탁자로서 자본의 합리적 운용에 의해 수익성을 증진시키고자 하는 같은 입장에 있는 것이다.

이에 대하여 노동자와 소비자 등의 자본관계 이외의 이해관계집단도 있다. 그렇기 때문에 경영자가 이익의 증대만을 꾀하는 경우에는 노동자의 생산의욕 및 소비자의 구매 욕구를 감퇴시켜 결국에는 기업의 수익성을 저하시키는 결과를 초래하게 된다.

오늘날 기업에서 수익성문제 가운데는 이상과 같은 내용적인 모순이 내포되어 있다. 그리하여 이러한 모순을 극복하기 위해서는 여러 이해관계집단의 이해를 상호 조정하지 않으면 안 된다.

결국 이의 조정을 위해서는 생산활동이 능률적으로 수행되어 투자자에게는 배당을, 경영자에게는 보수를, 노동자에게는 임금을 적정하게 지급하고 아울러 소비자에게는 적정한 가격으로 재화 및 서비스를 구입할 수 있도록 할 필요가 있다. 바로 이러한 이해조정을 위한 툴(tool)로서 생산성분석이 필요하게 된다.

생산성분석에 있어 특기할 것은 종래와 같은 전통적 재무제표분석에서는 간접적으로 밖에 파악할 수 없는 문제들—노동자의 숙련 정도, 사용하는 기계설비의 효율 그리고 기술의 우열 등으로 인한 생산능률의 차이—도 생산성분석에서는 직접적인 분석대상이 된다는 점이다.

생산성분석을 통하여 ① 기업의 생산활동이 능률적으로 수행되어 생산성이 향상되고 있는지(생산활동의 능률측정) ② 또한 생산성과가 이해관계집단에 적정하게 분배되고 있는지(생산성과의 분배측정)에 대하여 파악할 수 있게 된다.

생산성비율(productivity ratios)이란 투입(input)에 대한 산출(output)의 비율로서 생산요소를 얼마나 효율적으로 이용하였는가를 측정하는 지표이다. 따라서 적은 생산요소의 투입으로 많은 생산량을 산출하면, 다시 말하면 비용을 적게 들여 많은 수익을 실현하면 생산성이 높다고 할 수 있다.

투입량은 결국 생산요소인 노동, 자본, 경영의 결합에 따라 좌우되고 그 결과에 따라 산출량(생산량)이 달라진다. 그래서 생산성 또한 노동생산성, 자본생산성 등과 같이 각 생산요소별로 구분할 수 있다.

생산성이란 본래 물량적 개념이었다. 즉 '1인 1시간당 면직물 10kg'의 경우와 같이 투입과 산출을 물량적으로 표시하는 것이 보편적이었다. 그러나 기업에서 생산하는 생산물이 여러 종류이거나 같은 종류라 할지라도 품질이 다른 경우에는 물량기준으로 생산성을 측정하는 것이 어렵다.

따라서 공통단위로서 합산이 가능한 화폐단위에 의한 산출수준으로서 부가가치가 이용되고 있으며 이러한 부가가치로 측정된 생산성을 부가가치생산성이라고 한다. 근래 생산성분석이 중요시되면서 부가가치 기준으로 분석하는 것이 일반화되어 있다.

이렇게 된 배경은 국내외 경제 환경의 변화로 경쟁이 치열해지면서 외형, 즉 매출액 위주의 경영보다도 내실을 다지는 비용절감에 의한 경영합리화가 곧 기업의 생존을 좌우하게 된 상황변화에 있는 것 같다.

(2) 부가가치의 측정

부가가치(value added: VA)란 기업이 생산 활동을 한 결과 새로이 창출된 가치를 말한다.

하나의 제품이 만들어져 최종소비자에게 인도하기까지는 여러 생산단계를 거치게 되는데, 부가가치는 특정생산단계에서 새로이 창출된 가치를 말하는 것이다.

정확히 말하면 부가가치는 생산액 또는 매출액으로 표시되는 기업의 총 산출가치로부터 외부에서 구입한 재화 또는 서비스의 가치인 중간생산물의 가치를 차감한 것이 된다. 여기서 중간생산물의 가치는 상업의 경우에는 상품원가를, 제조업의 경우에는 외부로부터 구입한 원재료, 부품, 반제품, 전력, 공업용수 등의 가치를 말한다.

부가가치를 측정하는 방식에는 두 가지가 있다.

그 하나는 부가가치를 생산 측면에서 파악하는 것으로 생산액(또는 매출액)으로부터 재료비, 구입노무비(외주가공비 등) 등 중간생산물의 가치를 차감하여 산출하

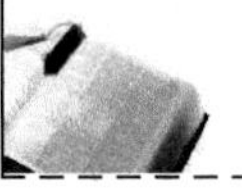

는 방식이다. 이것을 차감법이라 한다. 차감법은 부가가치가 기업이 창출한 실질가치라는 사고에서 출발한 것이며, 이론적으로 부가가치 개념에 근접하고 개별기업의 원가절감이나 경영계획 수립에 적합한 방식이기는 하나 중간투입 항목이 정확히 구분되지 않아 실질적인 계산이 어렵다는 단점이 있다.

또 하나는 부가가치를 각 생산요소에 대한 분배 측면에서 파악한 것으로서 임금, 지대, 이자, 이윤, 세금 등 부가가치를 구성하는 요소를 가산하여 산출하는 방식이다. 이것을 가산법이라고 한다. 가산법은 계산이 간편하고 능률적이며 기업간 비교가 용이한 반면 생산 및 유통단계별로 부가가치의 창출과정을 분석하지 못하는 단점이 있다.

우리나라의 경우 KDB산업은행과 한국생산성본부는 차감법을 사용하고, 한국은행은 가산법을 사용하고 있다. 일반적으로 가산법을 더 많이 사용한다.

이때 부가가치를 구성하는 항목은 손익계산서와 제조원가보고서에서 구할 수 있다. 상장기업의 경우에는 공시된 사업보고서를 이용할 수 있다.

1) 차감법

부가가치 = 생산액 − 직접생산비(원재료비, 연료비, 구입전력비, 구입용수비, 수리유지비) (4·26)

2) 가산법

부가가치
= 경상이익 + 인건비 + 금융비용 + 임차료 + 조세공과 + 감가상각비

- 인건비: (임원급료수당, 사무원급료, 노무비)
- 금융비용: (지급이자, 할인료, 사채할인발행차금상각)
- 임차료: (지대, 집세, 임차료)
- 조세공과: (법인세 제외)

(4·27)

(3) 생산활동의 능률측정

1) 부가가치율

부가가치율은 일정기간중에 창출된 부가가치액을 동기간 중의 매출액으로 나누어 계산하며 [식 4・28 참조], 매출액 1원 속에 얼마의 부가가치가 들어 있는가를 의미한다.

$$부가가치율 = \frac{부가가치}{매출액} \qquad (4\cdot28)$$

부가가치는 매출액에서 재료비, 구입노무비(외주가공비 등) 등 중간생산물의 가치를 차감한 것이므로 생산과정의 조화가 높아지면 부가가치율이 상승한다.

한편 부가가치율은 부가가치를 구성하는 요인들의 합으로 나타낼 수 있다.

$$부가가치율 = \frac{경상이익}{매출액} + \frac{인건비}{매출액} + \frac{금융비용}{매출액} + \frac{임차료}{매출액} + \frac{조세공과}{매출액} + \frac{감가상각비}{매출액} \qquad (4\cdot29)$$

2) 노동생산성 (종업원 1인당 부가가치)

노동생산성(productivity of labor)이란 노동력의 단위당 성과를 측정하는 지표로서 [식 4・30 참조], 종업원 1인당 부가가치생산액을 말한다. 노동생산성이 높다는 것은 노동력이 효율적으로 이용되어 보다 많은 부가가치를 창출했음을 의미한다. 또한 경영합리화의 정도가 높고, 기업간 경쟁력 혹은 대외경쟁력이 우위에 있음을 의미하기도 한다.

$$노동생산성 = 종업원\,1인당\,부가가치 = \frac{부가가치}{종업원수} \qquad (4\cdot30)$$

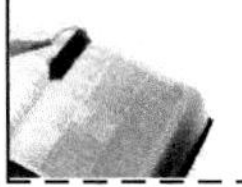

그런데 모든 기업의 생산활동은 노동과 자본의 결합에 의하여 이루어진다. 따라서 노동생산성을 결정하는 다음과 같은 요인으로 분해해보면 생산성 향상 또는 생산성 저하의 원인이 무엇인지를 알 수 있다.

$$\text{노동생산성} = \frac{\text{부가가치}}{\text{종업원수}} = \underset{(\text{자본집약도})}{\frac{\text{총자본}}{\text{종업원수}}} \times \underset{(\text{자본생산성})}{\frac{\text{부가가치}}{\text{총자본}}}$$

$$\text{노동생산성} = \underset{(\text{노동장비율})}{\frac{\text{유형자산} - \text{건설가계정}}{\text{종업원수}}} \times \underset{(\text{설비투자효율})}{\frac{\text{부가가치}}{\text{유형자산} - \text{건설가계정}}}$$

$$\text{노동생산성} = \underset{(\text{기계장비율})}{\frac{\text{기계장치}}{\text{종업원수}}} \times \underset{(\text{기계투자효율})}{\frac{\text{부가가치}}{\text{기계장치}}}$$

이상의 식을 참조할 때 노동생산성은 자본생산성과 자본집약도의 결합에 의하여 결정된다고 할 수 있다.

자본집약도란 종업원 한사람이 어느 정도의 자본액을 보유하고 있는가를 나타내는 것으로, 노동장비율과 기계장비율 등으로 측정되고, 자본생산성은 설비투자효율과 기계투자효율 등에 의하여 구체화된다.

3) 자본생산성 : 총자본투자효율

자본생산성(productivity of capital)이란 자본의 단위당 성과, 즉 자본이 얼마만큼 효율적으로 이용되었는가를 나타내는 지표로서, 자본에 대한 부가가치 생산액의 비율로 표시한다. [식 4 · 31 참조]

이 비율이 높다는 것은 자본이 효율적으로 운용되었음을 의미한다. 대체로 이 비율이 높게 유지되면 노동생산성 역시 높아지게 된다.

자본은 그 내용에 따라 총자본 · 경영자본 · 설비투자 · 기계장치 등으로 나누어 볼 수 있으므로 자본의 생산성도 그 분석 목적에 따라 여러 가지 생산성이 측정에 이용된다. 자본 내용에 따른 각각의 생산성을 그 자본의 투자효율이라 부르고, 자본생산성이란 용어는 이들 투자효율을 포괄적으로 지칭하는 말로서, 일반적으로 자본생산성이라 하면 총자본투자효율을 말한다.

$$\text{자본생산성} = \frac{\text{부가가치}}{\text{총자본}} \qquad (4\cdot31)$$

자본생산성(총자본투자효율)의 보조비율로 많이 이용되는 것에 설비투자효율이 있다. 설비투자효율은 기업이 생산활동에 투자하고 있는 설비자산(유형자산 − 건설가계정)을 효율적으로 이용하여 어느 정도의 부가가치를 창출하였는가를 나타내는 지표이다. [식 4 · 32 참조]

$$\text{설비투자효율} = \frac{\text{부가가치}}{\text{설비자산}} = \frac{\text{부가가치}}{\text{유형자산} - \text{건설가계정}} \qquad (4\cdot32)$$

(4) 생산성과 분배측정 : 부가가치분배율

기업은 자본과 노동 등 생산요소를 투입하여 부가가치를 창출하는 조직이므로, 산출된 성과로서의 부가가치는 이들 이해관계자들에게 적정하게 분배되지 않으면 안 된다. 바로 이 점에서 생산성분석의 일부로 생산성과의 적정분배문제가 경영분석상 중요과제로 제기된다.

그런데 부가가치는 전술한 바와 같이 임금 · 수당 등의 인건비, 이자 · 할인료 등의 금융비용, 조세공과 등의 사회적 부과금, 배당금 · 적립금 등의 기업이윤, 토지 · 건물 등의 소유자에게 지급되는 임차료 등으로 구성된다. 따라서 1기간 내에 기업이 획득한 부가가치의 총액 중에서 얼마를 노동소득으로서 분배하였으며, 또는 얼마를 자본이자 등으로 분배하였는가 등의 부가가치의 분배에 관한 각 구성비율, 즉 부가가치분배율은 기업의 이해관계자집단의 이해조정적 입장에서 또는 사회정책 내지 경제정책면에서도 중요한 의미를 가지고 있다.

그러므로 생산성분석을 실시할 경우에는 생산성의 증감 상황은 물론 부가가치의 분배 상황에 대해서도 검토하여야 한다.

한편, 부가가치를 구성하는 각 요소에 배분되는 부가가치의 정도는 다음 식 [4 · 33]과 같은 부가가치분배율로서 표시된다.

$$① \text{ 순이익분배율} = \frac{\text{순이익}}{\text{부가가치}} \times 100 \qquad (4\cdot33)$$

$$② \text{ 노동소득분배율} = \frac{\text{인건비}}{\text{부가가치}} \times 100$$

$$③ \text{ 금융비용분배율} = \frac{\text{금융비용}}{\text{부가가치}} \times 100$$

$$④ \text{ 임차료분배율} = \frac{\text{임차료}}{\text{부가가치}} \times 100$$

$$⑤ \text{ 조세공과분배율} = \frac{\text{조세공과}}{\text{부가가치}} \times 100$$

정리문제

1. 4장에서 의사결정자의 이용목적에 따라 재무비율을 유동성비율, 레버리지비율, 수익성비율, 활동성비율, 성장성비율, 시장평가비율, 생산성비율의 7개 그룹으로 분류하였다. 비율분석을 하는 의사결정자를 경영자, 투자자, 단기채권자, 장기채권자로 구분할 때,
   ① 7개 그룹에 속하는 비율의 성격을 설명하시오.
   ② 각 의사결정자가 비율분석 시 중요시하는 재무비율을 구체적으로 열거하고, 그 이유를 설명하시오.

2. 비율분석의 유용성을 설명하시오.

3. 기업의 단기지급능력을 동태적으로 파악해야 하는 필요성은 무엇이며, 이를 파악할 수 있는 재무비율을 설명하시오.

4. 현대의 경영분석에 부가가치에 의한 생산성분석이 중요시되고 있는 이유는 무엇인가?

5. 생산성분석으로부터 노동생산성을 증가시키는 요인과 방법을 설명하시오.

6. 20xx년 B사의 재무자료는 다음과 같다. 이를 근거로 20xx년도의 B사 매출액과 매출원가를 계산하고 재무상태표를 완성하시오.

부채비율 = 60%	산성시험비율(당좌비율) = 100%
총자본회전율 = 1.5회	매출채권회수기간 = 40일(1년 360일 기준)
매출액총이익률 = 30%	재고자산회전율 = 6회(매출원가 기준)

재 무 상 태 표

B사 　　20xx년 12월 31일 현재 　　(단위: 천원)

차변	금액	대변	금액
현금	( )	외상매입금	( )
외상매출금	( )	자본금	3,000
재고자산	( )	이익잉여금	( )
고정자산	6,480		
자산 합계	( )	부채 및 자본총계	( )
매출액	( )		
매출원가	( )		

7. (주)C사의 재무자료이다.

	(단위: 백만원)
현금 및 유가증권	100
고정자산	283.5
매출액	1,000
순이익	50
당좌비율	2.0
유동비율	3.0
매출채권평균회수기간	40일
자기자본이익률	12%

(주)C사는 보통주자본금, 유동부채, 고정부채로 구성되어 있다. (1년은 360일) 다음을 구하시오.

① 매출채권 　② 유동부채

③ 유동자산 　④ 총자산

⑤ 총자본이익률 　⑥ 보통주자본

⑦ 장기부채

정리문제 4장 해답

6. 유동자산을 X, 매출액을 S라고 하면

▶총자산 = 6,480(고정자산)+X

▶매출원가 = $0.7 \times S$ (∵ 매출액총이익률이 30%이므로)

▶산성시험비율 = $\frac{\text{당좌자산(현금 + 외상매출금)}}{\text{유동부채(외상매입금)}} = 1$

$$\text{당좌자산} = \text{유동부채} = \text{총부채}$$
$$\text{재고자산} = \text{유동자산} - \text{당좌자산}$$

▶총자본회전율 = 1.5회이므로 $\frac{S}{6,480 + X} = 1.5$ ……①

▶재고자산회전율 ($=\frac{\text{매출원가}}{\text{재고자산}}$) = 6회이므로 $\frac{0.7S}{0.5X} = 6$ ……②

①식과 ②식을 정리하면

▶S(매출액) = 14,954

▶X(유동자산) = 3,489

▶매출원가 = 0.7×14,954 = 10,468

▶총자산 = 유동자산+고정자산 = 3,489+6,480 = 9,969

▶외상매출금 = (40일÷365)×14,957 = 1,639

▶재고자산 = $\frac{\text{매출원가}}{\text{재고자산회전율}} = \frac{10,468}{6} = 1,745$

▶현금 = 유동자산−(외상매출금+재고자산) = 3,489−(1,639+1,745) = 105

▶총부채=유동부채=당좌자산=외상매입금=현금+외상매출금=105+1,639=1,744

▶이익잉여금 = 총자산−(외상매입금+자본금) = 9,969−(1,744+3,000) = 5,225

▶총부채 및 자본 = 9,969

재무상태표

B사 20xx년 12월 31일 현재 (단위: 천원)

현금	(105)	외상매입금	(1,744)
외상매출금	(1,639)	자본금	3,000
재고자산[2)	(1,745)	이익잉여금	(5,225)
고정자산	6,480		
자산합계	9,969	부채 및 자본총계	9,969

매출액	(14,954)
매출원가	(10,468)

7. ① 매출채권평균회수기간 = 40일 $= \frac{\text{매출채권}}{\text{매출액}/360} = \frac{\text{매출채권}}{1{,}000/360}$

$\therefore$ 매출채권 $= 40$일 $\times 2.778 = 111.1$백만원

② 당좌비율 $= \frac{\text{유동자산} - \text{재고자산}}{\text{유동부채}} = 2$

$= \frac{\text{현금 및 유가증권} + \text{매출채권}}{\text{유동부채}}$

$\therefore$ 유동부채 $= (100 + 111.1)/2 = 10.5$백만원

③ 유동비율 $= \frac{\text{유동자산}}{\text{유동부채}} = 3$

$\therefore$ 유동자산 $= 3 \times 105.5 = 316.5$백만원

④ 총자산 = 316.5+283.5 = 600백만원

⑤ 총자본이익률 $= \frac{\text{순이익}}{\text{매출액}} \times \frac{\text{매출액}}{\text{총자산}}$

$= \frac{50}{1{,}000} \times \frac{1{,}000}{600}$

$= 8.33\%$

⑥ 자기자본이익률 = 총자본이익률 $\times \frac{\text{총자산}}{\text{자본}}$

$12\% = 8.33\% \times \frac{600}{\text{자본}}$

$\therefore$ 자기자본(= 보통주자본) $= \frac{8.33\% \times 600}{12\%}$

$= 416.5$백만원

⑦ 총자산 = 총부채 = 600, 유동부채+장기부채+자본 = 600

∴장기부채 = 600−105.5−416.5 = 78백만원

제5장 재무비율의 평가

제1절 재무비율의 비교분석

앞장에서는 주로 주요비율을 계산하고 개별적으로 이의 의미를 해석하는 방법에 대하여 설명하였다. 본장에서는 실제로 이들 재무비율을 기업의 재무상태와 경영성과의 평가에 이용하는 방법에 대하여 논의하고자 한다.

1. 기업간 비교

(1) 기업간 비교의 의의

기업간 비교(inter-firm comparison)[1]는 특정시점에서 분석대상기업의 재무비율(또는 기타수치)을 다른 기업의 재무비율(보통 산업평균비율)과 비교함으로써 재무상태와 경영성과의 상대적인 양호・불량을 평가하는 방법이다. 예를 들어 A기업의 유동비율이 100%이고, A기업이 속해 있는 산업의 다른 기업의 유동비율이 200%라면 A기업의 유동성은 불량하다고 평가한다.

그런데 기업 간 비교를 통해서 경영상태의 양호・불량을 적절히 평가하기 위해서는 몇 가지 전제조건이 필요하다. 첫째, 표준비율이 적절히 설정되어 있어야 하며, 둘째, 비교대상 기업이 공통의 성질을 가져야 한다. 공통의 성질이란 비교대상

1) 기업 간 비교는 상호비교, 수직적 분석(vertical analysis)이라고도 한다.

기업은 ① 제품 또는 업종 ② 기업규모 ③ 회계처리방법 ④ 소재 지역에 있어서 분석대상 기업과 동일하거나 유사해야 함을 의미한다. 비교대상 기업 간에 공통의 성질이 부족하면 그만큼 비교분석의 유용성은 감소된다. 기업간 비교가 소수의 기업을 대상으로 이루어지는 경우에는 업종전반 내지는 산업의 추세를 간과할 가능성이 있으므로 가능한 한 산업표준비율(보통 산업평균비율)과의 비교가 바람직하다. 오늘날에는 재무비율에 대한 자료 축적이 많이 이루어지고 이에 따라 공적 통계 간행물이 공식적으로 발간되고 있을 뿐 아니라 정교한 통계처리방법과 컴퓨터 패키지의 이용이 널리 보급되고 있다. 그 결과 전통적인 기업간 비교는 횡단면분석(cross-sectional analysis)으로 발전되고 있다.

(2) 표준비율

기업간 비교를 할 때 적절한 비교기준이 되는 표준비율(standard ratios)로는 산업표준비율, 일반적인 경험비율, 경쟁기업의 비율 등이 사용될 수 있는데 실무에서는 산업표준비율(특히 산업평균비율)이 가장 많이 쓰이고 있다.

1) 산업표준비율

기업간 비교시 가장 널리 이용되는 표준비율은 산업표준비율이다. 산업표준비율은 한국표준산업분류 [경기기획원 고시 71호(84. 1. 26)] 등과 같은 일정한 기준에 의하여 산업을 세분한 다음, 같은 산업에 속하는 기업들의 재무비율을 계산하고 이로부터 그 산업을 대표하는 재무비율의 값을 산출함으로써 결정된다.

산업표준비율을 사용하여 기업간 비교분석을 하고자 할 때는 먼저 그 기업이 어떤 산업에 속하는지를 판단해야 한다. 산업을 분류할 때 가장 보편적인 방법은 최종제품의 동질성에 따라 분류하는 방법이다. 제품의 동질성이란 제품의 강한 대체적 관계를 의미한다.

따라서 산업(industry)이란 강한 대체적 관계에 있는 최종 제품을 생산하는 기업군으로 정의할 수 있다. 경우에 따라서는 ① 최종 제품의 동질성 이외에도 ② 기업규모의 유사성, ③ 지리적 근접성을 기준으로 산업을 분류할 수도 있다. 우리나라의 대표적 공적 통계인 한국은행의 「기업경영분석」에서는 최종 제품(또는 서비스)의 동질성에 기초하여 대분류, 중분류, 소분류, 세분류의 4단계 분류방식으로 산업

별 분류를 하고, 상시종업원 300인 기준으로 대기업과 중소기업으로 나누고 있다.

오늘날 많은 기업들은 여러 업종에 동시에 진출하고 있는 다각화 기업의 형태를 취하고 있다. 이러한 다각화기업에 있어서는 어떤 업종이 전체 매출액에서 현저히 큰 비중을 차지하고 있다면 그 업종이 속하는 산업으로 분류하는 것이 일반적이다.

산업표준비율이라 하더라도 대표치를 구하는 방법에 따라 평균(산업평균비율), 최빈수(mode), 중위수(median) 등이 이용될 수 있으나 산업평균비율 이외의 대표치에 대한 공적 통계는 거의 찾아보기 힘들기 때문에 산업평균비율이 가장 널리 이용되고 있다. 산업평균비율도 단순평균이나 가중평균 등 평균치를 구하는 방법에 따라 달라진다. 한국은행의 「기업경영분석」이나 KDB산업은행의 「기업재무분석」에 수록된 산업평균비율은 업종별 종합재무제표에서 계산되는 일종의 가중평균에 해당한다.

산업평균비율을 이용할 때 어떤 기업의 재무비율이 산업평균비율과 비교하여 보다 높은지 또는 낮은지에 대해서만 관심을 갖는 것이 보통이다. 그러나 산업평균비율과의 비교분석에서 중요시되어야 할 점은 다음과 같다.

① 어떤 산업 내에 속하는 각 기업들의 재무비율에 대하여 작용하는 강한 공통적 경향이 존재하고 있는지 여부이다. 만일 그러한 경향이 존재한다면 각 산업별 평균비율은 상호간에 의미 있는 차이를 갖게 되며 그 때에만 산업평균비율이 비교분석의 적절한 기준이 될 수 있다.

② 어떤 산업 내에 속하는 기업들의 재무비율이 어떠한 분포의 형태 및 어떠한 산포도를 갖고 있느냐 하는 점이다. 예를 들어 유동비율의 산업평균비율이 220%이고 어떤 기업의 유동비율이 230%라고 한다면 산업평균비율로부터 편차 10%(=230%-220%)는 산업 내의 여러 기업의 유동비율이 어떤 분포로 갖는가에 따라 통계적 유의성을 달리하게 된다.

만일 산업 내의 유동비율의 분포가 널리 흩어져 있다면 10%의 편차는 통계적으로 유의한 차이라고 할 수 없다. 그러나 이 분포가 220%의 평균을 중심으로 밀집되어 있다면 편차 10%는 통계적으로 유의한 차이로 해석될 수 있다.

2) 일반적인 경험비율

일반적인 경험비율(ideal benchmarks)은 실무계에서 과거의 경험 등에 의하여 보편적인 판단 기준으로 널리 이용되는 비율이다. 주로 미국의 실무계에서 설정된 것으로 유동비율 200% 이상, 당좌비율 100% 이상, 부채비율 100% 이하 등이 있다. 우리나라에서도 한국은행의 「기업경영분석」 등에서 상기 수치를 표준비율로 설정하고 있다. 그런데 이러한 일반적인 경험비율은 판단의 참고기준은 되지만 다음과 같은 문제 때문에 이상적인 표준비율이라고 할 수 없다.

① 일반적인 경험비율은 특정국가의 국민 경제적 여건이나 산업상의 특성을 고려하지 않고 있다.

② 재무비율의 이상치란 어느 입장에서 보느냐에 따라 다를 수 있다. 예를 들어 유동비율 200% 이상은 채권자의 입장에서는 만족스럽지만 경영자나 주주의 입장에서는 운용자금이 비수익성자산인 유동자산에 과대 투자되었다는 것을 의미하므로 결코 좋은 지표라고 할 수 없을 것이다.

③ 이상의 문제점보다는 오히려 일반적인 경험비율의 최적성에 대한 선험적 이유나 실증적 증거가 없다는 비과학성의 문제가 더 크다.

3) 경쟁기업의 비율

재무비율의 비교기준으로서 산업평균비율보다 오히려 경쟁기업이나 산업 내에서 가장 성공적인 기업의 재무비율이 보다 적절한 비교대상이 될 수도 있다. 경쟁기업은 유사한 경제 환경에서 활동하고 규모도 비슷하며 업종도 동일하여, 경쟁기업의 재무비율과 비교하면 분석대상기업의 강점과 약점을 파악하는 데 도움이 된다. 경쟁기업의 재무비율(ratio of competitors)은 공시된 자료를 이용하여 알 수 있다. 우리나라의 경우 많은 기업이 해외시장에서 치열한 경쟁을 벌이고 있는 경우에는 비교기준을 해외시장에서의 경쟁기업(그것이 국내기업이건 외국기업이건 간에)에서 찾는 것도 필요하다.

4) 기타의 비율

그밖에 분석기간에 대한 예정비율(planned ratio for the period being analyzed), 당해 기업의 과거기간의 비율(corresponding ratio during the preceding period for the firm), 최우량 기업의 비율 등이 있다.

(3) 백분율재무제표

재무비율은 재무제표의 두 항목을 서로 대응시켜 계산된 비율이므로 재무제표 전체에 담겨져 있는 모든 정보를 충분히 활용할 수 없는 문제가 발생할 수 있다. 이와 같은 문제는 백분비나 지수로 작성된 백분율재무제표나 지수형 재무제표로써 보완할 수 있다.

백분율재무제표(common-size financial statement)를 작성하는 주된 목적은 실수에 의하여 표시되는 재무제표상의 각 수치가 전체에 비하여 어느 정도의 비중을 가지고 있는가를 명백히 할 뿐만 아니라 재무제표의 구성관계를 요약하여 표시하는 데 그 의의가 있다. 따라서 백분율재무제표를 이용하면 규모에 큰 차이가 있는 두 기업의 재무상태와 경영성과를 상호비교(기업간 비교)하거나 특정기업의 기간비교를 용이하게 할 수 있다.

기업규모에 차이가 있는 두 기업의 재무제표항목 금액을 단순하게 비교 평가하는 것은 오류를 범할 수 있다. 예를 들어 100억원의 고정부채를 가지고 있는 기업 A가 반드시 70억원의 고정부채를 가지고 있는 기업 B보다 부채에 대한 부담이 훨씬 크다고 단정하는 것은 잘못된 판단이다.

이 경우 기업의 규모를 나타내는 변수인 총자산(총자본) 또는 매출액에 대한 구성비(백분율), 즉 상대적 크기를 구하여 비교해야 한다. 이 때 사용되는 재무제표가 백분율재무제표이다. 흔히 사용되는 백분율재무제표로서 백분율재무상태표와 백분율손익계산서가 있다.

백분율재무상태표는 자산총계 또는 부채 및 자본총계를 100%로 하고 자산의 각 항목과 부채 및 자본의 각 항목의 구성비를 백분율로 표시하여 작성된다.

백분율손익계산서는 매출액(순매출액)을 100%로 하여 각종 비용 및 수익의 항

목별 구성비를 백분율로 표시하여 작성된다.

이와 같은 백분율재무제표는 기업간 비교분석의 수단이지만 기간비교분석에 이용되기도 한다.

1) 기업간 비교분석

〈표 5-1〉 백분율재무상태표

	A사	B사	C사
자 산			
1. 유 동 자 산	44.9	50.1	62.4
당 좌 자 산	36.3	33.6	50.1
재 고 자 산	8.5	16.5	12.2
2. 고 정 자 산	55.1	49.9	37.6
투 자 자 산	12.6	6.5	1.1
유 형 자 산	40.0	41.7	21.6
무 형 자 산	0.8	1.7	11.9
	100.0	100.0	100.0
부 채 와 자 본			
1. 부 채	40.1	62.9	37.5
유 동 부 채	31.9	42.3	35.9
고 정 부 채	8.1	20.6	1.6
2. 자 본	59.9	37.1	62.5
	100.0	100.0	100.0

〈표 5-2〉 백분율손익계산서

	A사	B사	C사
매 출 액	100.0	100.0	100.0
매 출 원 가	72.0	77.4	80.4
매 출 총 이 익 (손실)	28.0	22.6	19.6
판 매 비 와 관 리 비	18.9	17.3	14.2
영 업 이 익 (손실)	9.1	5.3	5.4
영 업 외 수 익	4.2	3.5	3.5
영 업 외 비 용	3.1	4.4	3.1
경 상 이 익 (손실)	10.1	4.5	5.8
특 별 이 익	–	–	–
특 별 손 실	–	–	–
법인세비용차감전순이익(손실)	10.1	4.5	5.8
법 인 세 비 용	1.5	0.6	–
당 기 순 이 익 (손실)	8.6	3.9	5.8

2) 기간비교분석

〈표 5-3〉 재무상태표 추세분석

	D년	D+1년	D+2년
자 산			
1. 유 동 자 산	44.9	43.0	44.9
당 좌 자 산	37.0	34.7	36.3
재 고 자 산	7.9	8.3	8.5
2. 고 정 자 산	55.1	57.0	55.1
투 자 자 산	15.0	14.7	12.6
유 형 자 산	39.3	41.5	40.0
무 형 자 산	0.8	0.8	0.8
	–	–	–
부 채 와 자 본	100.0	100.0	100.0
1. 부 채	44.1	41.1	40.1
유 동 부 채	33.5	31.4	31.9
고 정 부 채	10.7	9.7	8.1
	–	–	–
2. 자 본	55.8	58.9	59.9
	100.0	100.0	100.0

〈표 5-4〉 손익계산서 추세분석

	D년	D+1년	D+2년
매 출 액	100.0	100.0	100.0
매 출 원 가	68.5	69.8	72.0
매 출 총 이 익 (손실)	31.5	30.2	28.0
판 매 비 와 관 리 비	22.1	19.6	18.9
영 업 이 익 (손실)	9.4	10.7	9.1
영 업 외 수 익	3.7	3.8	4.2
영 업 외 비 용	3.1	3.0	3.5
경 상 이 익 (손실)	10.1	11.5	9.8
특 별 이 익	–	–	–
특 별 손 실	–	–	–
법인세비용차감전순이익(손실)	10.1	11.5	9.8
법 인 세 비 용	1.5	1.9	1.7
당 기 순 이 익 (손실)	8.6	9.6	8.0

2. 기간비교

(1) 기간비교의 의의

기간비교(inter-period comparison)[2]는 분석대상기업의 2개 내지 몇 개 기간(흔히 과거기간)의 재무비율(기타 재무수치)을 비교함으로써 재무상태와 경영성과의 추세를 분석평가 하고자 하는 방법이다. 예를 들어 어떤 기업(분석대상기업)의 총자본순이익률을 과거 수년간의 총자본순이익률과 비교 관찰한 결과 점차 상승하는 추세를 보이고 있다면 그 기업의 경영성과는 개선되고 있다고 평가할 수 있을 것이다.

기간비교는 몇 가지 전제조건이 갖추어질 때 그 유용성이 높다. 먼저 분석대상이 분석기간 동안 ① 영업의 기본성격을 그대로 유지하고, ② 일관성 있게 회계처리방법을 사용하였을 경우 유용성이 높다. 만약 그 기업이 분석기간 동안 합병이나 경영다각화 등 영업의 기본 성격이 바뀌었거나, 재고자산의 평가, 감가상각비 등의

2) 기간비교는 기업내비교(intra-firm comparison), 수평적 분석(horizontal analysis)이라고도 한다.

회계처리방법을 변경하였다면 기간비교 결과는 의미가 없게 된다.

전통적으로 기간비교는 비교적 소수기간의 자료만을 가지고 어떤 의미를 얻으려고 하였기 때문에 자료처리가 쉽고 직관적 해석이 가능하다는 장점은 있으나 추세(trends)의 유의성에 대한 통계적 검증을 할 수 없다는 단점을 갖고 있다. 오늘날 기간비교는 재무수치에 대한 자료축적이 많이 이루어져 보다 장기간의 자료를 이용할 수 있는 시계열분석(time-series analysis)으로 발전되어 응용되고 있다. 이는 세련된 통계처리방법과 보다 편리한 컴퓨터 패키지의 이용이 널리 보급되고 있기 때문이다.

(2) 지수형 재무제표

지수형 재무제표(index financial statements)는 재무제표를 구성하는 각 항목이 일정기간에 걸쳐 어떤 변화추세를 보이는가를 알기 위한 것이다. 지수형 재무제표는 재무상태표, 손익계산서 기준년도를 정하여 기준년도의 각 항목을 100으로 놓고 그 이후 연도부터는 [(비교년도 각 항목의 금액÷기준년도 각 항목의 금액)×100]으로 하는 지수를 계산하여 작성된다.

이는 특정기업의 재무제표 항목의 기간비교에서 규모의 차이를 제거하고 기준년도 대비 증감 정도와 추세를 파악하는 데 용이하게 하기 위해 이용된다.

〈표 5-5〉 지수형 재무제표

손익계산서 항목의 지수 (단위: %)

	D년	D+1년	D+2년
매출액	100	105.94	122.17
매출원가	100	107.96	128.28
영업이익	100	120.50	118.45
영업외비용	100	103.91	141.10
경상이익	100	120.95	118.55
당기순이익	100	118.62	114.70

제2절 재무비율의 종합분석

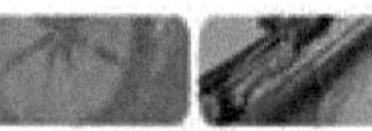

초기의 재무비율이용자들은 지금까지 설명했던 내용대로 의사결정시에 오직 하나의 재무비율만 고려하는 단일비율접근방법(single-ratio approach)을 강조하였다. 예를 들면 18C 말과 19C 초에는 채무자의 신용도를 주로 유동비율에 의해서 결정하였다고 한다. 그러나 하나의 재무비율만 고려하는 경영분석의 한계점이 뚜렷해지자, 회사의 경제상황을 포괄적으로 평가하기 위하여 경영활동의 특정 측면을 반영하는 몇 개의 주요비율을 검토할 필요성을 느끼게 되었다. 따라서 월(Wall)과 져스틴(Justin) 같은 초기의 경영분석연구자들은 한 회사를 완전히 분석할 때 고려한 비율의 목록을 제시하였다.[3] 그러나 분석시에 여러 개의 비율을 사용하였음에도 각각의 비율을 개별적으로 고려하였기 때문에 이와 같은 방법도 단일변량분석(univariate approach)을 벗어나지 못했다.

이러한 재무비율의 단일변량분석은 ① 기업의 경제상황에 대한 총체적인 평가가 불가능하고, ② 서로 다른 비율간의 상호의존관계가 무시되고, ③ 특히 서로 상반되는 징후를 보이는 두 개의 비율이 동시에 존재할 수 있다는 단점이 있다.

재무비율의 종합분석은 바로 이와 같은 단점을 보완하여 중요한 몇 개의 비율을 하나의 모형이나 지수속에 결합함으로써 하나의 총체적이고도 유일한 판단지표를 제시하는 다변량분석(multivariate approach)의한 방법이라고 할 수 있다.[4]

여기에는 '종합지수법'과 'ROI 기법'에 대하여 설명하고자 한다.

1. 종합지수법

(1) 종합지수법의 의의

종합지수법(index method)은 재무비율의 종합분석방법의 일종으로서 1919년에 월(Wall)에 의하여 최초로 제안되었다. 이 방법은 기업의 유동성을 종합적으로 평

3) A. Wall, "Study of Credit Barometers," Federal Reserve Bulletin(March 1919).pp.229~43; and W. H. Justin, "Operating Control through Science Analysis," The Journal of Accountancy(September 1924), pp.183~195).

4) Baruch. Lev. op. cit., pp.40~41.

가하기 위하여 우선 유동성분석에 관련되는 주요비율을 몇 개 선정하고, 다음에는 선정된 비율의 중요도에 따라 가중치를 각각 달리하여 관계비율을 산출하고 이를 종합한 지수를 구하여 기업을 평가하는 방법이다. 경영분석의 초기에는 선택된 몇 개의 관계비율을 산출하여 단순히 양호한 비율 또는 불량한 비율의 수가 많고 적음에 따라 경영을 평가하였다. 그러나 각종 관계비율은 분석목적에 따라 각각 그 중요도가 차이가 있는데, 단순히 양호한 비율 또는 불량한 비율의 많고적음에 의하여 기업을 평가한다는 것은 간단하기는 하나 합리적인 방법이라고 볼 수는 없다. 그러므로 좀 더 합리적인 방법으로 비율분석의 종합적 판단을 하기 위해서는 월이 제창한 종합지수법을 활용하여 분석·검토해야 한다.

종합지수법은 종합적 판단을 얻고자 하는 데 목적이 있긴 하지만, 중요하다고 생각되는 특정한 측면이 특히 강조되지 않을 수 없다. 예를 들어 유동성분석을 보다 강화하기 위하여 유동성비율을 상대적으로 많이 포함시키고 가중치도 큰 값으로 부여하게 된다. 따라서 종합지수법은 기업 경영의 모든 측면에 대하여 종합적 판단을 얻고자 하지만 특정한 측면에 대한 판단을 위하여 관련되는 여러 비율을 종합화하고자 하는 데에 보다 큰 목적이 있다고 할 수 있다.

종합지수법은 학자에 따라 주요재무비율의 선정과 가중치 부여 과정에서 차이가 있지만 다음과 같은 절차에 의해서 지수가 작성된다는 점에서 공통적인 특징이 있다.

① 주요재무비율 선정 : 분석목적에 적합하다고 생각되는 N개의 재무비율을 선정한다.

② 가중치 부여 : 선정된 재무비율에 대해 그 중요도에 따라 가중치(W_i)를 부여한다.

③ 관계비율 산출 : 각 재무비율마다 해당기업의 실제비율(R_i)을 표준비율(산업평균비율 $\overline{R_i}$)로 나누어 관계비율$\left(\frac{R_i}{\overline{R_i}}\right)$을 구한다. 따라서 관계비율이 1 이상이면 표준비율보다 양호하고, 반대로 1 이하이면 표준보다 불량함을 뜻한다.

④ 종합지수(I) 산출 : ③에서 얻어진 관계비율에 ②에서의 가중치를 곱하여 비율별 점수를 계산하고 이들 점수를 모두 합하여 다음 식[5·1]로 표시되는 종

합지수(I)를 구한다.

$$I=\sum_{i=1}^{N} W_i \cdot \frac{R_i}{\overline{R_i}} \qquad (5\cdot1)$$

⑤ 종합평가 : 종합지수(I)가 100점 이상이면 양호하고, 그 이하이면 불량하다고 평가한다. 이것은 종합적인 평가를 하는 표준지수가 100점이기 때문이다.

(2) 종합지수법의 적용

1) 주요재무비율과 가중치

종합지수법을 적용할 경우에는 먼저 분석목적에 적합하다고 생각되는 주요비율을 선정하고 각 비율의 중요도에 따라 적절한 가중치를 부여해야 한다. 초기의 학자들이 제안한 배점표를 살펴보자.

① 월과 트랜트의 배점표

종합지수법을 최초로 창안한 학자는 월(Wall)이다. 월은 기업의 신용능력을 종합적으로 평가하기 위하여 3개의 정태비율(유동비율, 고정비율, 부채비율)과 4개의 동태비율(매출채권회전율, 재고자산회전율, 고정자산회전율, 자기자본회전율) 등 모두 7개의 재무비율을 선정하였다. 〈표 5-6〉에서 볼 수 있는 바와 같이 월의 종합지수법과 트랜트(Trant)의 종합지수법은 선정된 비율면에서 큰 차이가 없지만, 몇 가지 비율에 부여한 가중치는 크게 다르다는 것을 알 수 있다. 즉 월은 정태비율인 유동비율과 고정비율 등에 비중을 크게 부여하고 있는 반면에 트랜트는 재고자산회전율과 고정자산회전율 등 동태비율에 더 큰 비중을 두고 있다.

여기에서 월의 종합지수법은 채권자 입장에서 차입을 신청한 기업의 신용능력을 평가하고자 하는 의도에서, 트랜트의 종합지수법은 채권자 또는 경영자 입장에서 기업의 신용능력 또는 자산활용의 효율성을 평가하고자 하는 의도에서 개발된 것임을 알 수 있다.

〈표 5-6〉 월과 트랜트의 주요비율과 가중치

주 요 비 율	가 중 치	
	월	트랜트
유 동 비 율	25	15
고 정 비 율	25	10
부 채 비 율	15	10
매출채권회전율	10	10
재고자산회전율	10	20
고정자산회전율	10	20
자기자본회전율	5	–
매입채무회전율	–	15
합 계	100	100

② **브리체트의 배점표**

주요비율의 선정과 가중치의 배분에 있어서 또 다른 기준을 제시하고 있는 학자로 브리체트(Burichett)가 있다.[5] 그는 특히 기업의 유동성을 분석하는 데 있어서도 분석자의 입장이 다르게 되면 비율선정과 가중치 배분도 동시에 달리해야 한다고 주장하고 있다. 즉 같은 채권자라 하더라도 상업은행이 기업을 평가하는 경우와 사채권자가 평가할 때는 다음 〈표 5-7〉과 같이 그 가중치를 달리하고 있다. 이는 분석목적에 따라 재무비율의 중요도를 달리하여야 한다는 시각을 반영한 것이어서 월과 트랜트의 방식보다 진일보한 것이다.

5) F.F.Burichett, Corporate Finance(1942), p.562.

〈표 5-7〉 브리체트의 주요비율과 가중치

주요비율	가중치	
	상업은행	사채권자
유동비율	20	3
당좌자산/유동자산	20	3
매출채권/재고자산	5	3
부채비율	5	20
재고자산회전율	10	4
매출채권회전율	25	4
총자산회전율	5	20
이자보상비율	2	30
매출액 순이익률	5	8
총자산 순이익률	3	5
합계	100	100

2) 적용상의 유의점

종합지수법을 이용하여 기업의 경영상태를 분석할 때 실무적으로는 다음과 같은 사항에 대하여 주의하지 않으면 안 된다.6)

① 선정된 관계비율은 그 비율이 높을수록 양호하다는 결론을 얻을 수 있도록 공식의 분모와 분자를 조정해야 한다. 예컨대, 고정비율$\left(\frac{\text{고정자산}}{\text{자기자본}}\right)\times 100$의 경우 역수, 즉$\left(\frac{\text{자기자본}}{\text{고정자산}}\right)\times 100$으로 수정하며, 부채비율은$\left(\frac{\text{부채}}{\text{자기자본}}\right)\times 100$을 $\left(\frac{\text{자기자본}}{\text{부채}}\right)\times 100$으로 고쳐서 계산해야 한다.

② 각종 회전율은 회로 표시하는 것이 원칙이나 종합지수법에는 모두 %로 표시하게 된다. 예컨대 재고자산회전율은$\frac{\text{매출액}}{\text{재고자산}}\times 100$으로 계산하는 것과 같다.

③ 어떤 비율의 결과가 비정상적으로 높거나 또는 낮을 때에는 종합평점에 혼란

6) 김희집, 전게서, pp.146~147.

을 가져다 주므로 일정한 기준에 따라 이를 수정할 필요가 있다. 예를 들면, 자본회전율을 평가하는 데 있어서 표준회전율이 200%인데 분석대상기업의 실제회전율이 600% 정도가 된다면 종합평점에 비정상적인 결과를 가져다 줄 수가 있다. 따라서 이들 이상 수치는 다음 공식과 방식에 따라 그것을 수정하는 것이 일반적이다.

- 보통 평점방식 :

$$\text{관계비율} = \left(\frac{\text{실제비율}}{\text{표준비율}}\right) \times 100 = \left(\frac{600\%}{200\%} \times 100 = 300\right)$$

평점 = 가중치 × 관계비율 (10% × 300 = 30%)

- 수정 평점방식 :

$$\text{수정된 관계비율} = 100 + \left(100 - \frac{\text{표준비율}}{\text{실제비율}} \times 100\right)$$

$$= \left\{100 + \left(100 - \frac{200}{600} \times 100\right) = 167\right\}$$

평 점 = 가중치 × 관계비율 (10% × 167 = 16.7%)

또 다른 수정방식으로는 비율별로 최고한도점수와 최저한도점수를 설정하여 그 범위를 초과하거나 미달하는 점수는 그 한도선의 점수를 인정하게 하는 방법도 있다.

3) 종합지수법의 실례

〈표 5-8〉 재무비율자료

재무비율	삼성전자(A)	산업평균
유동비율(%)	140.63	136.27
당좌비율(%)	113.88	109.01
고정비율(%)	91.96	109.24
부채비율(%)	66.83	53.04
재고자산 회전율(회)	13.38	17.62
매출채권 회전율(회)	9.75	14.16
총자산회전율(회)	1.13	1.06
자기자본비율(%)	59.94	65.34
매출액 순이익률(%)	8.04	6.92
총자산 순이익률(%)	9.07	7.31

자료 : 삼성전자의 영업보고서, 「기업경영분석」(한국은행, 2004).

〈표 5-9〉

재무비율	삼성전자 (A)	표준비율 (B)	관계비율 (C=A/B)	가중치 (D)	평점(지수) (C×D)
유 동 비 율	140.63	136.27	1.03	3	3.09
당 좌 비 율	113.88	109.01	1.04	3	3.12
고 정 비 율	91.96	109.24	1.19	3	3.57
부 채 비 율	66.83	53.04	0.80	20	16
재고자산회전율	13.38	17.62	0.76	4	3.04
매출채권회전율	9.75	14.16	0.69	4	2.76
총 자 산 회 전 율	1.13	1.06	1.07	20	21.4
자 기 자 본 비 율	59.94	65.34	0.92	30	27.6
매출액순이익률	8.04	6.92	1.16	8	9.28
총자산순이익률	9.07	7.31	1.24	5	6.2
합 계				100	96.06

주: *부채비율은 여타 비율들과 달리 낮을수록 양호하므로, 관계비율(C)의 계산에서 A/B가 아닌 B/A를 사용한다.

(3) 종합지수법의 한계점[7)]

종합지수법을 이용하여 특정기업을 총체적으로 평가하려 할 때는 다음과 같은 한계점을 인식해야 한다. 이 한계점에 대한 적절한 해결 없이 종합지수법을 그대로 적용한다는 것은 기업을 잘못 평가하게 되거나 종합평가를 하지 않는 것만 못한 결과를 초래할 수도 있다.

① 주요재무비율 선정시 경영분석의 목표와 분석주체에 따라 어떤 비율을 선택하는 것이 합리적이냐 하는 점이다. 비율 선정에 주관성이 개재되어 있다. 불행히도 이에 대한 객관적인 기준은 아직 마련되지 않았다.

② 평가에 필요한 관계비율이 선정되었다 하더라도 각 비율에 대하여 가중치를 어떻게 배분하느냐 하는 점이다. 기업의 특수한 사정과 분석목적에 따라 가중치는 유동적이므로 이에 대한 합리적 기준을 선정하기가 어렵다.

③ 표준비율의 선정문제이다. 산업표준비율 특히 산업평균비율을 많이 이용하고 있으나, 사실상 경쟁기업의 해당비율이 더 적절할 수도 있다. 다시 말하면 표준비율의 선정에 대한 명확한 기준이 없다.

7) 상게서, pp.146~147.

④ 종합지수법은 이를 구성하는 비율들 사이의 상호의존성을 무시하고 있다는 점이다. 때로는 상반된 내용을 함축하는 경우—예를 들면 유동성은 좋으나, 활동성은 좋지 않게 나온 경우에는 모호한 추론이 나올 수 있는 것이다.

2. ROI기법

(1) ROI기법의 의의

기업이나 사업부의 경영성과를 측정할 수 있는 기준에는 여러 가지가 있다. 예컨대 매출액, 당기순이익, 생산액 등이 자주 이용되고 있는 기준들이다. 그러나 이들은 일정한 경영성과를 달성하는 데 소요되는 투자액을 고려하지 않는 한 불완전한 것이다. 따라서 투자액과 이익을 동시에 고려하는 투자수익률(return on investment : ROI)은 보다 우수한 경영성과의 측정도구이다.

ROI기법은 1930년대 미국의 듀퐁(Du Pont)사에서 개발, 사용되어 온 재무통제 기법이다. 이 기법은 전반적인 기업경영활동의 목표를 투자수익률(ROI)의 극대화에 두고, 투자수익률과 관련된 재무비율과 각 항목을 인과관계에 따라 체계적으로 분석하여 문제영역을 발견하고, 이를 중점적으로 통제하는 기법을 말한다. 따라서 ROI기법을 듀퐁재무분석시스템이라고도 한다. 여기서 투자수익률은 총자본이익률 또는 자기자본이익률을 의미한다.

(2) ROI기법의 분석체계

$$\begin{aligned}\text{자기자본이익률}(ROE) &= \frac{\text{당기순이익}}{\text{자기자본}} \\ &= \frac{\text{당기순이익}}{\text{총자산}} \times \frac{\text{총자산}}{\text{자기자본}} \\ &= \frac{\text{당기순이익}}{\text{총자산}} \div \frac{\text{자기자본}}{\text{총자산}} \\ &= \underset{(\text{투자수익률})}{ROI} \div \underset{(\text{자본구조})}{\text{자기자본비율}} \qquad (5{\cdot}2)\end{aligned}$$

자기자본이익률을 구성하는 식 [5·2]는 자기자본이익률이 투자수익률 및 자본구조의 함수임을 분명하게 나타내는 것이며 만일 자기자본이익률이 표준비율보다 낮다면 이는 투자수익률(ROI) 또는 자본구조에 원인이 있음을 보여 주는 것이다.

그렇다면 ROI 및 자본구조를 각각 위와 동일한 방법으로 식 [5·3]과 같이 분석해 보기로 하자.

$$\text{투자수익률}(ROI) = \frac{\text{당기순이익}}{\text{총자산}}$$

$$= \underset{(\text{매출액이익률})}{\frac{\text{당기순이익}}{\text{매출액}}} \times \underset{(\text{총자산회전율})}{\frac{\text{매출액}}{\text{총자산}}} \qquad (5 \cdot 3)$$

먼저 식 [5·3]으로부터 ROI의 문제는 매출액이익률과 총자산회전율의 상호작용에 의해 결정되는 것을 알 수 있다. 그러나 이 중 매출액이익률은 당기순이익의 규모에 달려 있고 이는 다시 그 매출액 중 원가구성내역이나 기타 경비 등 비용부문을 살펴보지 않으면 안 된다. 총자산회전율은 매출액과 자산규모의 함수이며 총자산규모는 다시 이를 구성하는 유동자산 및 고정자산의 구체적 내역에 따라 그 이용의 효율성 여부를 판단할 수 있다.

다음에 자본구조면의 문제를 살펴보자. 이제 자기자본비율은 총자본 중 자기자본의 비율이다. 따라서 이는 단기자본과 장기자본, 자기자본과 타인자본의 구성내용에 따라 결정되는 비율이다. 만일 특정기업의 ROE가 상대적으로 낮다면 투자수익률(ROI) 외에 자본구성상에서 원인을 분석해야 하고, 이는 다시 단기자본과 장기자본 간의 결합비율, 타인자본과 자기자본의 구성비율에 문제가 없는가를 살펴봄으로써 가능한 것이다.

[그림 5-1] 주요재무비율 : 재무제표와의 관계성[8)]

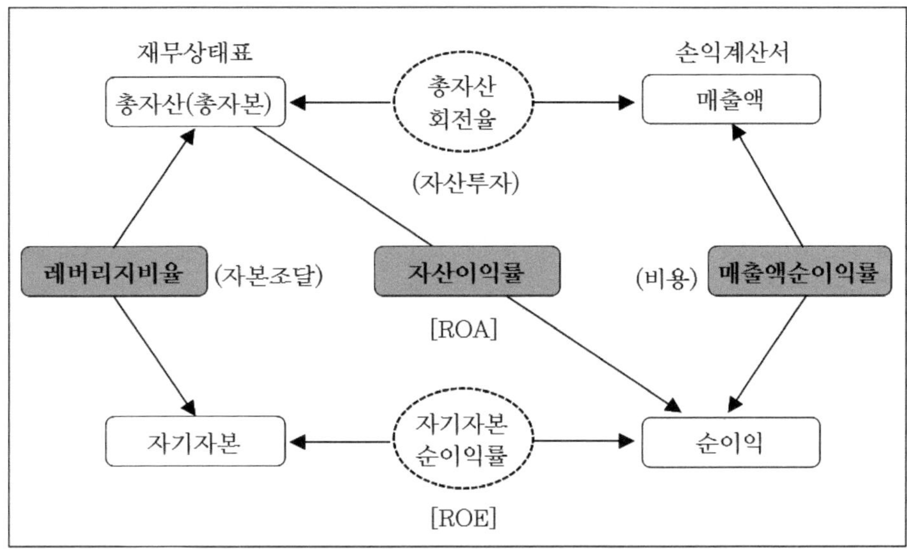

[그림 5-2]는 듀퐁시스템의 체계를 도시한 듀퐁도표(Du Pont chart)이다.

듀퐁시스템은 이러한 기본적 논리체계를 토대로 각 기업의 실정에 맞게 변형시켜 이용될 수 있으며 이 경우 해당 기업 재무제표항목 중 비중이 큰 부분 또는 중요한 부분을 보다 세분화하여 이를 집중적으로 분석하여, 그것이 최종적으로 ROI나 ROE에 미친 영향을 검토할 수 있을 것이다.

8) 장영광·송치송, 경영분석 제5판, 무역경영사, pp.144

[그림 5-2] 듀퐁도표(Du Pont chart)

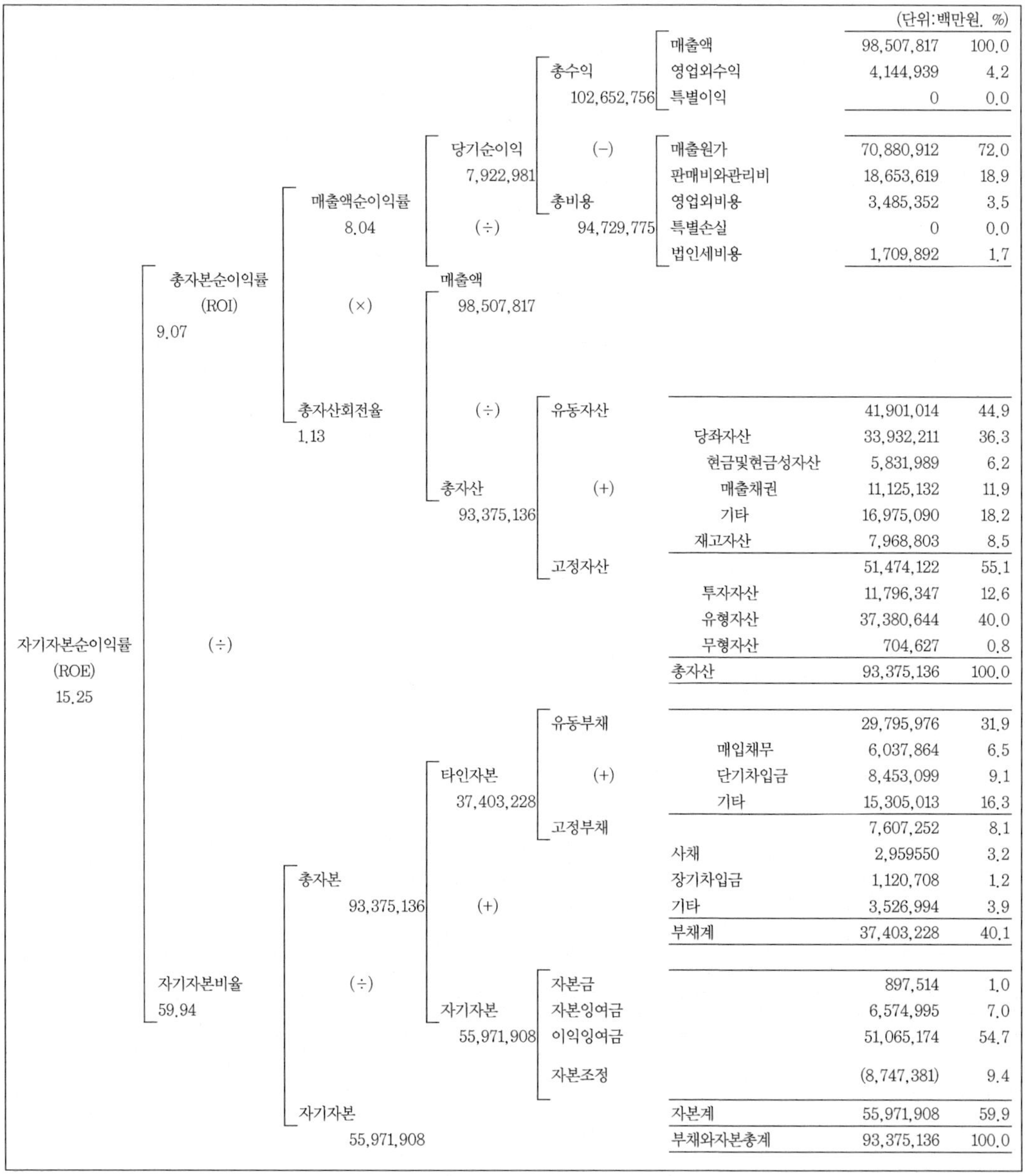

(단위:백만원, %)

- 자기자본순이익률 (ROE) 15.25
  - 총자본순이익률 (ROI) 9.07
    - 매출액순이익률 8.04
      - 당기순이익 7,922,981
        - 총수익 102,652,756
        - (−)
        - 총비용 94,729,775
      - (÷)
      - 매출액 98,507,817
    - (×)
    - 총자산회전율 1.13
      - 매출액 98,507,817
      - (÷)
      - 총자산 93,375,136
        - 유동자산
        - (+)
        - 고정자산
  - (÷)
  - 자기자본비율 59.94
    - 총자본 93,375,136
      - 타인자본 37,403,228
        - 유동부채
        - (+)
        - 고정부채
      - (+)
      - 자기자본 55,971,908
        - 자본금
        - 자본잉여금
        - 이익잉여금
        - 자본조정
    - (÷)
    - 자기자본 55,971,908

구분	항목	금액	%
총수익	매출액	98,507,817	100.0
	영업외수익	4,144,939	4.2
	특별이익	0	0.0
총비용	매출원가	70,880,912	72.0
	판매비와관리비	18,653,619	18.9
	영업외비용	3,485,352	3.5
	특별손실	0	0.0
	법인세비용	1,709,892	1.7

구분	항목	금액	%
유동자산		41,901,014	44.9
	당좌자산	33,932,211	36.3
	현금및현금성자산	5,831,989	6.2
	매출채권	11,125,132	11.9
	기타	16,975,090	18.2
	재고자산	7,968,803	8.5
고정자산		51,474,122	55.1
	투자자산	11,796,347	12.6
	유형자산	37,380,644	40.0
	무형자산	704,627	0.8
	총자산	93,375,136	100.0

구분	항목	금액	%
유동부채		29,795,976	31.9
	매입채무	6,037,864	6.5
	단기차입금	8,453,099	9.1
	기타	15,305,013	16.3
고정부채		7,607,252	8.1
	사채	2,959550	3.2
	장기차입금	1,120,708	1.2
	기타	3,526,994	3.9
	부채계	37,403,228	40.1
자본금		897,514	1.0
자본잉여금		6,574,995	7.0
이익잉여금		51,065,174	54.7
자본조정		(8,747,381)	9.4
	자본계	55,971,908	59.9
	부채와자본총계	93,375,136	100.0

(3) ROI기법의 유용성과 문제점[9]

요컨대, 듀퐁시스템에 의한 접근방법은 전반적인 기업활동의 지표로서의 ROI나 ROE를 그 인식대상으로 하여 이와 관련된 각 재무제표의 항목들을 그 인과적 측면에서 체계적으로 분석, 그 원인의 본질을 규명할 수 있다는 점에서 재무계획 및 통제기법으로 다음과 같이 유용성 있게 활용될 수 있다.

① ROI기법은 기업전체목표를 달성하기 위한 각 개별부문의 역할 내지 목표를 보다 명확하게 규정할 수 있게 하고 그럼으로써 최고경영자, 부문관리자, 종업원들의 업적평가 및 통제를 하는 데 있어서 다른 의미로서 정의한 수익률의 개념보다 타당성이 있다.

② 기업 내의 각 부문관리자 특히 종업원들에게 그들의 업무와 기업 전체목표 사이의 연계성을 정확히 인식시켜 그들의 참여의식을 고양시킨다. 이른바 목표관리(management by objective : MBO)가 지향하는 목표(계획)에 의한 자율적 통제의 한 방법이다.

③ ROI와 이에 관계된 모든 재무요인을 하나의 도표(chart)로 표현해줌으로써 재무제표에 대한 지식이 없는 사람도 쉽게 이해할 수 있다.[10]

ROI기법은 이상과 같은 유용성과 함께 몇 가지 문제점을 내포하고 있기 때문에 그 적용에 있어 주의가 필요하다.

① 자본수익성의 결정요인을 분석하는 데 초점을 맞추고 있기 때문에 기업의 장·단기채무의 지급능력을 고려하고 있지 않다.

② 기업의 위험도의 변화에 대한 분석수단을 제공하여 주지 못한다. 때로는 ROI나 ROE의 증가와 함께 기업의 영업위험이나 재무위험의 증가가 나타날 수도 있으며, 이러한 현상이 구체적으로 인식되지 않고 있다.

③ ROI기법의 적용에 의하여 나타난 재무적 또는 관리적 문제점들이 일시적 현상인지 또는 지속적 현상인지 판단하기가 어렵다. 따라서 4~5년의 장기에 걸쳐 분석을 함으로써 판단의 오류를 방지할 필요가 있다.

---

9) 노덕환, 「기본경영학」(형설출판사, 1993), p.433.
10) 조담, 「재무분석론」(교범사, 1984), p.109.

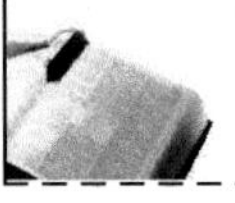

④ ROI기법에 의하여 ROI나 ROE가 변동할 때에 인플레이션으로 인한 화폐가치변동이나 화폐의 시간가치(time value of money)가 고려되지 못하고 있다. 따라서 일정시점의 화폐가치로 재무제표를 수정한 후에 ROI기법을 적용하는 것이 바람직 할 수도 있다.

정리문제

1. 월과 트랜트 지수법의 공통점에 대하여 설명하고 종합지수법의 유용성과 한계점을 설명하시오.

2. 산업평균비율을 이용하는 데 따른 유의사항과 이점을 설명하시오.

3. ROI기법이 갖는 유용성과 한계점을 논하시오.

4. 백분율 재무제표와 지수형 재무제표를 비교 설명하시오.

5. 다음은 ABC사의 지난 3년간의 재무비율 중 일부이다.

	08년	09년	10년	산업평균(10년)
유 동 비 율	420%	260	180	200
당 좌 비 율	210%	100	60	100
부채대총자본비율	47%	56	68	50
고정장기적합률	95%	97	98	93
재고자산회전율	8.7회	5.4	3.5	3
외상매출금평균회수기간	33일	36	49	50
고정자산회전율	11.6회	10.6	12	14
총 자본 회전율	3.2회	2.6	2	2.4
매출액순이익률	3.9%	2.5	1.4	1.5
총 자본 이익률	12.5%	6.5	2.8	3.6
자기자본이익률	15.7%	9.7	5.4	5

① 총자본이익률이 하락한 이유를 설명하시오.

② 부채가 늘어난 것은 유동부채의 증가 때문인가?, 혹은 고정부채의 증가 때문인가? 판단의 근거를 설명하시오.

③ 2010년도의 실제비율과 산업평균을 토대로 하여 ABC사의 재무상태와 영업성적을 종합적으로 판단하시오. 단, 종합적인 판단에 사용할 주요비율과 가중치는 다음과 같다.

주 요 비 율	가 중 치
유 동 비 율	20%
부채대총자본비율	15
고정장기적합률	10
재고자산회전율	10
고정자산회전율	15
총자본이익률	30
	100%

6. 다음은 (주)D사의 재무상태표와 손익계산서이다. 아래 재무비율을 이용하여 빈칸을 채우시오. 단, 1년은 365일이다.

〈재무비율〉

▷재무레버리지 $\left(=\frac{\text{장기부채}}{\text{자기자본}+\text{장기부채}}\right) = 0.4$

▷이자보상비율 = 8

▷유동비율 = 1.4

▷현금비율 $\left(=\frac{\text{현금}+\text{시장성유가증권}}{\text{유동부채}}\right) = 0.2$

▷ROI = 0.18

▷ROE = 0.52

▷재고자산회전률 $\left(=\frac{\text{매출원가}}{\text{재고자산}}\right) = 5$

▷외상매출금 평균회수기간 = 71.2일

재무상태표

	2000년말	2001년말
고정자산	①	25
현금	②	20
외상매출금	③	34
재고자산	④	26
합계	**⑤**	**105**
자기자본	⑥	30
장기부채	⑦	20
지급어음	30	35
외상매입금	25	20
합계	**⑧**	**105**

손익계산서

2001년도	
매출액	⑨
매출원가	⑩
판매비 및 일반관리비	10
감가상각비	20
영업이익(EBIT)	**⑪**
지급이자	⑫
세전이익	⑬
법인세	51.5
세후이익	⑭

1) 빈칸을 채우시오.

2) 이를 토대로 듀퐁도표를 작성하시오.

정리문제 5장 해답

5. ① $총자본이익률 = \frac{순이익}{총자본} = \frac{순이익}{매출액} \times \frac{매출액}{총자본}$

$= 매출액순이익률 \times 총자본회전율$

= 3.9% × 3.2회 2008년
2.5　2.6 ....2009년
1.4　2 ......2010년

총자본이익률의 하락은 활동성비율과 수익성비율이 동시에 하락하였기 때문임. 구체적으로 재고자산회전률 및 외상매출금 평균회수기간이 점차로 하락하여 기업자금이 이에 묶여 있는 기간이 길어짐에 따라 자금의 순환이 원활하지 못하였으며, 유동부채의 사용이 지나치게 많아져 이에 따른 금융비용의 증가로 총자본이익률이 감소하였음.

② 유동비율이 420%에서 180%로 감소하였으며 당좌비율이 210%에서 60%로 떨어진 반면 고정장기적합률은 96%~98%로 거의 일정한 수준을 유지하는 것을 볼 때 부채가 증가한 것은 유동부채가 증가한 것이라 볼 수 있음.

③ 영업성적종합판단

주요재무비율	①가중치	②실제치	③산업평균	④관계비율 (=②÷③)	⑤평점 (=①×④)
유동비율	20%	180%	200	0.9	18
부채대총자본비율	15	68%	50	1.36	20.4
고정장기적합률	10	98%	93	1.05	10.5
재고자산회전률	10	3.5회	3	1.17	11.7
고정자산회전률	15	12회	14	0.86	12.9
총자본이익률	30	2.8%	3.6	0.78	23.4

Σ=96.9

종합지수법으로 평가하면 평점이 96.9로서 ABC사의 재무상태 및 영업성적은 산업평균보다 약간 저조한 것으로 판단됨.

6. 1)

① 고정자산 = 총자산-현금-외상매출금-재고자산=130-11-44-22=53

② $\text{현금비율} = \dfrac{\text{현금}}{30+25} = 0.2$

$\therefore \text{현금} = 11$

③ 외상매출금 =유동자산-현금-재고자산=77-11-22=44

④ $\text{당좌비율} = \dfrac{\text{유동자산} - \text{재고자산}}{\text{유동부채}} = \dfrac{77 - \text{재고자산}}{30+25} = 1$

$\therefore \text{재고자산} = 22$

⑤ 총자산 = 53+11+44+22=130

⑥ $\text{자기자본이익률}(ROE) = \text{총자본이익률}(ROI) \times \dfrac{\text{총자산}}{\text{자기자본}}$

$0.52 = 0.18 \times \dfrac{130}{\text{자기자본}}$

$\therefore \text{자기자본}(=\text{보통주자본}) = \dfrac{0.18 \times 130}{0.52}$

$= 45$

⑦ 부채 및 자본총계 = 총자산

장기부채 = 부채 및 자본총계-자기자본-지급어음-외상매입금

∴장기부채 = 130-45-30-25=30

⑧ 부채 및 자본총계 = 총자산 ∴ 130

⑨ $\text{외상매출금평균회수기간} = \dfrac{\text{외상매출금}}{\text{매출액}/365} = 71.2$

$\therefore \text{매출액} = 44 \times 365 \div 71.2 = 225.6$

⑩ 매출원가 = 재고자산회전률×재고자산 = 5×22=110

⑪ 영업이익(EBIT) = 매출액-매출원가-판매비 및 일반관리비-감가상각비

= 225.6-110-10-20

= 85.6

⑫ $\text{이자보상비율} = \dfrac{EBIT}{\text{지급이자}} = 8$

$\therefore \text{지급이자} = 85.6 \div 8 = 10.7$

⑬ 세전이익 = 85.6-10.7=74.9

⑭ 세후이익 = 74.9-51.5=23.4

2)

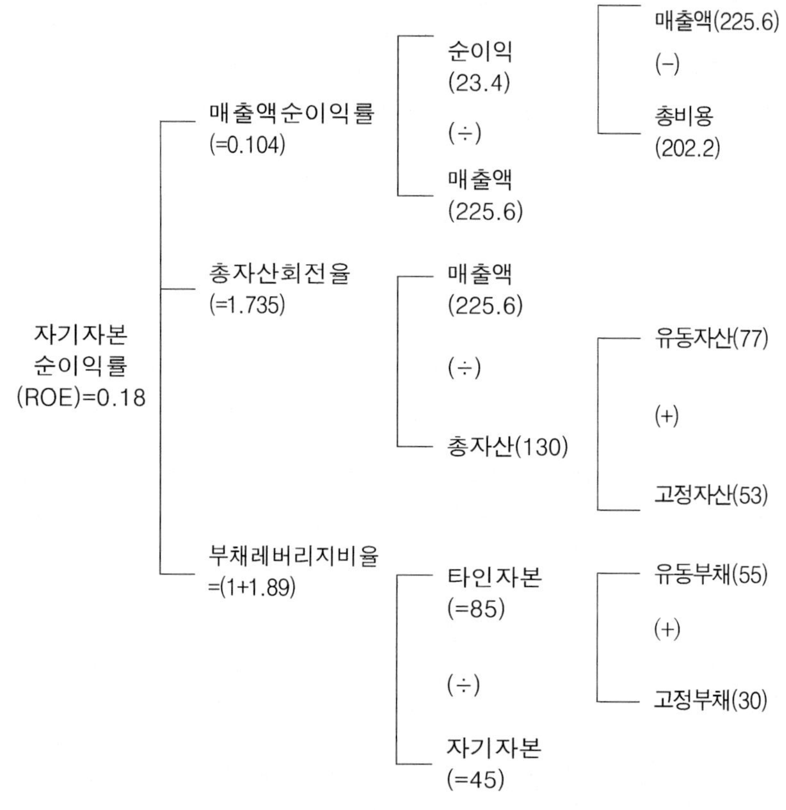

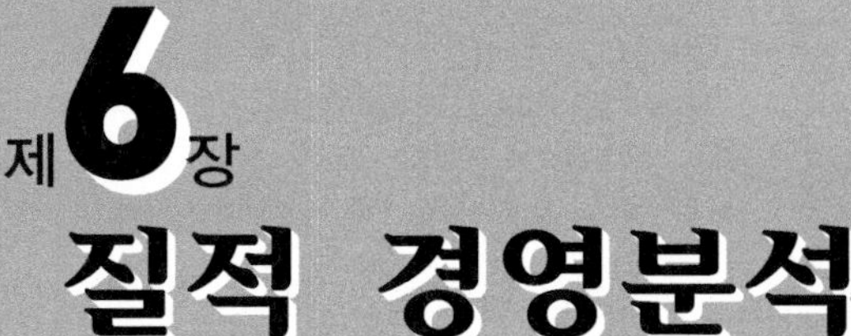

제6장 질적 경영분석

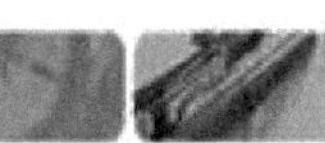

제1절 재무비율분석의 문제점

1. 회계자료의 문제

경영분석에서 가장 많이 사용되는 자료는 역시 회계자료이다. 그러나 기업의 회계자료가 경영분석 목적에 충분하게 공헌할 수 있을 만큼 만족할 만한 정보를 제공하여 주지 못하고 있다.

요컨대 회계자료가 기업의 실질적 가치변화를 충분히 반영하는 데 한계가 있다는 것이다. 그 이유는 대체로 다음 3가지로 요약할 수 있다.

(1) 회계적 이익의 문제

경제적 이익과 대비(비교)함으로써 회계적 이익의 문제점이 분명하게 드러난다. 설명의 편의상 신주 발행, 자산재평가 등에 의한 자본금 및 자본잉여금의 변동이 없다고 가정하자.

손익계산서 등에 표기되는 회계적 이익(accounting income)은 일반적으로 인정된 회계원칙에 의거 분류된 수익과 비용을 대응시켜 측정되는 이익으로 다음과 같이 산출된다.

자기자본의 기말장부가치
−) 자기자본의 기초장부가치
+) 당기 배당지급액
당기순이익(회계적 이익)

위에서 기말장부가치는 기초장부가치에 유보이익(당기순이익−배당지급액)을 합한 것과 같으므로 자기자본의 장부가치변화를 반영하고 있다.

한편 경제적 이익(economic income)은 기업의 실질적인 가치변동을 반영하는 이익으로 다음과 같이 정의된다.

자기자본의 기말시장가치
−) 자기자본의 기초시장가치
+) 당기 배당지급액
경제적 이익

위의 산출과정에서 알 수 있듯이 경제적 이익을 측정하기 위해서는 시장가치를 알아야 한다. 시장가치는(현재의 주가를 말한다) 기업이 얻게되는 미래현금흐름을 적절한 자본비용으로 할인하여 계산된다.〔$P_0 = \sum_{t=1}^{\infty} \frac{CF_t}{(1+k_s)^t}$〕[1] 따라서 경제적 이익을 추정하기 위해서는 미래 현금흐름의 정확한 시간패턴과 자본비용을 확실하게 알아야 한다.

이상에서 설명한 바와 같이 회계적 이익(accounting income)은 장부상의 가치변화를 반영하고, 경제적 이익은 시장가치의 변화를 반영한다는 점에서 차이가 있다. 구체적인 차이점을 살펴보면 다음과 같다.

---

1) CF_t : t 기간의 Cach flow, k_s : 할인율

	회계적 이익	경제적 이익
① 물가변동이 기간이익에 미치는 영향	반영하지 못함 (∵역사적 원가에 기초)	충분히 반영 (∵시장가치에 기초)
② 자산의 실질 가치 변화	자산처분시 실현되는 수익만을 반영하는 관계로 반영되지 못함	자산처분의 여부와 관계없이 원인행위만 발생하면 그대로 실질가치 반영
③ 미래의 사건이 기간이익에 미치는 영향	반영하지 못함 (∵입증가능한 객관적 사실만을 기록한 회계자료에 기초)	충분히 반영 (∵미래현금흐름의 정확한 시간패턴에 기초)

이상과 같이 회계적 이익이 기업의 실질적인 이익을 대변하지 못하기 때문에 회계적이익을 경영분석의 기초자료로 이용하는 경우에 많은 문제점이 발생할 수 있다. 그러나 경제적 이익을 추정하는 일이 현실적으로 쉽지 않기 때문에 회계적 이익을 경영분석의 기초자료로 많이 이용하고 있다. 이러한 회계적 이익의 문제점 때문에 실질상의 이익을 나타내는 경제적 이익을 측정할 수 있는 회계처리 방법의 출현을 기대한다.

(2) 회계처리방법의 다양성

경영분석에서 이용하는 회계자료는 비교분석(기간비교나 기업간비교)에서 통일성, 계속성 등 비교가능성(comparability)을 해치기 쉽다는 비판을 받는다. 그 이유는 기업의 경제활동을 측정하고 이를 회계자료의 형태로 보고할 때 회계담당자가 선택할 수 있는 회계처리 방법이 다양하기 때문이다. 이를테면 서로 다른 기업들이 상이한 회계처리방법을 선택할 수도 있으며, 동일한 기업에서도 기간에 따라 서로 다른 회계처리방법을 사용하는 경우도 있다. 따라서 회계담당자가 어떠한 회계처리방법을 사용하느냐에 따라 비율분석 등에 이용되는 회계자료의 수치가 달라진다는 문제점이 있다.

일반적으로 인정되는 대체적 회계처리방법의 예는 여러 곳에서 발견할 수 있다. 가령 재고자산의 평가방법(선입선출법, 후입선출법 등), 감가상각법(정액법, 가속

상각법), 기업합병의 회계처리방법(지분풀링법, 매수법), 연구개발비처리(당기비용처리, 이연상각), 특별항목의 이익계상방법(이익잉여금으로 직접계상, 당기특별이익으로 계상), 리스의 회계처리방법, 유가증권의 평가방법 등이 그 대표적인 예이다.

회계처리방법의 다양성이 갖는 영향을 제거하기 위하여 경영 분석자는 주어진 회계자료를 일관성 있는 회계처리방법에 의하여 수정할 필요가 있다. 그러나 수많은 회계자료를 취급해야 하는 경영 분석자가 각 기업의 회계자료를 수정한다는 것은 거의 불가능할 뿐만 아니라, 각 기업의 재무제표에 어떤 회계처리방법이 사용되었는지 식별해 낸다는 것도 여간 어려운 일이 아니다.

(3) 물가수준의 변동

대부분의 회계자료는 물가변동을 반영하지 않은 역사적 원가(historical cost)에 기초한 자산평가와 손익측정의 결과를 담고 있다. 그 결과 이러한 회계자료는 다음과 같은 이유들로 기업의 경제적 실상을 나타내는 충분한 정보를 제공하지 못한다.

① 재무상태표에서는 자산 및 소유지분의 가치가 시장가치에 비하여 지나치게 낮게 계상됨으로써, 실제의 재무상태를 나타내지 못한다. 예를 들어 현금·매출채권 등의 화폐성자산은 별문제가 없지만 재고자산·고정자산 등의 비화폐성자산은 낮은 취득원가로 계상되므로, 자산이 과소표시되고 이에 따라 소유주지분도 과소표시된다.

② 손익계산서에서는 물가상승시 수익은 과대계상되고 비용은 과소계상됨으로써, 기업의 경영성과를 정확하게 나타내 주지 못한다. 예를 들어, 매출액은 물가가 상승한 시점의 가격을 반영하므로 높게 표시되지만, 매출원가나 감가상각비 등은 물가상승 이전의 낮은 가격을 반영하여 낮게 표시되기 때문에 이익이 과대하게 예상된다.

③ 물가상승시 기업이 현금·매출채권 등 화폐성자산을 보유하고 있는 경우에는 구매력손실이 발생하고, 매입채무·단기차입금·사채 등 화폐성부채를 보유하고 있는 경우에는 구매력 이익이 발생한다. 역사적 원가주의 회계에 의해 작성된 손익계산서에는 이와 같은 구매력 손익이 나타나지 않는다.

이와 같은 문제점들은 자산가치 상승과 같은 물가변동을 인정하지 않는 역사적

원가주의에 기초한 현행회계제도 때문에 발생한다.

역사적 원가가 갖는 이러한 문제점을 시정하기 위하여 물가수준변동을 고려하기 위한 여러 가지 회계처리방법이 시도되고 있다. 여기에는 현행원가회계, 일반물가수준회계 및 양자의 절충방법 등으로 구분할 수 있다.

현행원가회계(current-cost accounting)는 역사적 원가가 아닌 현행원가로 기업이 보유하거나 소비한 자산의 가치를 측정하는 방법이다. 현행원가란 흔히 대체원가(replacement cost)라고도 부르는 것으로서 특정시점 현재의 상태에서 특정자산을 취득하기 위하여 지급하여야 하는 금액이다. 흔히 어떤 개별자산의 현행원가는 그 자산의 역사적 원가에 개별물가지수를 곱하여 얻어진다. 개별자산가격의 상승이 있을 때 영업이익은 현행수익에서 현행원가를 차감하므로 역사적 원가에 의한 이익보다 적게 계상되며, 재무상태표에는 재고자산·유형자산의 보유에 의한 보유손익이 계상된다. 이 방법은 실물자본의 유지에 도움이 된다.

일반물가수준회계(general price-level accounting)는 자산과 부채를 일반구매력으로 평가하는 방법이다. 역사적 원가는 일반물가수준이 변동할 경우 일반구매력을 나타내지 못하므로 역사적 원가로 표시된 재무제표의 각 항목에 물가지수를 곱하여 특정시점 현재의 화계가치 즉 일반구매력으로 수정하여야 한다. 일반물가수준회계의 경우 물가상승이 있을 때 영업이익은 현행수익에서 구매력으로 수정된 매출원가를 차감해야 되므로 역사적 원가에 의한 이익보다 적게 계상되며, 재무상태표에는 화폐성 자산·화폐성부채의 상대적 포지션에 의한 구매력손익이 계상된다.

현행원가회계나 일반물가수준회계의 구체적 절차는 생략하고 그 개념만을 간단히 설명하였다.

2. 재무비율의 문제

비율분석의 주된 목적은 복잡한 재무제표항목을 단순한 형태의 몇 가지 재무비율로 축소함으로써 재무제표의 해석을 용이하게 하고자 하는 것이다. 즉 몇 개의 기업이나 기간에 걸쳐 재무자료의 의미 있는 비교가 이루어질 수 있도록 어떤 재무항목을 다른 항목으로 나누어 재무비율을 계산하고 이에 대하여 해석을 하는 것이

다. 이 때 제기되는 문제점들에 대하여 검토하여 보자.

(1) 비율의 구성

첫째,[2] 재무비율의 구성(계산)에 있어 분자와 분모항목 사이의 논리적 관련성의 문제이다. 논리적 관련성은 세 가지로 제시되고 있다.

① 재무비율은 서로 대응(matching)되는 항목끼리 연관시켜야 한다.
② 재무비율은 공통적 가치(common values)를 갖는 항목으로만 구성되어야 한다.
③ 분자와 분모가 함수적 관계(functionally related)를 가지는 경우, 즉 일정한 관계를 가지고 함께 변동하는 경우로만 재무비율을 구성해야 한다.

이상의 재무비율 구성기준은 다음과 같은 논리에서 반드시 적절한 것이라고 할 수는 없다.

①의 경우 예를 들면 이익과 투자액을 대응시키는 경우와 같이 분자항목과 분모항목 사이의 경제적 관련성이 있어야 한다는 것은 지극히 당연한 것이다.

그러나 ②의 경우 예를 들어 재고자산회전율에서 분모(재고자산)가 원가로 측정되기 때문에 분자도 공통적 가치인 원가(매출원가)로 사용해야 한다는 것은 논리적으로 적절하지 않다.

왜냐하면 기업의 현금회수능력을 알기 위해서 재고자산회전율이 필요한 것이라면 매출원가보다는 매출액을 재고자산으로 나누는 것이 보다 타당하다.

③의 경우 예를 들면 고정비는 매출액과 함수적 관계를 갖고 있지 않는 요소지만 매출액에 대한 순이익의 비율, 즉 매출액 순이익률의 유용성은 충분히 있다. 왜냐하면 경영분석의 목적은 분자와 분모 사이의 관계를 알고자 하는 것이 아니라 재무비율과 다른 경제지표와의 관계를 알고자 하는 것이기 때문이다.

둘째,[3] 비율의 구성에 있어 비례성(proportionality)의 가정이다. 재무비율이 재무제표분석에 이용될 수 있는 것은 비율로 표시하면 기업간 그리고 기간별 기업규모의 차이를 통제할 수 있다는 점 때문이다.

예를 들면 매출액순이익률은 분자의 순이익이나 분모의 매출액이 기업규모가 커

---

2) Brauch, Lev, op. cit.(Prentice-Hall, 1974), pp.34~35.
3) G. Foster. op. cit.(Prentice-Hall 1986), p.109.

지면 비례적으로 증가하는 경향이 있다는 가정을 한 것이므로, 기업규모가 크게 차이나는 기업간의 매출액순이익률과 비교가 가능하다고 보는 것이다. 그러나 기업규모를 통제함으로써 중요한 정보가 상실될 수 있는 경우도 있다. 이러한 대표적인 예는 부실기업을 예측하는 경우로서 기업의 규모, 즉 대기업 또는 소기업이냐에 따라 부실가능성이 다르다고 인정되고 있는데, 재무비율은 기업규모를 통제하고 있으므로 재무비율을 사용하여 부실예측모형을 제시하는 것이 이 같은 측면의 정보를 상실할 수 있는 결과가 된다.

셋째, 재무비율의 구성상 문제점으로는 비율의 분모에 (-)의 값(negative denominator)이 있는 경우이다. 산업의 평균을 구할 때 (-)의 값을 빼는 경우, 수정하는 경우, 아니면 그대로 이용하는 경우에 따라서 비교 기준이 달라지는 문제점이 있게 된다. 이 같은 계산상의 문제점은 지나치게 크거나 작은 극단적인 관찰치(outliers)가 존재할 때도 마찬가지이다.

(2) 비율의 해석4)

재무비율이 구성(계산)되면 이것을 해석을 해야 하는데 비율해석에 대하여 명확한 기준은 주어져 있지 않다. 그러나 재무비율의 해석에 적용하는 가장 단순한 방법은 재무제표항목을 「좋은」(good) 항목과 「나쁜」(bad) 항목으로 분류하는 것이다. 예를 들어 자산, 수익, 자기자본은 좋은 항목으로, 부채, 비용은 나쁜 항목으로 흔히 분류되고 있다.

이러한 2분법적 기준을 흔히 재무비율의 해석에도 적용한다. 예를 들어 유동비율은 높을수록 좋은 것으로 판단된다. 왜냐하면 좋은 항목(유동자산)이 나쁜 항목(유동부채)보다 많으면 많을수록 좋은 것으로 생각되기 때문이다. 그러나 이처럼 단순한 재무비율의 해석방법은 다음과 같은 점에서 타당한 것이라 할 수 없다.

① 많은 재무비율들(예 : 회전율, 수익성비율)은 분자와 분모 모두 「좋은」 항목이기 때문에 이러한 2분법적 기준은 애매한 결론을 가져온다.

② 재무비율의 최적수준에 대한 명확한 기준은 없다. 예를 들어 「좋은」비율이 높다고 하여 언제나 좋은 것은 아니다. 그 예로서 유동비율이 지나치게 높으

4) Baurch. Lev, op. cit,. pp.35~36.

면 이는 비수익성자산이 많다는 것을 의미하며, 재고자산회전율이 높다는 것은 적정재고수준 이하의 재고로 인하여 발생된 결과일 수도 있다. 따라서 재무비율의 적정수준으로서 흔히 산업평균비율이 이용되고 있다. 이 경우 어떤 기업의 재무비율이 산업평균비율로부터 어떤 방향으로 어떤 크기의 편차를 갖고 있는가를 분석하게 된다. 그러나 산업평균비율의 적용에도 몇 가지 문제점이 남아 있다. 이에 대해서는 뒤에서 언급하고 있다. 요컨대 최적기준이 없는 만큼 분석자는 특수한 상황을 고려하여 재무비율의 의미를 해석함으로써 이러한 해석상의 문제를 극복해야 할 것이다.

3. 통계적 분석의 문제

비율분석의 결과를 평가·해석하는 전통적인 방법은 제5장에서 설명한 기업간 비교와 기간비교였다. 그러나 이러한 전통적인 비교분석방법은 엄격한 의미에서 다음과 같은 한계가 있다.

첫째, 각 비교 분석방법이 갖는 전제조건 때문에 생기는 한계이다. 즉 기업간 비교는 5장에서 설명한 것처럼 비교대상 기업이 ① 업종(산업), ② 기업규모, ③ 회계처리 방법, ④ 소재지역 등이 동일하거나 유사하여야 한다는 한계가 있다. 또 기간비교는 분석대상기업이 분석기간 중 ① 영업의 기본성격, ② 회계처리방법 등이 일관성을 유지할 경우에만 유의한 해석이 가능하다는 제약이 있다.

둘째, 과학적인 검증이 결여되어 있다. 즉 분석대상 기업의 재무비율이 비교대상과 차이가 있을 때 그 차이가 유의한 차이인지, 또한 재무비율의 추세도 그것이 체계적인 패턴을 보이는 유의한 추세변화인지에 대해서는 밝히지 못한다. 따라서 이를 해결하기 위해서는 통계적 유의성(significance)검증이 필요하다.

셋째, 의사결정자가 궁극적으로 관심이 있는 것은 미래의 예측값인데 이를 위해서는 보다 과학적인 통계적 모형을 이용하는 것이 필요하다.

이러한 관점에서 기업간 비교나 기간 비교가 보다 의미 있는 정보를 제공하기 위해서는 횡단면분석이나 시계열분석과 같은 보다 과학적인 통계적 방법이 재무제표분석에도 적용될 필요가 있다. 그러나 이들 통계적 분석은 실무에서보다는 학계에서 이용되는 분석도구이다.

(1) 시계열 분석

전통적인 기간비교는 과거 일정기간 재무비율의 변화추세를 파악하여 경영의 개선 내지 악화 여부를 판단하는 방법이지만, 앞서 언급한 것처럼 여러 가지 한계점이 지적되고 있다. 이 같은 기간비교는 보다 많은(장기간의) 시계열자료, 자료 처리를 위한 보다 과학적인 통계기법을 적용한 시계열분석으로 발전되고 있다.

시계열분석(time-series analysis)에서 특정 변수의 움직임은 시간의 흐름 속에서 변수 자체의 과거의 체계적인 움직임에 의해서만 추적될 수 있음을 가정한 것이다.

따라서 t, $t-1$, $t-2$ 기의 시계열 관찰값을 각각 Y_t, Y_{t-1}, Y_{t-2}라 하면, 시계열모형의 기본적인 형태는 다음 식 [6·1]과 같이 나타낼 수 있다.

$$Y_t = \Phi_1 Y_{t-1} + \Phi_2 Y_{t-2} + e_t \qquad (6 \cdot 1)$$

단, e_t : 잔차항

재무비율에 대한 시계열분석의 주된 목적은 미래의 재무비율을 예측하는 데 있다. 시계열예측의 일반적인 접근방법은 과거의 시계열자료에서 어떤 규칙성을 발견하여 이를 토대로 현재의 비율을 판단하거나 또는 미래의 비율을 예측하려는 것이다. 이와 같은 비율예측방법은 비율의 진행과정이 장기간에 걸쳐 안정적이라는 가정(과거의 추세가 미래에도 계속될 것이라는 가정)에 근거한 것이다. 시계열분석에서 어떤 규칙성은 산포도(scatter diagram), 시계열상관분석(serial correlation), 장기분석(long-run analysis), 단기분석(short-run analysis), 원초자료의 여러 가지 변형과 같은 통계적 기법에 의하여 발견할 수 있다.

(2) 횡단면분석

기업간 비교에서는 분석대상 기업의 재무비율을 산업평균비율 등 표준비율과 비교하여 그 차이의 방향으로써만 경영의 좋고 나쁨을 판단한다. 따라서 몇 가지 문제점이 있게 된다.

이러한 문제점을 보완하기 위한 하나의 방법으로서 보다 과학적인 통계적 기법을 이용하는 횡단면분석이 있다.

재무비율의 횡단면분석(cross-sectional analysis)의 주된 목적은 특정비율을 외부의 규범 또는 표준비율과 비교함으로써 의사결정에 필요한 정보를 얻어내려는 것이다. 표준비율로 보통 산업평균비율을 이용하며, 표준으로부터의 차이 크기와 방향에 근거하여 추론을 한다. 산업표준비율과 비교하는 것을 표준비율법(standard ratios technique)이라고 한다. 산업평균 등의 표준비율자료들은 던 앤 브래드스트리트(Dun and Bradstreet), 로버트 모리스(Robert Morris Associates), 한국은행, KDB산업은행 등의 전문평가기관에서 정기적으로 공표된다.

횡단면분석은 비교대상 기업이 ① 업종(산업), ② 기업규모, ③ 회계처리방법, ④ 소재 지역에 있어서 동일하거나 유사할 때 그 비교가능성은 매우 커진다고 할 수 있다.

재무비율의 횡단면분석은 구체적으로 두 가지 측면에 적용될 수 있다. 하나는 어떤 기업의 재무비율이 표준비율(산업평균비율)과의 차이가 의미 있는 차이가 있는 것(통계적 유의성)인가를 검증하는 것이다. 이는 재무비율의 분포를 고려하여 표준비율(산업평균)과 유의한 차이를 가지고 있는지 신뢰도구간을 구하여 평가하게 된다. 이 같은 차이에 대한 유의성검증은 서로 다른 산업들의 산업평균비율이 상호간에 유의한 차이(산업간 차이)를 갖고 있는가에 대한 검증에도 그대로 적용될 수 있다.

다른 하나는 재무비율을 회귀분석(regression analysis)하는 것이다. 회귀분석은 본래 어떤 종속변수(피설명변수)와 몇 개의 독립변수(설명변수)와의 인과관계를 함수식으로 측정해 보는 방법이다. 이를 재무비율분석에 이용하는 것은 주요 재무비율의 재무적 특성의 결정요인이나 재무비율 상호간의 관계를 알기 위해서이다. 예를 들어 듀퐁재무분석 시스템에서 ROE(자기자본순이익률, Y)와 인과관계가 있는 3개의 재무비율(매출액 순이익률 X_1, 총자본회전율 X_2, 레버리지비율 X_3)과의 관계를 회귀분석하여 다음 식 [6·2]와 같은 함수식을 찾는 것이다.

$$Y = a + b_1X_1 + b_2X_2 + b_3X_3 \qquad (6 \cdot 2)$$

단, a : 회귀식의 절편
b_1, b_2, b_3 : 회귀계수(기울기)

물론 이 같은 재무비율의 회귀분석이 의미 있기 위해서는 회귀분석 결과 구해지는 결정계수(R^2)나 F값, 그리고 회귀계수의 t값을 중심으로 통계적 유의성검증을 하여야 할 것이다.

(3) 잔차분석

비율분석의 잔차분석법(residual analysis)은 주가의 움직임을 연구하는 재무론 연구자에 널리 이용된다.

잔차분석법은 관찰변수(예, 주가)가 횡단면으로 상호관련이 있다면, 주가의 변동은 시장전체의 모든 주식에 영향을 주는 공통요인(general factors)과 그 주식을 발행한 기업에만 영향을 주는 기업고유 요인(specific factors) 두 부분으로 설명된다고 가정하는 것이다.

연구 목적상, 분석자는 후자, 즉 기업고유요인부분만 관심을 가질 것이다. 예를 들면 이익발표가 주가에 미치는 영향을 조사하고자 한다면, 이익발표일에 즈음해서 주가의 움직임을 관찰하는 것은 조사를 오도할 가능성이 높다는 것이다. 왜냐하면 관찰된 주가 변동의 전부 또는 일부가 시장전체의 모든 주식에 영향을 미치는 공통요인(금리상승)에 의해서 발생되는 부분이 있기 때문이다.

그러므로 이익발표나 기타 다른 사건의 발생이 주가에 미치는 영향을 분석하기 위해서는 우선 주가에 영향을 주는 공통요인의 효과(common effect)를 제거하는 것이 선결문제이다.

이를 위한 실제적 방법은 특정주식수익률 R_{jt}를 전체주식수익률 R_{mt}(S&P 지수)로 회귀분석한 다음과 같은 회귀식 [6·3]에서 회귀잔차항 e_{jt}의 움직임을 분석하는 것이다.

$$R_{jt} = a_i + b_i R_{mt} + e_{jt} \qquad (6 \cdot 3)$$

그러므로 회귀잔치항 e_{jt}는 j기업의 고유요인에 의해서 발생되는 수익률 변동만을 나타낸다.

이렇게 잔차분석은 재무비율의 변동 가운데 기업의 고유요인에 의하여 변동하는 부분을 파악하는 데 응용될 수 있다.

예를 들어 j회사의 t시점의 총자산순이익률을 X_{jt}, 이 비율의 산업평균 X_{It}, 전체 경제평균 X_{Et}라고 한다면, 다음과 같은 회귀식 [6·4]의 잔차 e_{jt}는

$$X_{jt} = a_i + b_i X_{It} + c_j X_{Et} + e_{jt} \qquad (6 \cdot 4)$$

산업평균과 전체 경제평균의 공통요인을 제거한 j기업의 고유요인에 의하여 설명되는 부분만을 나타낸다.

그러므로 잔차분석법은 시계열분석과 횡단면분석(예, 산업평균, 전체 경제평균과의 비교)을 결합한 것이다.

제2절 질적 경영분석

경영분석에서 이용되는 기본적인 자료는 회계자료, 시장자료 등과 같은 계량화된 자료이다.

그러나 경영자의 철학이나 능력, 구성원의 사기, 기술수준, 인간관계 등 인적 요인은 물론 기업의 신용상태, 공장의 입지, 관리시스템 등과 같은 계량화시킬 수 없는 질적 요인이 있으며, 이와 같은 질적 요인이 경영활동의 성패에 결정적인 영향을 미칠 수 있다. 따라서 계량적 분석에서 얻은 정보만을 가지고 기업의 재무상태와 경영성과에 대한 성급한 평가 내지 판단을 하는 것은 잘못된 결론을 내릴 수 있다.

기업의 재무상태와 경영성과에 영향을 미칠 수 있는 질적 요인을 경제요인, 산업요인, 기업요인으로 체계화하여 분석해야 한다.

1. 경제분석

경제분석은 국가 전체 경제의 특성이 어떻게 기업의 경영성과와 기업의 가치에 영향을 미치는지를 분석하는 것이다.

국가경제의 특성은 한 나라의 경제활동 수준 내지 특성을 말하는 데 이를 대변하는 것으로 경제성장률, 통화량, 이자율, 물가, 환율 등과 같은 거시경제지표가 있다.

경제활동이 활발한 경우에는 생산・매출・고용・소득 등의 수준이 증가하며, 이에 따라 기업의 이익도 증가하게 된다.

그 반대의 경우에는 생산과 매출이 감소하고 실업이 증가하며, 이에 따라 기업의 이익도 감소한다.

경제분석은 그 분석의 범위가 넓고 내용도 다양할 뿐만 아니라 정형화된 분석의 틀이 존재하는 것도 아니므로 많은 경험과 종합적 판단력이 요구된다. 따라서 연구기관, 정부, 한국은행, 기타 전문분석 기관 등에서 제공하는 경제 관련 자료를 이용한다.

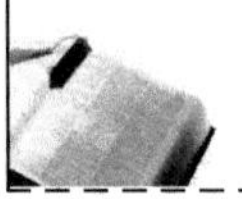

(1) 경제성장률

경제성장률(economic growth rate)은 일정기간에 한 나라의 경제가 이룩한 성과를 측정하는 중요한 척도로서 경기 및 생산활동 동향을 나타내는 경제지표이다. 경제성장률은 국내총생산(gross domestic production : GDP)을 기준으로 하고 있다.

일반적으로 높은 GDP 성장률은 기업의 성장을 촉진시키고 증권시장을 활성화시킨다.

그러나 낮은 GDP 성장률은 기업의 성장을 둔화시키고 증권시장을 침체시킨다.

(2) 통화량

통화량(money supply)이란 시중에 돌아다니고 있는 돈의 유통량을 말한다. 통화량을 측정하는 기준이 되는 지표를 통화지표라고 하는데 다음과 같이 협의통화(M1), 광의통화(M2), 총유동성(M3) 등 세 가지가 있다. 우리나라는 현재 통화관리의 중심지표로서 M2를 사용하고 있다.

M1 = 현금통화 + 결제성예금
(협의통화) (요구불예금 + 수시입출식 예금)
M2 = M1 + 준결제성예금
(광의통화) (기간물 예·적금 및 부금 + 시장형금융상품 +실적배당형 금융상품 + 기타 예금·금융채)
M3 = M2 + 예금은행 및 비은행금융기관 기타 예수금 등
(총유동성)

이러한 통화량 변동은 기업활동에 큰 영향을 미치게 된다. 우선 통화량이 늘어나 자금이 풍부해지면 기업은 이 자금을 활용하여 각종 설비투자를 확대시켜 기업의 수익성을 높일 수가 있게 되고, 이에 따라 그 기업의 주가가 상승하게 된다.

그러나 통화량이 증가한다고 해서 언제나 기업에 유리하다고 볼 수는 없다. 통화량이 너무 많아지면 화폐가치가 떨어지고, 인플레이션 및 이자율이 상승할 수 있게 되므로 이럴 때 오히려 기업에 불리할 수도 있게 된다.

(3) 이자율

이자율(interest rate)은 자금에 대한 수요와 공급에 의해서 결정되어야 한다. 그렇지만 이자율이 경제 전반에 미치는 영향이 크기 때문에 정책당국이 어느 정도 금리수준조정에 개입하고 있다.

시중이자율이 높으면 기업들은 이자부담이 그만큼 가중되므로 자금을 차입하여 설비투자를 하려 들지 않을 것이고, 그렇게 되면 기업의 수익성이 낮아지게 되어, 배당의 성장률 또한 둔화되게 된다.

반대로 이자율이 낮다면 기업들은 이자부담의 압박을 덜 받게 되므로 자금조달이 용이해지고, 그에 따라 설비투자로 인한 기업의 수익성이 높아지게 될 것이다. 결론적으로 시장이자율이 높아지면 기업에 불리하게 되고, 시장이자율이 낮아지면 기업에 유리하게 된다.

(4) 물 가

물가(수준)(price level)는 기업수지 및 투자심리에 영향을 주어 기업활동에 상당한 영향을 끼친다.

일반적으로 지속적이고 완만한 물가상승은 기업의 투자의욕을 북돋우고, 자산가치를 증대시켜 주가에 좋은 영향을 미친다. 그러나 급격한 물가상승(unexpected inflation)은 기업의 투자의욕과 국민의 저축 심리를 위축시키고, 부동산, 귀금속 등의 실물자산을 선호하게 하여 주가를 하락시키는 요인으로 작용한다.

그러나 인플레이션과 주가와의 관계는 아직 확실한 결론이 나고 있지 않는 상태이다. 여러 연구결과를 보면 대체로 주식투자의 실질 수익률이 인플레이션과 음(–)의 관계를 보인다.[5] 이는 주식이 인플레이션 방어(hedge)수단으로 적절치 못함을 암시하는 것이다.

---

5) Geske, R and R. Roll, "The Fiscal and Monetary Linkage between Stock Returns and Inflation," Journal of Finance March 1983, pp.1~33 또는 임윤수, "인플레이션과 주가간의 관계에 대한 연구," 「증권학회지」 제12집, 한국증권학회, 1990.

(5) 환 율

환율(exchange rate)은 원화와 외화와의 교환비율로서 외화와 비교한 원화의 가치를 나타낸다. 예를 들어 원화 1,100원 대비 미화 1달라는 1 : 1,100(또는 1,100/$1)의 환율이 된다. 여기서 환율인상은 예를 들면 1,200/$1과 같이 달러가치가 높아지고 원화의 가치는 상대적으로 낮아져 평가절하된다.

환율은 기본적으로 외환시장의 수요와 공급에 의해 결정되지만 실제로는 국제수지, 물가, 이자율 등과 복합적으로 연계되어 있다. 우리나라는 1990년 3월 2일부터 시장평균환율제도에 의해 환율이 결정되고 있다.

환율변동이 개별 기업에 미치는 영향은 기업의 특성에 따라 다르다. 수출 비중이 높은 기업의 경우 환율이 오르면 외화기준의 판매단가를 낮추어도 채산성이 유지되므로 경쟁국가 상품에 비하여 가격경쟁력이 높아지고 수출의 증가를 기대할 수 있게 된다. 그러나 이때에도 제품이 해외원자재의 수입에 크게 의존하는 경우에는 원자재 가격의 상승으로 인한 원가 상승으로 기업의 수익성은 그다지 개선되지 못할 수도 있다. 수입을 주로 하는 기업의 경우에는 환율이 오르면 국내 판매가격이 상승하여 국내 경쟁제품에 비해 가격경쟁력이 약화되고 수익성이 떨어지게 된다.

2. 산업분석

산업분석(industry analysis)은 해당 기업이 속해 있는 산업의 구조적 특징을 분석하는 데 그 초점을 두고 있다. 산업의 구조적 특성이란 산업의 경쟁력, 제품수명주기, 산업의 수요와 공급분석 등을 의미한다. 기업의 장기적인 수익성 및 위험은 그 기업이 속해 있는 산업의 구조적 특성에 많은 영향을 받게 된다.

산업분석은 여러 산업 중에서 어떤 업종이 향후 높은 경쟁력과 전망이 좋은 것인가를 분석하는 산업간 분석(inter-industry analysis)과 특정 산업 내에서 어떤 기업이 산업을 주도하는가를 분석하는 산업내분석(intra-industry analysis)을 포함한다.

(1) 산업의 경쟁구조

기업들의 수익성과 위험, 그리고 성장성 등은 그 기업이 속한 산업에 따라 매우 다르게 나타난다. 기업이 생산하는 제품의 가격과 매출은 1차적으로 그 기업이 속한 산업에 대한 수요와 공급에 의해서 결정된다. 일반적으로 산업에 대한 수요는 소비자집단의 크기, 소득수준 그리고 대체품의 가격수준 등에 의해서 결정되며, 공급은 노무비, 원자재비, 금융비용 등에 의해서 영향을 받는다. 따라서 산업의 수요와 공급 중 어느 쪽이 초과하는지를 예측하여 산업에 대한 성장잠재력을 평가할 수 있다.

특정산업의 경쟁강도는 그 산업에 속해있는 기업들의 경영성과를 좌우하는 중요한 요인이다. 포터(M.E. Porter)에 의하면 [그림 6-1]에 나타낸 것과 같이 특정산업의 경쟁강도는 5개의 구조적인 경쟁요소들 – 잠재적 진출기업의 위협, 대체상품의 위협, 구매자의 교섭력, 공급자의 교섭력 그리고 산업내 기존 기업들 간의 경쟁 – 에 의해서 결정되며, 이들의 총체적인 힘이 그 산업에 기대할 수 있는 궁극적인 이익잠재력을 결정하게 된다고 한다.

[그림 6-1] 산업의 경쟁강도에 영향을 미치는 구조적 요인

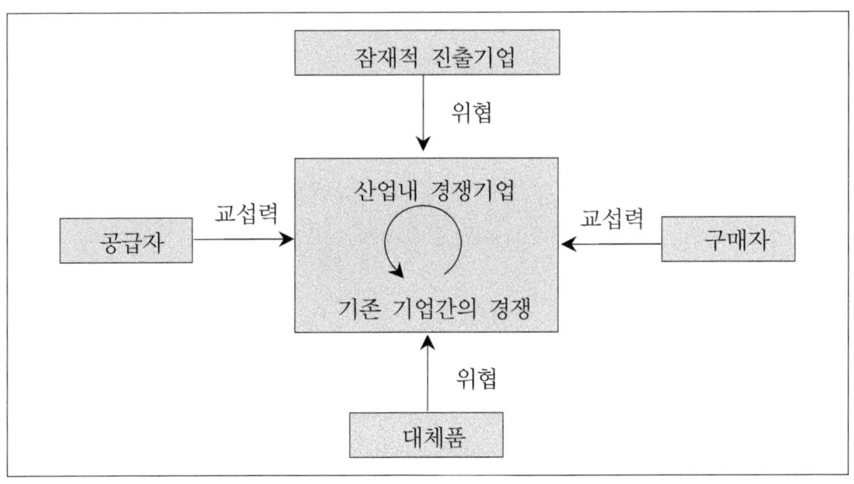

따라서 이익잠재력을 결정하는 산업의 경쟁강도가 장기적으로 투자자들의 수익성에 영향을 미치기 때문에 산업의 구조적 요인에 대한 분석이 중요하다고 할 수 있다.

(2) 제품수명주기

일반적으로 제품의 수명주기(product life cycle)는 도입기, 성장기, 성숙기, 쇠퇴기로 나누어 볼 수 있다. 제품의 각 주기에 따라 기업내의 수익성, 경쟁력, 위험도 등이 다르게 영향을 받기 때문에 기업이 생산하고 있는 제품이 수명주기의 어느 단계인가를 알아야 한다.

1) 도 입 기

도입기(introduction)는 신제품이 시장에 소개되는 시기이므로 제품의 가격과 이윤율이 높음에도 불구하고 제품 광고비의 과다한 지출 및 판매량의 부진, 그리고 높은 개발비 등으로 기업의 위험이 높다.

2) 성 장 기

제품에 대한 수요가 점점 증가함에 따라 시장 규모가 확대되고 제조원가가 하락하여 기업의 이윤율이 증가하는 성장기(growth)에 접어들면 기업의 위험이 현격하게 줄어든다.

3) 성 숙 기

높은 수익성으로 인하여 새로운 기업이 시장에 진입하기 시작하고 수요가 포화상태로 접어들면 가격의 인하를 통한 경쟁이 시작되는 성숙기(maturity)이므로 경쟁력이 약한 기업은 산업에서 도태되는 위험한 시기이다.

4) 쇠 퇴 기

이 시기를 지나면 판매량이 급격히 줄어들고 이윤이 하락하며 기존의 제품은 시대에 뒤떨어진 상품으로 전락하는 쇠퇴기(decline)가 된다.

[그림 6-2] 제품수명주기

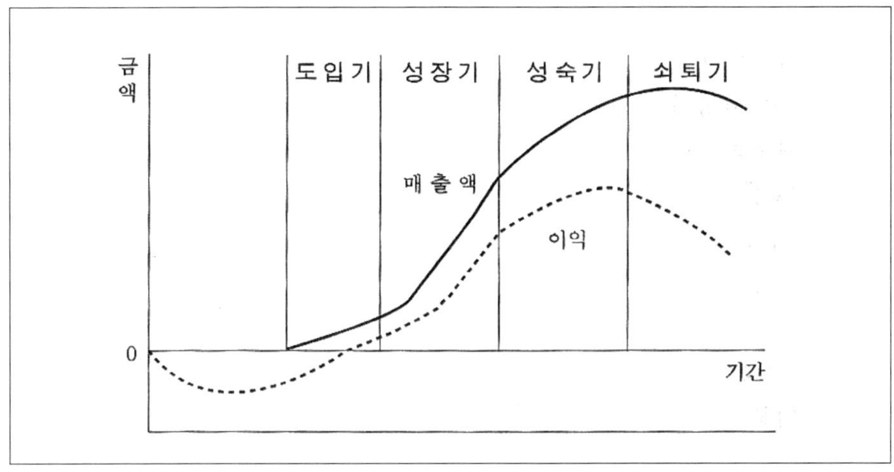

산업의 분석에 있어서 그 산업의 주종을 이루는 제품이 어느 단계에 있는가를 제품의 수명주기를 통하여 분석할 수 있지만, 제품의 수명주기는 기업들의 경영전략과 변화에 대한 대처능력에 따라 다르게 나타나므로 시장 전반에 대한 명확한 분석이 불가능한 단점을 가지고 있다.

3. 기업분석6)

기업의 질적 분석에서는 계량화할 수 없는 질적 요소를 평가하여 기업의 경쟁력과 종합적 경영능력을 측정하는 것이 목적이며 다음과 같은 요소들이 분석의 대상이다.

(1) 제품과 시장

기업의 경영성과에 가장 직접적인 영향을 미치는 요인이 제품 및 시장(product & market)이다.

따라서 경영분석에서 이에 대한 평가는 가장 중요한 요소라고 할 수 있다. 여기에서는 제품의 구성과 특성, 제품의 수명주기, 제품의 시장지위 등이 분석된다.

---

6) 임석필, 증권투자의 이해, 창민사. 2003. pp.157-11.

1) 제품의 구성과 특성

기업이 생산·판매하는 제품의 종류와 각 제품의 전체 매출액에서 차지하는 비율을 검토한다. 한 제품의 판매에만 의존하는 경우에는 시장의 위험에 그대로 노출되어 수익이 불안정해질 수 있다. 이어서 각 제품의 기본적인 특성이 분석되는데, 이때는 제품의 용도(생산재, 소비재), 주된 생산요소(노동집약형, 자본집약형), 생산방식(다품종소량생산, 소품종대량생산), 그리고 각 제품별 기술수준에 대한 평가 및 특허권·상표권에 의한 보호 여부를 검토해야 한다.

2) 제품의 수명주기

산업분석에서 보았듯이 제품의 수명주기는 개별기업의 제품을 평가하는 데도 유용하게 활용된다. 제품의 수명주기상의 각 단계별로 현재의 수익규모나 수익률은 물론 미래의 성장성·수익성·안정성에 대한 전망을 할 수 있다. 최근에는 유행과 소비자들의 기호, 그리고 기술개발속도가 빨라짐에 따라 제품의 수명주기도 점차 단축되고 있어 이에 대한 세심한 분석이 요구되고 있다.

3) 제품의 시장지위

제품의 시장지위는 제품포트폴리오관리(product portfolio management : PPM)에 의해 설명될 수 있다. 제품포트폴리오관리는 시장점유율과 시장성장율이 높은 제품일수록 경쟁력과 수익성은 높고 위험은 낮게 평가된다는 논리에 기초하고 있다. 이는 시장점유율과 시장성장률에 의하여 제품의 시장지위를 파악하고 이에 따른 앞으로의 정책방향을 제시하는 역할을 한다. [그림 6-3]은 제품포트폴리오 관리도를 보여주고 있다. 이 도표가 수년간 계속 작성되면 제품시장지위의 변화를 파악할 수 있고 바람직한 제품구성과의 차이를 분석하면 현 지위와 미래의 전망을 평가할 수 있다.

[그림 6-3] 제품포트폴리오 관리도

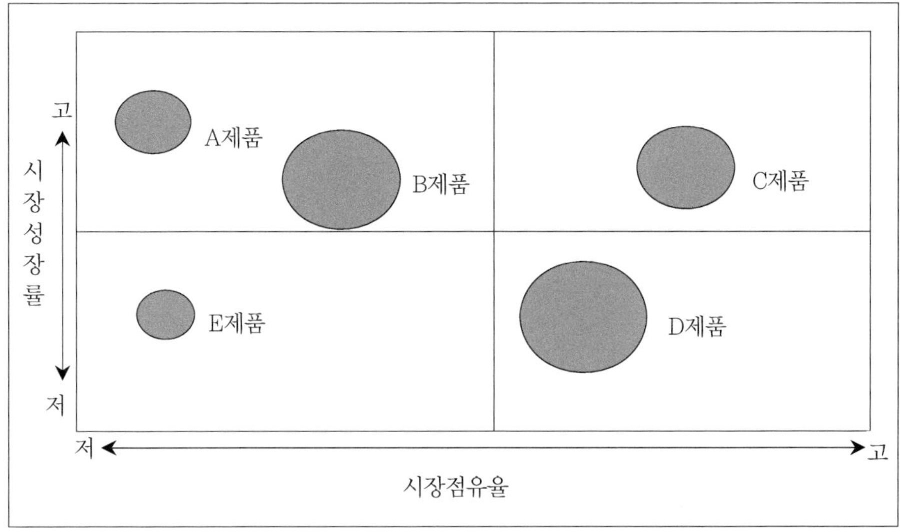

* ○의 크기는 매출액규모를 나타냄.

(2) 경영자원

기업의 성장 여부는 바로 기업이 보유하고 있는 경영 자원에 달려있다. 경영 자원은 인적 자원, 물적 자원, 재무적 자원, 정보 자원으로 나눌 수 있다.

1) 인적 자원

인적 자원(man)은 기업의 성패를 결정하는 가장 중요한 요인이다. 기업의 인적 자원은 경영자와 근로자, 그리고 경영조직으로 구성되어 있다.

효율적인 경영조직은 기업이 보유하고 있는 자원으로부터 최대한의 가치를 창출해 내기 위한 수단, 즉 기업의 목표와 전략을 실천하는 수단이다. 경영조직에 대해서는 환경변화에 대한 적응력, 의사결정의 분권화 정도, 기업문화 등이 평가된다.

오늘날과 같이 급변하는 경영환경에서 최고경영자의 자질은 무엇보다도 중요하다. 급변하는 환경을 신속하고 정확하게 평가해서 이에 올바르게 대응하는 경영자의 리더십은 기업의 성공에 필수적인 요소이다. 이 밖에도 경영자의 평가에는 최고경영자의 인간적인 성품, 기업관 등에 대한 검토가 함께 이루어져야 한다.

종업원에 대해서는 종업원의 숙련도, 생산성, 급여수준 등이 평가된다. 그리고

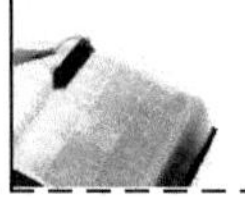

안정적인 노사관계가 유지되고 있는가를 보기 위해서는 노사분규의 빈도와 원인, 근로조건, 종업원 이직률 등이 평가된다.

2) 물적 자원

물적 자원(material)은 생산 · 판매과정에서 직접 활용되는 원자재, 설비 등을 말한다.

원자재에 대해서는 원자재의 안정적인 확보가 관심인데 이를 평가하기 위해서는 원자재의 주요 공급자, 시장의 수급현황, 원자재 가격의 변동추이와 변동요인, 원자재의 대체 가능성 여부 등이 평가되어야 한다. 원자재의 공급을 단일공급자에게 의존하거나 원자재를 대체할 수 있는 기술이 확보되어 있지 못하다면 원자재 시장에서 발생하는 모든 위험에 그대로 노출되어 기업의 안정성이 저하될 것이다.

기술혁신이 빠르게 진행되고 제품의 수명주기가 짧아지고 있는 환경에서는 기업이 보유하고 있는 설비의 종류와 내용을 평가하는 것도 매우 중요한 일이다. 설비에 대한 평가에는 생산설비의 규모와 투자시기는 적정한지, 기술적으로 진부화된 것은 아닌지가 평가되어야 한다.

3) 재무적 자원

재무적 자원(money)은 기업의 생존과 지속적인 성장을 위해서 필수적인 요소이다. 재무적 자원에 대한 평가에는 일차적으로 경영분석을 통해 장 · 단기 지급능력, 현금흐름, 수익성 등이 평가된다. 그러나 기업이 필요로 하는 중요한 재무적 자원은 기업의 외부자금조달능력이다. 기업의 외부자금조달능력은 금융시장에서 기업이 어떠한 평가를 받고 있는가에 달려 있다. 금융시장의 평가가 전문가에 의한 종합적인 평가라는 점에 비추어 기업의 외부자금조달능력은 단순히 재무적 자원에 대한 평가를 넘어서 그 의미가 매우 크다고 할 수 있다.

재무적 자원의 평가에는 기업의 신용도(신용평가기관의 신용등급), 거래은행과의 관계, 금융시장에서의 평판 등이 포함된다.

4) 정보자원

정보자원(information)은 제품 및 생산기술, 소비자 및 시장, 판매 및 관리 등과 관련된 모든 지식과 노하우(knowhow)를 말한다. 이러한 지식과 노하우는 대부

분 오랜 경험이나 학습을 통해 습득하게 되지만, 다양한 정보매체, 교육훈련, 연수, 시찰 등을 통하여 비교적 짧은 기간에 습득할 수도 있다. 따라서, 정보 자원을 효과적으로 축적하고 이를 응용할 수 있는 조직과 지원이 필요하다.

그러므로 경영분석 시 정보 자원에 대해서는 새로운 정보를 감지할 수 있는 조직과 시스템을 갖추고 있는가? 감지된 정보에 따라 신속히 대응할 수 있는 시스템이 되어 있는가? 그리고 최고 경영자의 태도와 자금 지원 등 이들 조직이 제대로 활동할 수 있는 여건의 조성 등을 분석·평가해야 한다.

(3) 기업의 사회적 책임과 기업윤리

기업의 사회적 책임에 대한 관심이 높아지고 각종 소비자 및 사회단체들의 활동과 영향력이 증대되면서 환경, 노동 등에 대한 사회의 평가가 기업 가치에도 영향을 미치고 있다. 많은 기업들이 자기 회사의 특정 상품보다는 기업의 전반적인 이미지를 제고하기 위한 광고와 문화활동 및 지역사회에 대한 후원에 많은 관심을 보이는 것도 이러한 이유 때문이다.

국민경제와 의식수준이 향상되면서 기업의 사회적 책임에 대한 시장의 기대수준은 점차 높아가고 있으므로 기업의 친사회, 친문화, 친환경적인 활동은 장기적인 관점에서 전통적인 경영활동 못지않게 중요해지고 있다.

정리문제

1. 회계자료가 어떤 문제점을 갖고 있는지 설명하시오.

2. 회계상이익과 경제적 이익의 차이점에 대하여 설명하시오.

3. 회계처리방법의 다양성이 재무제표분석에 미치는 영향은 무엇인가?

4. 역사적 원가주의회계에 의해 작성된 재무제표의 문제점과 이것이 재무제표분석에 미치는 영향은 무엇인가?

5. 횡단면분석과 시계열분석을 비교・설명하시오.

6. 경제분석에서 고려해야 하는 시장 관련 요인을 설명하시오.

7. 산업의 구조적 요인에 대하여 설명하시오.

8. 제품수명주기의 단계별 특징에 대하여 설명하시오.

제 7 장 자본시장의 효율성

제1절 효율적 시장가설의 의의

자본시장의 효율성은 바람직한 증권시장이 갖추고 있어야 할 다양한 요건 가운데 정보와 관련된 부분(informational efficiency)을 다룬다. 효율적인 자본시장은 증권의 가격이 관련된 모든 정보를 신속하고 정확하게 반영하는 시장을 의미한다. 즉 증권의 가격이 새로운 정보에 대하여 신속히(instantaneously) 그리고 정확하게(in an unbiased manner)반응하여 조정되는 것을 의미한다. 시장에는 수많은 참가자들이 투자성과를 향상시키려고 노력하기 때문에 새로운 정보가 나타나면 모든 시장참가자들은 정보를 분석하기 위해서 노력한다. 이뿐만 아니라 전문적인 애널리스트들과 정보서비스 회사들이 다양한 서비스들을 제공하기 때문에 현재의 증권 가격은 관련된 정보를 충분히 반영하고 있을 것이라는 가정을 할 수 있다. 효율적 시장 가설(efficient market hypothesis : EMH)은 이러한 자본시장의 효율성의 정도를 크게 세 가지 수준으로 나누어서 수립된다.

(1) 약형 효율적 시장가설

약형 효율적 시장가설(weak-form efficient market hypothesis)은 과거의 주가, 수익률 그리고 거래량 등에 관한 모든 정보[past price (or return) histories]가 현재의 주가에 완전히 반영되고 있다고 가정한다. 따라서 이러한 과

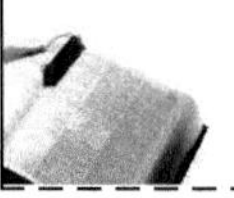

거의 주가 등의 자료에 의존하여 주식의 매입·보유(buy-and-hold)전략을 구사한다해도 시장평균 이상의 초과수익을 얻을 수 없다는 것이다. 다시 말해서 주가의 변동은 시계열적으로 상호독립적이고 무작위적(random)이기 때문에, 과거의 주가 등의 정보는 현재와 미래의 주가예측에 전혀 도움을 주지 못하며, 이에 따라 약형 효율적 시장가설에서는 기술적 분석(technical analysis)의 유용성을 배제하고 있다.

(2) 준강형 효율적 시장가설

준강형 효율적 시장가설(semi-strong form efficient market hypothesis)은 과거의 주가자료를 포함하여 투자자가 이용할 수 있는 모든 공개된 정보(publicly available information)는 현재의 주가에 반영되고 있다고 가정한다. 그러므로 이 가설이 성립하면 공개된 정보속에는 과거의 주가에 관한 정보도 포함되기 때문에 약형 효율적 시장가설은 당연히 성립한다.

여기서 공개된 정보란 주식분할, 신주발행, 배당의 공표, 영업이익 또는 당기순이익의 변동, 매출액의 변동 등 주식과 발행기업에 관련된 정보뿐만 아니라 정부의 경기예측 및 정책변동에 관한 발표 등 비시장정보까지도 포함한다.

따라서 투자자들은 어떠한 정보가 공개된 다음에는 그 정보를 이용하여도 시장평균 이상의 초과수익을 얻을 수 없게 된다.

준강형 효율적 시장가설에서는 기본적 분석(fundamental analysis)의 유용성을 인정하지 않고 있다.

(3) 강형 효율적 시장가설

강형 효율적 시장가설(strong-form efficient market hypothesis)에서는 공표된 정보뿐만 아니라 공표되지 않은 내부정보(inside information)까지도 완전히 주가에 반영된다고 주장한다. 강형 효율적 시장가설이 성립되면 약형 및 준강형 효율적 시장가설은 저절로 성립되는 결과가 된다. 그러므로 강형 효율적 시장가설하에서는 일반투자자는 물론 내부정보를 가지고 있는 기관투자자등 어떠한 투자자도 내부정보를 이용하여 시장평균 이상의 초과수익을 얻을 수 없다고 한다.

이 강형 효율적 시장가설에서는 효율적 자본시장뿐만 아니라 완전자본시장의 조

건까지 요구하고 있다. 그러나 강형 효율적 시장가설이 계속해서 완전히 적용되는 자본시장은 현실적으로 존재하기 어렵다.

[그림 7-1] 효율적 시장가설

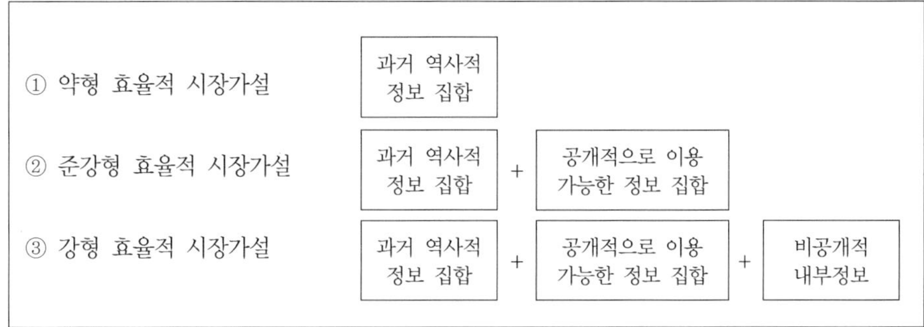

제2절 자본시장 효율성의 검증

우리는 앞에서 가설(hypothesis)이라는 용어를 사용하였다. 이는 이러한 내용들이 모두 입증되어야 할 주장이라는 것을 의미한다. 그러므로 궁극적으로 자본시장의 효율성과 관련한 이슈는 이러한 시장의 효율성에 관한 가설이 옳은지 여부를 검증하는 것이 주요 내용이 된다. 자본시장의 효율성을 검증하는 것에 관한 기본적인 논리는 다음과 같다.

기본적으로 각 가설의 세 가지 유형별로 증권의 가격에 반영되어야 하는 각각의 다른 정보들이 있는데 만약 이러한 정보가 발표되었을 때 주가가 신속하게 그 정보를 반영하지 못하거나 이러한 정보를 이용하여 투자자들이 초과수익(abnormal return: AR)(정확히는 초과수익률)을 얻고 있다면 그 가설은 성립되지 않는다.(reject)[1)]

1) 윤형욱, CFA개념원리수험서, 탐진, pp.640~646

(1) 약형 효율적 시장가설의 검증

약형 효율적 시장가설(weak-form efficient market hypothesis)을 검증하는 방법으로는 크게 통계적인 방법과 거래규칙(trading rule)을 조사하는 방법이 있다. 통계적인 방법은 약형 시장 가설 하에서는 증권의 수익률 간에는 서로 독립적이고 관련성이 없어야 한다는 것을 검증하는 방법이다. 또 하나, 거래 규칙을 이용한 검증은 투자자가 단지 주가나 거래량의 움직임을 이용하는 기계적인 거래 규칙만으로 초과수익을 달성할 수 있는지를 알아보는 방법이다. 기계적인 거래 규칙을 이용해서는 초과수익을 달성할 수 없는 경우에는 시장은 약형 효율적 시장가설을 충족하고 있다고 말할 수 있다. 대체적인 연구 결과들은 약형 효율적 시장가설을 지지하고 있다. 여기서는 각 가설별로 현재 어떤 결론을 내리고 있는지 보다는 검증의 논리와 주요 방법들에 대해서 이해하는 것이 중요하다. 자본의 효율성과 관련해서는 지금 현재도 다양한 연구결과들이 나오고 있을 뿐만 아니라 시장과 시기에 따라서도 달라질 수 있기 때문이다.

(2) 준강형 효율적 시장가설의 검증

준강형 효율적 시장가설(semi-strong form efficient market hypothesis)을 검증하는 방법에는 크게 두 가지가 있다. 하나는 개별 주가 수익률의 횡단면 분석과 시계열 분석을 통하여 특이한 초과수익이 발생하는지 여부를 확인하는 방법이고 또 하나는 주가가 얼마나 신속하게 경제적 사건과 뉴스에 반영하는가를 조사하는 사건연구(event study)이다.

횡단면 분석(cross-sectional analysis)은 효율적인 시장에서는 특정 시점에서 주식의 수익률을 증권시장선(security market line)상에만 위치해야 된다고 가정하고 이를 검증하는 방법이다. 즉 주식 수익률은 특정시점에서 β로 특정되는 시장위험만을 반영해야 하고 따라서 회사의 크기나(장부가치/시장가치) 비율과 같이 회사 고유의 특성에 관한 정보를 가지고는 초과수익을 달성할 수 없다고 한다. 그러므로 준강형 효율적 시장가설 하에서 증권의 가격은 시장수익률과 체계적인 위험만을 반영해야 한다. 구체적으로 다음식과 같이 계산되는 초과수익률의 존재여부를 조사한다.

초과수익률 = 실제수익률−[무위험수익률 +β×(시장수익률−무위험 수익률)]

시계열분석(time-series analysis)은 효율적 시장에서 미래 수익률에 대한 최선의 추정값은 과거 오랜 기간 동안의 수익률이 되어야 한다고 가정한다. 준강형 시장 가설 하에서는 이러한 과거 수익률을 넘어서는 초과수익을 달성할 수 있는지를 검증하게 된다.

사건연구(event study)는 준강형 효율적 시장 가설을 검증하기 위하여 주가와 관련된 중요한 정보가 발표되기 전후로 초과 수익을 달성할 수 있는지를 검증하는 방법이다. 준강형 효율적 시장가설이 성립하는 시장이라면 주가는 예상치 못한 사건과 뉴스에 즉각적으로 반응하여 이러한 정보를 이용한 초과수익을 달성할 수 있는 기회가 존재하지 않아야 한다. 사건연구는 어닝 서프라이즈(earnings surprise)나 인수합병과 같은 사건이 있는 경우에 그것이 주가에 어느 정도로 신속하게 반영되는지를 검증한다.

(3) 강형 효율적 시장가설의 검증

강형 효율적 시장가설(strong-form efficient market hypothesis)하에서는 회사의 사적인 내부정보를 이용해서도 초과수익을 달성할 수 없다. 강형 효율적 시장가설을 검증할 때에는 이러한 내부 정보를 입수하기가 용이한 특수집단들이 실제로 초과수익을 지속적으로 달성하는지를 검증한다.

제3절 기술적 분석, 기본적 분석 및 포트폴리오 관리

앞에서 시장의 효율성 의미와 그것을 검증하는 방법들을 살펴보았는데 그러면 과연 이런 것들이 실무에서는 어떤 의미를 가지는 걸까? 이를 위해 기술적 분석과 기본적 분석, 포트폴리오매니저의 역할과 인덱스 펀드에 대한 투자와 관련하여 시

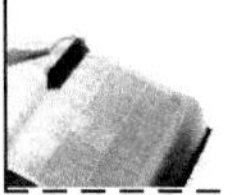

장의 효율성 가설이 미치는 영향에 관하여 살펴본다.

기술적 분석(technical analysis)은 미래의 주가를 예상하기 위하여 주가와 거래량 정보를 사용하는 방법이다. 기술적 분석가를 흔히 차티스트(chartist)라고도 부르는데 이는 주로 과거의 주가와 거래량이 그려진 차트를 이용하여 중요한 패턴을 발견하여 이익을 얻으려고 하기 때문이다.

기본적 분석(fundamental analysis)은 미래의 주가를 예상하기 위하여 주가 정보가 아니라 회사의 내재 가치와 관련 있는 이익 또는 배당 등과 같은 정보를 이용하는 방법이다. 이는 기본적으로 주가를 예상하기 위해 주주에게 미래에 유입될 현금흐름의 현재가치를 구하는 접근방법이다. 이렇게 구한 주식의 내재 가치와 현재 시장가격(주가)을 비교하여 매수/매도 여부를 판단한다.

그런데 기술적 분석의 가정은 효율적 시장가설을 정면으로 반박하는 것이다. 기술적 분석을 사용하는 투자자는 새로운 정보가 모든 사람들에게 동시에 제공되는 것이 아니라 정보의 우위를 가진 전문적인 투자자로부터 일반 대중들까지 순차적으로 퍼지게 되기까지 상당한 시간이 소요된다고 믿는다. 따라서 주가가 새로운 정보에 바탕한 새로운 균형(eguilibrium)에 도달하는 과정이 점진적이게 되고 이 과정에서 어떤 주가 변화의 추세가 형성된다는 것이다. 기술적 분석은 이렇게 새로운 정보에 바탕한 새로운 균형에 도달하는 추세를 발견하여 이익을 취하기 위한 시스템을 만들기 위하여 노력한다. 하지만 효율적 시장은 새로운 정보가 나타나면 주가는 신속하게 반응한다고 가정한다. 따라서 자본시장이 약형 효율적 시장이라면 과거의 자료를 이용한 거래전략은 효과가 없다.

한편 기본적 분석(fundamental analysis)에서 주가는 기본적인 내재가치를 가지고 있다고 믿는다. 그리고 내재가치와 시장가격을 비교하여 과대/과소평가 여부를 판단한다. 그러므로 기본적 분석이 우수한 성과를 거두기 위해서는 내재가치를 추정하는 능력이 가장 중요한 요소가 된다. 만약 시장이 준강형 효율적 시장이라면 기술적 분석뿐만 아니라 기본적 분석을 통해서도 초과 수익을 얻을 수 없다. 왜냐하면 내재 가치를 추정하는 데 사용되는 정보가 이미 주가에 충분히 반영되었기 때문에 이러한 분석이 의미가 없기 때문이다.

그러므로 투자자가 기술적 분석과 기본적 분석 가운데 어떤 투자접근법을 선택

하는가에 관한 의사결정을 할 때는 현재 자신이 투자하고 있는 시장이 어떤 유형의 효율적 시장인가에 관한 판단이 선행돼야 한다.

또 하나 생각할 수 있는 부분은 만약 시장이 매우 효율적이라면 적극적인 포트폴리오 관리(active portfolio management)방식이 효율적인 전략이 될 수 있을까 하는 점이다. 만약 시장이 효율적이라고 가정하면 자주 주식을 사고파는 전략만으로는 의미가 없게 되고 시장에서는 아주 뛰어난 극소수의 애널리스트와 펀드매니저만이 적극적인 포트폴리오 관리를 통해서 시장수익률보다 나은 성과를 거둘 수 있게 된다. 그러면 적극적인 포트폴리오 관리를 할 수 없는 나머지 대다수 투자자들은 시장 수익률을 능가하려는 노력을 해서는 안 되고, 그 대신 인덱스 펀드(index fund) 등의 잘 분산된 포트폴리오를 보유하여 낮은 거래비용으로 시장수익률에 가까운 수익률을 얻는 것을 목표로 해야 한다는 결론이 나온다. 그러므로 시장의 효율성이 높은 경우에는 그에 맞추어서 포트폴리오매니저의 주된 역할도 특이한 투자전략을 내세워서 높은 초과수익을 달성하는 것이 아니라 각 고객의 요구와 제약조건에 맞는 적절한 투자자산을 구성하고 거래비용을 최소화하는 것이 된다.

효율적 시장과 관련한 여러 연구 결과에 의하면 결국 투자자들이 시장수익률보다 더 높은 초과수익을 달성하는 것은 어려운 일이며, 따라서 투자의 목적은 시장수익률 정도 실현하는 것으로 해야 한다. 그리고 이러한 시장수익률을 실현하는 방법 가운데 하나는 인덱스 펀드에 투자하는 것이다. 개별 투자자들은 자원의 제약때문에 시장 전체와 유사한 포트폴리오를 구성하는 것이 쉽지 않은데 인덱스 펀드는 시장 전체의 자산구성을 효과적으로 모방하여 효과적인 분산투자효과를 얻도록 해 준다.

정리문제

1. 정상수익률(normal return)과 초과수익률(abnormal return)에 대해 설명하시오.

2. 내재가치, 시장가치, 장부가치를 비교하시오.

3. 효율적 시장가설하에서 증권분석 방법의 유용성을 설명하시오.

4. 우리나라의 증권시장의 효율성을 논하시오.

제8장 레버리지 분석

제1절 레버리지 분석의 의의

레버리지(leverage)란 말은 원래 「지렛대의 작용」, 「지렛대의 힘」의 뜻이나, 이러한 원래의 뜻에서 「목적 달성을 위해서 추가된 수단」으로 전의되었다.

이를 기업경영의 측면에서는 레버리지란 「기업의 목표를 보다 쉽게 달성하기 위해서 추가된 수단」을 의미한다. 그러면 왜 기업들이 레버리지를 이용하게 되는가? 만일 추가된 수단과 그 결과가 동일하다면 굳이 레버리지를 추구하려 들지 않을 것이다. 그러나 추가된 수단에 비하여 그 결과가 보다 확대되어 나타나기 때문에 레버리지를 이용하게 된다. 이러한 확대현상을 레버리지효과(leverage effect)라고 한다. 기업의 목표를 주주 부의 극대화라고 할 때 이러한 기업의 목표를 달성하기 위해서 기업은 단기적으로는 매출액의 실현을 통해서 이익을 극대화시키려 할 것이다. 따라서 우리는 기업의 단기목표인 이익의 극대화를 효율적으로 달성하기 위해서는 적절한 레버리지 수단을 선택하는 일이 무엇보다 중요하다. 레버리지는 크게 세 가지 유형으로 체계화할 수 있다.

그런데 손익계산서상에서 회계적 이익의 산출과정을 보면, 이익은 영업이익(EBIT)과 당기순이익(EAT)으로 대별된다. 그러나 이들 두 가지 이익 외에 이들에 영향을 끼치는 가장 기본적인 변수는 매출액(sales)이므로 매출액, 영업이익, 당기순이익은 기업의 단기적 목표와 직결되는 요소들이다.

여기서 ① 매출액과 영업이익 사이의 관계에서 영업이익을 확대시킬 목적으로 고정자산을 보유함으로써 고정영업비용을 부담하는 것을 영업레버리지(operating leverage)라 하며,

② 영업이익과 당기순이익 사이의 관계에서 당기순이익을 확대시킬 목적으로 타인자본을 이용함으로써 고정재무비용을 부담하는 것을 재무레버리지(financial leverage)라 한다.

그리고 ③ 결합레버리지(combined leverage)란 영업레버리지와 재무레버리지를 결합한 것으로서 매출액과 당기순이익 사이의 관계에서 당기순이익을 증가시키기 위해서 추가된 수단 – 고정자산과 타인자본의 이용 – 으로 인한 고정비용의 부담을 말한다. 이러한 과정이 〈표 8–1〉에 정리되어 있다.

그러면 왜 고정자산을 보유하거나 타인자본을 사용하게 되면 – 레버리지를 갖게 되면 – 영업이익 또는 당기순이익이 확대되어 나타나는가?

기업이 고정자산을 보유하고 있으면 영업활동 여하에 관계없이 고정적으로 발생하는 영업비용이 있게 되고, 타인자본을 사용하면 경기상황에 관계없이 고정적으로 이자를 지급해야 한다. 이러한 고정비용의 존재가 지렛대의 역할(leverage)을 하기 때문에 기업의 손익은 확대되어 나타난다.

〈표 8–1〉 손익계산서와 레버리지

구분	손익계산서 항목	결합
① 영업레버리지	매출액(SALES)	③ 결합 레버리지
	- 매출원가	
	매출총이익	
	- 영업비용(판매비 및 일반관리비)	
	영업이익(EBIT)	
② 재무레버리지	- 이자	
	세전이익	
	- 법인세 등	
	당기순이익	
	- 발행주식수	
	주당순이익(EPS)	

레버리지분석(leverage analysis)이란 이러한 고정비용이 있을 때 매출액 변화가 기업의 손익에 어떠한 영향을 미치는가를 분석하는 것을 말한다.

①의 과정에 대한 분석이 영업레버리지분석(operating leverage analysis)이다.

이 분석은 매출액의 변화가 영업이익에 미치는 영향을 분석하는 것으로서 이 분석의 초점은 매출액과 영업이익의 관계에 영향을 미치는 고정영업비용의 역할에 있다. 이러한 분석은 매출액·고정영업비용·영업이익의 관계를 분석하는 손익분기점분석으로 설명할 수 있다.

②의 과정에 대한 분석이 재무레버리지분석(financial leverage analysis)이다.

이 분석은 영업이익의 변화가 주당이익에 미치는 영향을 분석하는 것으로서, 이 분석의 초점은 고정재무비용의 역할에 있다. 이 분석은 기업의 영업이익·이자·주당이익의 관계를 분석하는 자본조달분기점 분석으로 설명할 수 있다.

그러나 영업레버리지와 재무레버리지를 분리해서 분석하는 것만으로는 충분하지 못하며 이들을 결합한 ③의 과정에 대한 분석, 즉 결합레버리지분석이 보다 의미가 있다. 다시 말하면 결합레버리지분석(combined leverage analysis)은 손익계산서의 전체적인 변화, 즉 매출액 변화가 고정영업비용과 고정재무비용의 부담정도에 따라 소유주에게 귀속되는 최종적인 주당이익에 어떠한 영향을 미치는가를 종합적으로 분석하는 것을 말한다.

제2절 영업레버리지 분석

1. 영업레버리지의 의미

기업의 일정한 영업이익을 실현하자면 일정한 고정자산을 보유, 운용하게 되는데 이에 따라 고정적으로 비용(고정영업비용)을 부담하게 된다. 이때 「기업은 영업레버리지를 갖는다」고 한다. 이러한 고정영업비용은 기업의 조업도(매출액) 수준과 관계없이 일정하게(고정적으로) 발생한다. 영업레버리지분석은 이처럼 일정하게 발생하는 고정영업비용의 존재로 인하여 매출액의 변화에 따른 영업이익이 어떻게 변화하는가를 분석하는 것이다. 예를 들어 설명하여 보자.

X기업의 매출액이 10억원이고, 고정비용이 6억원이며 변동비용은 매출액의 30%를 차지한다고 할 경우 영업이익은 1억원이 된다. 이 회사의 매출액이 변동하면 영업이익은 어떻게 될 것인가?

매출액이 10% 증가하여 11억원이 될 때, 영업이익은 1억 7천만원으로서 70%가 증가한다. 반대로 매출액이 10% 감소하여 9억원이되면 영업이익은 3천만원으로서 70%가 감소하게 된다. 이 계산 과정은 〈표 8-2〉에 나타나 있다.

〈표 8-2〉 영업레버리지와 영업이익의 변화 (단위: 백만원)

항 목	10% 감소	현 재	10% 증가
매 출 액	900	1,000	1,100
(-)고정비용	600	600	600
(-)변동비용	270	300	330
영업이익	30	100	170
	70% 감소		70% 증가

이와 같이 매출액의 변화율과 영업이익의 변화율이 동일하지 않고 영업이익의 변화율이 더 확대하여 나타나는 현상은 매출액의 증감에 관계없이 일정하게 지급되어야 하는 고정영업비용 때문이다. 즉 고정영업비용이 지렛대의 역할(leverage)을 하여 매출액이 증가할 때에는 영업이익의 증가폭이, 매출액이 감소할 때에는 영업이익의 감소폭이, 매출액의 증감폭보다 더 크게 나타나게 하는데 이러한 현상을 영업레버리지효과(operating leverage effect)라고 한다. 그러나 기업이 고정영업비용을 부담하지 않는다면 영업레버리지효과는 물론 나타나지 않을 것이다.

영업레버리지분석은 앞의 예에서와 같이 매출액, 비용 및 영업이익의 변화가 일으키는 영향관계를 분석하는 것이므로, 이 분석을 위하여 우선 매출액・비용・영업이익들이 상호 어떤 관계에 있는지를 밝히는 손익분기점분석을 이해할 필요가 있다.

손익분기점(break-even point : BEP)이란, 특정 이익을 기준으로 하여 총수익

과 총비용이 동일하게 되는 매출량(생산량) 또는 매출액(생산액)을 말한다. 즉, 영업레버리지분석에서의 손익분기점은 영업이익을 기준으로 하므로, 매출액과 영업비용이 같게 되는(영업이익이 0으로 되는) 매출량(생산량) 또는 매출액(생산액)이 된다. 손익분기점분석은 기업이 경영활동을 수행하는 데 있어서 발생하는 비용(cost), 매출액(량)(volume), 이익(profit)의 상호관계를 분석하기 때문에 이것을 CVP분석(cost-volume-profit relationship analysis)이라고도 한다.

2. 영업비용의 구조

기업이 추구하는 목표와 관련하여 경영자의 최대 관심은 단기적으로 매출액과 영업이익을 극대화시키는 것이다. 그러나 매출액과 영업이익 사이에 영업비용이 작용하기 때문에 이들 두 변수 사이의 관계에 대한 분석은 영업비용의 구조에 대한 분석을 필요로 한다. 왜냐하면 영업비용의 일부는 고정되어 있어 매출액의 증감 정도보다 더 빠른 정도로 영업이익이 증감되기 때문이다. 즉 영업이익의 크기는 기업이 달성한 매출액과 기업이 선택한 비용구조에 의해서 결정된다. 여기서 기업이 선택한 비용구조란 영업레버리지정책에 의해 정해지는 변동영업비용과 고정영업비용의 구조를 말한다.

〈표 8-3〉 고정영업비용과 변동영업비용

고정영업비용	변동영업비용
감가상각비 임차료 경영진의 보수 재산세, 보험료 등	직접노무비 직접재료비 판매수수료 판매원급여 등

고정영업비용(fixed operating cost)은 기업의 매출량(또는 생산량)에 관계없이 일정하게 발생하는 비용이며, 변동영업비용(variable operating cost)은 매출량(또는 생산량)에 비례하여 발생하는 비용이다. 이러한 분류에 따라 기업의 모든 비용을 고정영업비용과 변동영업비용으로 나누어 보면 〈표 8-3〉과 같다.

매출량의 변화와 관련하여 볼 때, 고정영업비용과 변동영업비용은 다음과 같은 특성을 가지고 있다.

고정영업비용은 매출량의 변화와 관계없이 일정하지만, 단위당 고정영업비용은 매출량의 증가에 따라 감소하는 특성을 갖는다. 예를 들어, 고정영업비용이 12억원이라고 하자. 매출량이 변화할 때 고정영업비용과 단위당 고정영업비용의 관계를 정리하면 [그림 8-1]과 같다.

[그림 8-1] 매출량, 단위당 고정영업비용, 고정영업비용의 관계

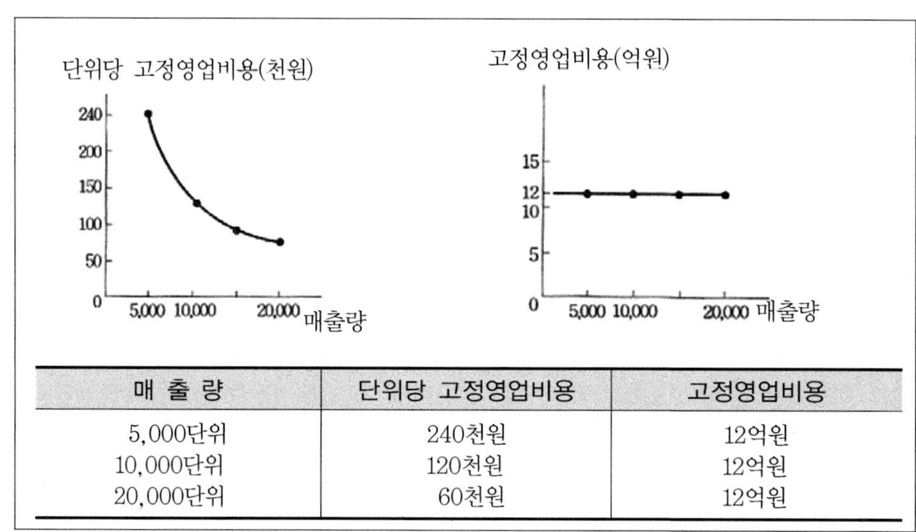

매 출 량	단위당 고정영업비용	고정영업비용
5,000단위	240천원	12억원
10,000단위	120천원	12억원
20,000단위	60천원	12억원

그러나 변동영업비용은 매출량의 변화에 따라 비례적으로 변동하지만, 단위당 변동영업비용은 매출량의 변화와 관계없이 일정한 특성을 갖는다. 예를 들어 단위당 변동영업이 1,000원이라면, 매출량의 증가에 따라 변동영업비용은 [그림 8-2]에서와 같이 비례적으로 증가하게 된다.

[그림 8-2] 매출량, 단위당 변동영업비용, 변동영업비용의 관계

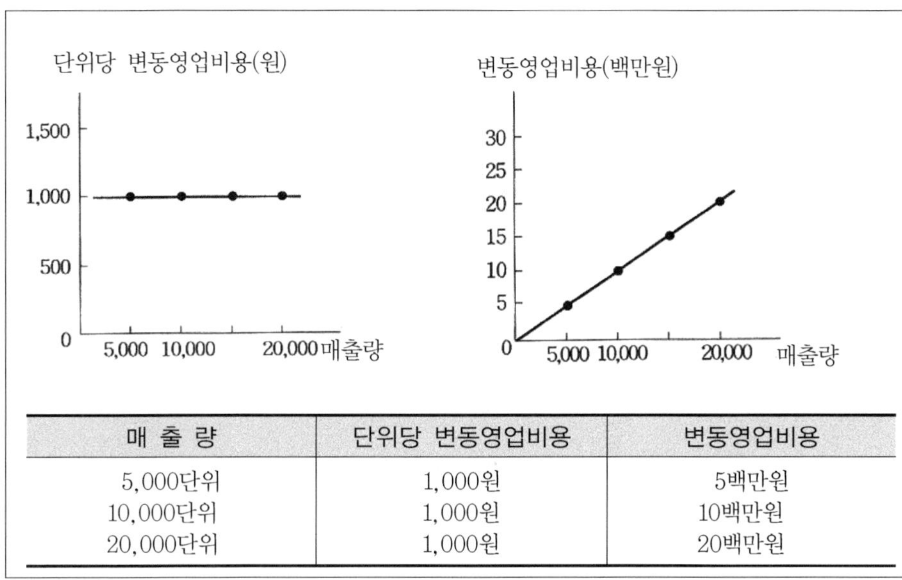

매 출 량	단위당 변동영업비용	변동영업비용
5,000단위	1,000원	5백만원
10,000단위	1,000원	10백만원
20,000단위	1,000원	20백만원

3. 손익분기점분석

손익분기점분석에서는, 첫째 모든 영업비용은 고정비용과 변동비용으로 구분할 수 있으며, 고정영업비용과 단위당 변동영업비용은 생산능력의 범위 내에서 일정하고, 둘째 단위당 판매가격과 단위당 변동비용이 일정하며, 셋째 모든 기업은 단일품종만을 생산하고, 제품은 생산된 즉시 판매되며, 마지막으로 비용·판매가격·매출량의 관계가 항상 일정하다는 사실을 가정하고 있다.

(1) 손익분기점의 산출

1) 수량기준(매출량)의 손익분기점

손익분기점은 총수익, 즉 매출액과 총영업비용이 일치하는 조업도의 점으로, 수량(매출량) – 몇 개를 생산해서 팔아야 손익분기점이 되는가 – 또는 금액(매출액) – 얼마의 매상을 올려야 손익분기점이 되는가 – 의 두 가지 단위로 산출할 수 있다.

먼저 수량기준의 손익분기점을 구해본다.

고정영업비용(FC), 제품단위당 변동비용(V), 제품의 판매단가(P)가 주어졌을 때 손익분기점을 실현하는 매출량(Q^*)은 다음과 같은 과정을 거쳐 식 [8・1]에 의하여 구해진다.

$$\text{매출액} = \text{총영업비용} = \text{고정영업비용} + \text{변동영업비용}$$

$$P \times Q^* = FC + V \times Q^*$$

$$P \times Q^* - V \times Q^* = FC$$

$$(P - V) \times Q^* = FC$$

$$\therefore Q^* = \frac{FC}{P - V} \qquad (8 \cdot 1)$$

여기서 $(P - V)$를 제품단위당 공헌이익이라 한다. 이것은 판매단가에서 제품단위당 변동영업비용을 뺀 것으로, 이 부분이 고정영업비용을 회수하고 이익을 창출하는 공헌액[1](contribution to fixed costs and margin)이기 때문에 공헌이익(contribution margin)이라 부른다.

예를 들어 Y기업이 상품을 1,800원에 구입해서 2,500원에 판매할 경우, 점포를 빌리는 데 한 달에 30만원이 들며, 감가상각비로 5만원이 든다면 고정비용으로 35만원이 필요하다. 이 경우에 재고가 전혀 없다고 가정하면 한 달에 몇 개를 팔아야 손익분기점이 되겠는가? 매출량으로 계산하면 다음과 같다.

$$\therefore Q^* = \frac{FC}{P - V} = \frac{350,000}{2,500 - 1,800} = 500(\text{개})$$

이 때의 단위당 공헌이익($= P - V$)은 700원이고, 손익분기점은 500개이다. 즉 500개를 팔면 매출액이 1,250,000원(=2,500×500)이므로 영업손실도 없고 영업이익도 없게 된다. 이 관계를 그림으로 나타내면 [그림 8-3]이 된다.

1) 정준수, 「경영원가계산」(경문사, 1981), p.299

[그림 8-3] Y기업의 손익분기점

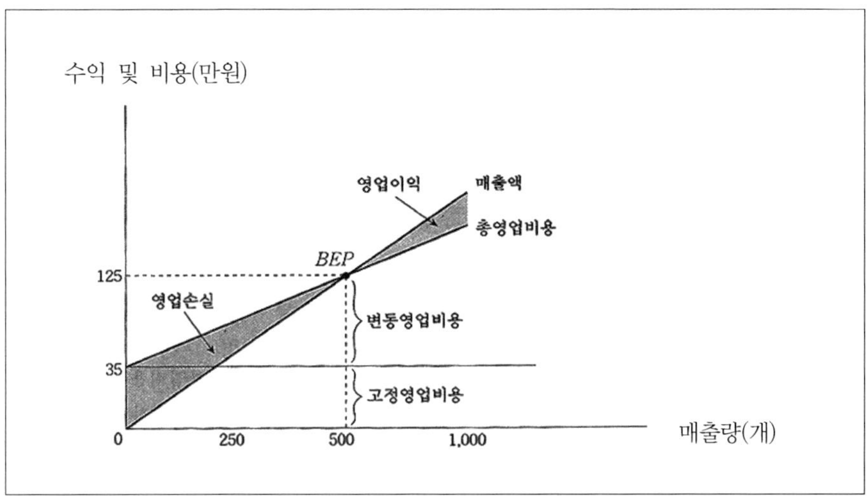

2) **금액기준(매출액)의 손익분기점**

손익분기점의 매출량이 결정되면 「매출량×판매단가」로서 매출액으로 구할 수 있다. 그러나 기업에서 발표하는 손익계산서를 가지고는 손익분기점의 매출량(Q^*)을 구할 수 없는 경우가 많다. 따라서 매출액에 의한 손익분기점 공식이 필요하게 된다.

매출액의 손익분기점은 매출량의 손익분기점에 제품의 판매단가를 곱하면 된다. 즉, 매출량의 손익분기점 $\left[Q^* = \frac{FC}{P-V}\right]$에 P를 곱하면 다음 식 [8·2]가 된다.

$$Q^* \times P = \frac{FC}{P-V} \times P \qquad (8 \cdot 2)$$

$$= \frac{P \times FC}{P-V}$$

위 식 [8·2]는 분모와 분자 모두 P가 들어 있다. 분모와 분자를 0이 아닌 동일한 값으로 나누어도 원래의 값은 변치 않으므로, 분모와 분자를 P로 나누어 정리하면, $Q^* \times P = \dfrac{FC}{1 - V/P}$ 가 된다. 즉 매출액의 손익분기점 S^*는 다음 식 [8・3]으로 계산된다.

$$S^* = \frac{FC}{1 - \frac{V}{P}} \qquad (8 \cdot 3)$$

여기서 $(1 - V/P)$는 매출액 1원 중에서 고정영업비용을 회수한 후 영업이익에 공헌하는 비율로서 공헌이익률(contribution margin ratio)이라 한다. 미래의 이익계획을 수립하는 데는 매출액의 손익분기점 공식이 매출량의 손익분기점 공식보다 훨씬 유용한데, 그 이유는 기업에서 발표하는 손익계산서에는 매출량이 표시되지 않은 매출액만 표시되기 때문이다.

(2) 손익분기점분석의 이용

1) 목표이익 달성을 위한 매출량의 결정

기업의 경영진은 손익분기점 그 자체보다는 오히려 이익계획의 일환으로 목표이익(target profit)을 설정하는 경우에도, 손익분기점 개념을 이용하여 이러한 목표이익을 달성하는 데 필요한 매출량(또는 매출액)을 다음 식 [8・4]와 식 [8・5]에 의해 추정할 수 있다.

$$\text{목표영업이익의 매출량}(Q) = \frac{\text{고정비용} + \text{목표영업이익}}{\text{단위당공헌이익}} \qquad (8 \cdot 4)$$

$$\text{목표영업이익의 매출액}(S) = \frac{\text{고정비용} + \text{목표영업이익}}{\text{공헌이익률}} \qquad (8 \cdot 5)$$

Y기업의 예를 들어, 최소한 14만원의 영업이익을 목표로 하고 있다면, 이 경우 매출량(Q)과 매출액(S)는 다음과 같이 계산된다.

$$Q = \frac{350,000 + 140,000}{2,500 - 1,800} = 700(\text{개})$$

$$S = \frac{350,000 + 140,000}{1 - \frac{1,800}{2,500}} = \frac{490,000}{0.28} = 1,750,000(\text{원})$$

2) 목표영업이익 달성을 위한 비용구조의 결정

앞에서는 기업의 영업비용구조가 일정하다는 전제하에 손익분기점분석을 통하여 목표영업이익의 달성을 위한 매출량을 추정하는 문제에 대하여 설명하였다. 그러나 목표영업이익의 달성은 매출량을 증대시키는 방법 이외에 기업의 영업비용구조를 통제함으로써도 가능하게 된다.

이와 같은 의사결정을 위하여는 먼저 기업의 영업비용구조의 변화가 손익분기점에 미치는 영향을 이해하여야 한다.

영업비용의 구조상에서 어느 한 변수 FC, V, P의 값이 변화할 때의 손익분기점(Q^*)의 변화를 각각 살펴보자.

① 여타 조건이 일정하고 고정영업비용 FC가 $(FC + \Delta FC)$로 증가할 경우 : Q^*는 $Q^* + \Delta Q^*$로 변화할 것이며 식 [8・1]을 이용하여,

$$Q^* = \frac{FC}{P - V} \quad \cdots\cdots ㉠$$

$$Q^* + \Delta Q^* = \frac{FC + \Delta FC}{P - V} \quad \cdots\cdots ㉡$$

이므로 ㉡-㉠에서

$$\Delta Q^* = \frac{\Delta FC}{P - V} \qquad (8\cdot6)$$

이다. 다시 정리하면 고정비용의 변화에 대응한 손익분기점의 매출량은 정확히 그

고정비용증가율에 비례한다.

② 여타 조건이 같고 단위당 변동영업비용 V가 $(V+\Delta V)$로 변화할 경우 : ①과 같은 논리와 방법으로 ΔQ^*는

$$Q^* + \Delta Q^* = \frac{FC}{P-(V+\Delta V)}$$

$$\Delta Q^* = \frac{FC}{P-(V+\Delta V)} - \frac{FC}{P-V}$$

$$= \frac{FC}{\dfrac{(P-V)^2}{\Delta V-(P-V)}} \qquad (8 \cdot 7)$$

③ 여타 변수가 동일하고 제품가격 P가 $(P+\Delta P)$가 될 경우 : 가격의 상승은 상대적으로 손익분기점을 실현하는 매출량을 낮출 것이므로 $(P+\Delta P)$에서의 손익분기점 매출량은 $(Q^*-\Delta Q^*)$일 것이다.

$$Q^* - \Delta Q^* = \frac{FC}{(P+\Delta P)-V} \text{이므로}$$

$$\Delta Q^* = \frac{FC}{P-V} - \frac{FC}{(P+\Delta P)-V}$$

$$= \frac{FC}{\dfrac{(P-V)^2}{\Delta P+(P-V)}} \qquad (8 \cdot 8)$$

앞의 식 [8 · 6] ~ [8 · 8]이 시사하는 의미는 제품가격, 변동비용 또는 고정비용의 개별적인 변화가 Q^*에 주는 영향은 각각 상이하다는 사실이며, 특히 고정비용의 변화가 Q^*에 비례적인 변화를 가져오는데 비하여 가격이나 변동비용의 변화에 대응한 Q^*의 변화는 전혀 다르다는 점이다. 윗식을 통하여 우리는 적어도 손익분기점을 실현할 매출액 유지를 위한 각 변수의 조정범위를 파악할 수 있을 것이다.

3) 다제품기업의 손익분기점

지금까지의 손익분기점분석은 기업이 단일품목만을 생산·판매하는 경우에 국한하였다. 그러나 현실적으로 많은 기업이 단일제품만 생산한다기보다는 오히려 여러 제품을 생산·판매하는 경우가 대부분인데, 이러한 다제품 생산기업의 손익분기점분석은 좀 복잡하다. 여러 제품을 생산·판매할 경우의 손익분기점을 구하는 방법으로서 평균법(가중평균공헌이익률법)이 있다. 이 방법은 각 제품의 매출액 구성비율이 언제나 일정하다는 가정하에 여러 제품을 포괄적으로 하나의 단일제품으로 간주하여 기업전체로서의 공헌이익률(가중평균공헌이익률)을 계산하고 이것을 이용하여 손익분기점을 구하는 것으로 다음 식 [8·9]와 같다.

$$S^* = \frac{FC}{W} \qquad (8\cdot9)$$

단, S^* : 손익분기점(매출액)
FC : 총고정비용
W : 가중평균공헌이익률

예를 들어 Z기업이 A, B, C 세 가지 제품을 제조·판매하는 경우, 각 제품의 판매단가, 단위당 변동비용, 총매출액에서 차지하는 각 제품의 매출액구성비율이 다음 〈표 8-4〉와 같다고 하자.

〈표 8-4〉

제 품	단 가	단위당 변동비용	매출액구성비율
A	800원	400원	30%
B	1,500원	900원	40%
C	2,000원	1,400원	30%

이 회사의 총고정비용은 800,000원이며, 총매출액에서 차지하는 각 제품의 매출액구성비율이 변하지 않는다고 가정할 때, 다음과 같은 순서로 손익분기점을 계산할 수 있다.

1단계 : 각 제품의 공헌이익률의 계산

$$A : (1-V/P) = \frac{800-400}{800} = 0.5$$

$$B : (1-V/P) = \frac{1,500-900}{1,500} = 0.4$$

$$C : (1-V/P) = \frac{2,000-1,400}{2,000} = 0.3$$

2단계 : 가중평균공헌이익률의 계산

$$\left[\sum_{i=1}^{n} (\text{제품 } i\text{의 매출액구성비율}) \times (\text{제품 } i\text{의 공헌이익률}) \right]$$

		(공헌이익률)		(매출액구성비율)		
A	:	0.5	×	0.3	=	0.15
B	:	0.4	×	0.4	=	0.16
C	:	0.3	×	0.3	=	0.09
						0.40

3단계 : ① Z기업의 손익분기점 계산

$$S^* = \frac{FC}{W} = \frac{800,000}{0.40} = 2,000,000(\text{원})$$

② 각 제품별 손익분기점 계산

A제품 BEP = 2,000,000 × 0.3 = 600,000(원)

B제품 BEP = 2,000,000 × 0.4 = 800,000(원)

C제품 BEP = 2,000,000 × 0.3 = 600,000(원)

기업전체의 손익분기점이 계산되면 이를 제품별 매출액구성비율에 따라 제품별로 할당하여 제품별 손익분기점을 구한다.

(3) 손익분기점 분석의 한계점

손익분기점분석은 이해하기가 쉽고, 간편하다는 장점이 있으나, 한편으로는 다음과 같은 많은 한계점을 지니고 있다는 사실을 이해하여야 한다.

① 모든 영업비용을 고정비용과 변동비용으로 정확히 구분할 수 있다고 가정하였다.

그러나 많은 비용이 고정비용과 변동비용의 성격을 모두 가지고 있기 때문에 이것을 고정비용 또는 변동비용이라고 명확하게 분류한다는 것이 어렵다. 기본급이 있는 영업사원의 보수가 그 예인데, 이러한 비용을 준변동비용(semivariable cost)이라고 한다. 또한 고정비용이 매출량에 관계없이 일정하다는 가정은 장기적으로 볼 때 타당하지 못하다. 매출액의 증가 때문에 생산능력이 부족하여 새로운 설비를 투입한다면 고정비는 증가하게 된다. 따라서 손익분기점분석은 기존시설의 변경없이 생산할 수 있는 관련범위(relevant range) 내에서만 유용하다.

② 생산량 또는 매출량에 관계없이 단위당 판매가격과 단위당 변동비용이 일정하다고 가정하였다.

그러나 실제 기업의 매출량은 제품가격과 변동비용에 영향을 미친다. 예를 들어 단위당 판매가격은 매출량이 커지면 커질수록 하락하는 경향이 있다. 마찬가지로 매출량이 일정수준 이상이 되면 원자재 및 노동력 등의 수요증가와 공급부족으로 인하여 단위당 변동비용이 높아지게 된다.

③ 원칙적으로 단일품목을 생산・판매한다고 가정하였다.

그러나 대부분의 기업들은 여러 가지 제품을 취급하고 있기 때문에 이들 제품생산에 공동으로 쓰이는 모든 비용을 어떻게 각 제품별로 배분하느냐가 문제가 된다. 이러한 공동비용의 배분문제가 해결되지 않는 경우에는 제품배합(product mix)이 불변하다는 전제하에서만 유용한 것이다.

④ 손익분기점분석은 비용・판매가격・매출량의 관계가 항상 일정하다고 가정하였다.

그러나 시간이 경과함에 따라 생산원가나 판매가격이 변하게 되므로 단기적인 분석에서는 유용하나, 장기적인 경영계획수립에는 적합한 분석도구가 될 수 없다.

4. 영업레버리지도

영업레버리지분석은 영업레버리지가 존재할 경우 매출액변화가 영업이익변화에 미치는 영향을 분석하는 것이다. 이러한 매출액변화와 영업이익변화 관계는 영업레버리지도(dgree of operating leverage: DOL)를 이용하여 측정할 수 있다.

영업레버리지도(DOL)는 매출액의 변화율에 대한 영업이익(EBIT)의 변화율을

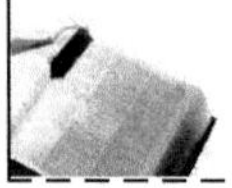

의미하는 탄력성의 개념이다. 매출액이 Q로부터 ΔQ만큼 증가할 때 그에 대응한 EBIT는 ΔEBIT만큼 증가할 경우 매출액 Q에서의 DOL은 식 [8・10]과 같이 나타낼 수 있다.

$$\mathrm{DOL}_Q = \frac{\text{영업이익변화율}}{\text{매출액변화율}} = \frac{\frac{\Delta EBIT}{EBIT}}{\frac{\Delta Q}{Q}} \qquad (8 \cdot 10)$$

그런데 윗식에서 EBIT는 총매출액$(P\cdot Q)-$[변동비용$(V\cdot Q)+$고정비용(FC)]이므로

$$\mathrm{EBIT} = P\cdot Q - V\cdot Q - FC = (P-V)Q - FC$$

$$\begin{aligned}\Delta \mathrm{EBIT} &= \mathrm{EBIT}_2 - \mathrm{EBIT}_1 \\ &= [(P-V)(Q+\Delta Q) - FC] - [(P-V)Q - FC] \\ &= (P-V)\Delta Q\end{aligned}$$

단, EBIT_1 : 본래의 매출액 Q에서의 EBIT
EBIT_2 : 증가된 후의 매출액 $(Q+\Delta Q)$에서의 EBIT

따라서 위의 결과를 식 [8・10]에 이용하면 다음 식 [8・11]과 같다.

$$\begin{aligned}\mathrm{DOL}_Q &= \frac{\frac{(P-V)\Delta Q}{(P-V)Q-FC}}{\frac{\Delta Q}{Q}} \\ &= \frac{(P-V)Q}{(P-V)Q-FC} \\ &= \frac{S-VC}{S-VC-FC} \qquad (8\cdot 11)\end{aligned}$$

식 [8・10]과 식 [8・11]에서 보는 바와 같이 DOL은 ① 판매단가(P), ② 단위당 변동비용(V), ③ 고정비용(FC), ④ 매출량(Q)에 따라 그 크기가 달라진다.

이러한 DOL을 결정하는 여러 변수들의 영향을 살펴보기 위하여 [그림 8-4]에 동일 업종에 속하는 세 회사의 손익분기점을 나타냈다.

[그림 8-4] A, B, C사의 영업레버리지

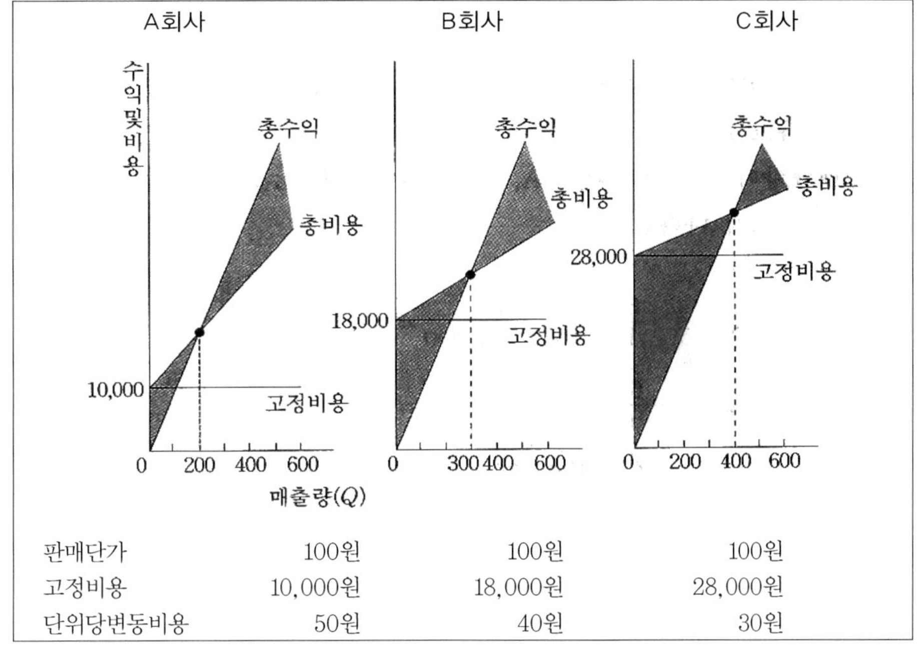

	A회사	B회사	C회사
판매단가	100원	100원	100원
고정비용	10,000원	18,000원	28,000원
단위당변동비용	50원	40원	30원

A회사는 고정영업비용이 비교적 적으며 생산활동을 노동력 등의 변동영업비용에 주로 의존하고 있기 때문에 총비용을 나타내는 직선의 기울기가 비교적 크다. 즉 단위당 변동비용이 높다.

B회사는 고정영업비용이 A회사와 C회사의 중간이며 기계설비도 A회사보다는 잘 되어 있다. A회사의 손익분기점이 200개인 반면, B회사의 손익분기점은 300개이다.

C회사는 현대식 설비투자 등으로 인하여 고정영업비용이 많이 발생되며, 그 반면 노동력 등의 변동비용이 적게 들기 때문에 변동비용을 나타내는 선의 경사가 완만함을 볼 수 있다. 고정영업비용이 많으므로 손익분기점은 400개이지만 손익분기점 이후에는 이익이 급격히 상승하는 이점이 있다.

식 [8・11]을 이용하여 매출량이 500개일 때의 세 회사의 DOL을 계산하면 다음과 같다.

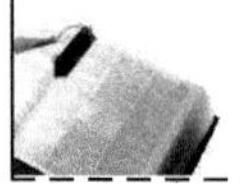

$$DOL_A = \frac{(100-50)500}{(100-50)500-10,000} = \frac{25,000}{15,000} = 1.67$$

$$DOL_B = \frac{(100-40)500}{(100-40)500-18,000} = \frac{30,000}{12,000} = 2.50$$

$$DOL_C = \frac{(100-30)500}{(100-30)500-28,000} = \frac{35,000}{7,000} = 5.00$$

B회사의 「DOL이 2.5라는 것은」 B회사의 매출량이 500개일 때, 영업이익증가율을 매출량의 2.5배로 나타난다는 것을 의미한다.

〈표 8-5〉 (단위: 원)

매출량	매출액	A 회사		B 회사		C 회사	
		총비용	이 익	총비용	이 익	총비용	이 익
100	10,000	15,000	−5,000	22,000	−12,000	31,000	−21,000
200	20,000	20,000	0	26,000	−6,000	34,000	−14,000
300	30,000	25,000	5,000	30,000	0	37,000	−7,000
400	40,000	30,000	10,000	34,000	6,000	40,000	−
500	50,000	35,000	15,000	38,000	12,000	43,000	7,000
600	60,000	40,000	20,000	42,000	18,000	46,000	14,000

즉 매출량이 500개에서 20% 증가하면 이때의 영업이익은 매출량이 500개일 때의 영업이익보다 50%(=20%×2.5) 증가한다는 뜻이다.

〈표 8-5〉에 나타난 바와 같이 B회사의 매출량이 500개에서 20% 증가한 600개가 되면, 이때의 영업이익은 12,000원에서 50% [6,000원(=12,000×0.5)] 증가한 18,000원이 된다.

매출량이 500개일 때의 DOL은 A회사 1.67, B회사 2.50, C회사 5.00이다. 이것은 매출량변화에 대한 영업이익의 반응이 C회사가 가장 민감하고 A회사가 가장 민감하지 않다는 것을 의미한다.

매출량이 600개일 때의 A, B, C 회사의 DOL을 구해 보면 앞의 경우와 다르게 나타난다.

$$DOL_A = \frac{600(100-50)}{600(100-50)-10,000} = 1.5$$

$$DOL_B = \frac{600(100-40)}{600(100-40)-18,000} = 2.0$$

$$DOL_C = \frac{600(100-30)}{600(100-30)-28,000} = 3.0$$

앞에서 매출량이 500개일 때의 DOL은 A회사 1.67, B회사는 2.5, C회사는 5.0이었으나, 매출량이 600개일 때의 DOL은 각기 1.5, 2.0, 3.0으로 줄어들고 있다.

이와 같이 DOL은 영업레버리지가 동일한 기업에서도 그 기준매출액을 어느 수준에서 파악하느냐에 따라 서로 다른 값을 가진다는 사실을 주의할 필요가 있다. 특히 DOL은 단위당 매출액증가율에 대한 영업이익의 변화율이고 이 변화율은 손익분기점을 막 지나는 점에서 가장 클 것이므로[2] 이 점에서 DOL의 값은 가장 크게 되며 DOL을 앞의 계산 예에서처럼 일정한 Q에서의 값으로 분명히 규정한 이유도 이 때문이다.

손익분기점에 도달하기 전의 Q에서 계산한 DOL은 (−)값을 갖는다.[3] 다만 이 경우 DOL의 (−)값이 가지는 정확한 의미는 매출액의 증가에 따라 영업이익의 손실폭이 그만큼의 비율로 줄어든다는 뜻이지 영업이익이 오히려 줄어든다는 의미가 아님을 분명히 인식해야 한다. 또 한 가지 DOL의 크기가 그 기업의 경영성과를 의미하는 지표가 아니라는 점에 유의해야 한다. 이것은 단지 매출량이 증가하면 영업이익이 급속도로 증가한다는 것을 나타내는 것이다. 일반적으로 자본집약적 산업은 DOL이 높은데, 그 이유는 자본을 고정자산에 투하하면 고정영업비용이 증가하고 단위당 변동비용이 줄어들기 때문이다.[4]

---

2) 이종연, 「재무관리론」(무역경영사, 1984). p.399.
3) 상게서, p.399.
4) D. L. Raun, "The Limitation of Profit Graphs, Break-even Analysis and Budgets," The Accountion Review(October 1964), pp.927~945.

제3절 재무레버리지 분석

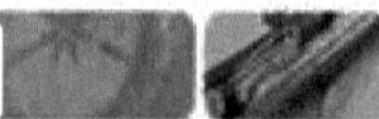

1. 재무레버리지의 의미

재무레버리지(financial leverage)는 기업이 고정재무비용(이자, 우선주배당 등)을 수반하는 타인자본을 사용하는 것을 말한다. 기업이 부채나 우선주발행을 통하여 자금을 조달하게 되면 영업이익의 증감에 관계없이 이자나 우선주배당과 같은 고정재무비용을 지급하여야 한다.

이와 같은 고정재무비용의 존재로 인하여 영업이익의 변화율에 대하여 주주에게 귀속되는 주당이익의 변화율이 보다 확대되어 나타나게 되는데 이러한 현상을 재무레버리지효과(financial leverage effect)라고 한다. 따라서 고정재무비용의 크기 여하가 재무레버리지효과를 크게 하거나 작게 한다. 반면에 고정재무비용이 존재하지 않는, 다시 말하면 타인자본을 사용하지 않는 기업의 경우는 영업이익의 변화율과 주당이익의 변화율이 동일하게 되어 재무레버리지효과가 나타나지 않는다.

〈표 8-6〉 HH사의 재무레버리지와 당기순이익의 변화 (단위: 백만원)

항 목	30% 감소	현 재	30% 증가
영 업 이 익	140	200	260
이 자	50	50	50
세 전 이 익	90	150	210
법 인 세	45	75	105
당 기 순 이 익	45	75	105
	↑ 40% 감소		40% 증가 ↑

재무레버리지분석은 손익계산서에서 영업이익이 당기순이익으로 결정되는 과정의 분석을 의미한다. 재무레버리지분석에는 법인세 등도 고려대상이 되어야 하지만, 법인세는 과세표준인 법인세차감전이익에 따라 변화하는 것이지 항상 일정하게 발생하는 고정비용이 아니므로 재무레버리지분석에는 하등의 영향을 주지 않는다. 따라서 법인세에 대해서는 따로 분석할 필요가 없다.

그러면 재무레버리지의 효과에 대하여 예를 들어 설명하기로 한다. HH사의 영업이익(EBIT)이 2억원이며, 현재 매달 지급하여야 하는 이자가 5천만원이다. 법인세율이 50%라고 가정하면, 당기순이익은 7천 5백만원이 된다.

이와 같은 상황에서 영업이익이 30% 증가하는 경우와 30% 감소하는 경우에 이자가 당기순이익에 미치는 영향을 〈표 8-6〉에 나타냈다.

영업이익이 30% 증가하여 2억 6천만원이 될 때, 당기순이익은 40% 증가한 1억 5백만원이 되며, 이러한 현상은 매출액이 감소할 때에도 마찬가지이다. 이와 같이 영업이익의 변화율보다 당기순이익의 변화율이 더 큰 것은 타인자본의 사용으로 인하여 부담하는 지급이자가 지렛대의 역할을 하기 때문이다. 타인자본 의존도가 크면 클수록 이러한 재무레버리지지효과는 더욱 커지게 되는 것이다.

2. 자본조달분기점 분석

기업이 투자에 소요되는 자금을 조달하기 위한 방법으로 타인자본과 자기자본을 어떤 비중으로 구성하여 조달하느냐에 따라 여러 가지 조달방안이 논의될 수 있다. 앞서 설명한 재무레버리지효과는 이러한 자금조달방법의 선택에 유용하게 이용될 수 있다.

여러 가지 방안 중에서 최선의 대안을 선택할 때 고려하는 점은 각 자금조달방안을 채택할 경우 「고정재무비용의 부담에 의해 영업이익 변화에 따라 주당이익 변화가 어떻게 나타나는가」, 즉 재무레버리지효과이다. 결국 자본조달방법의 선택에 관한 문제는 특정 매출액 또는 특정 영업이익수준에서 보통주주에 귀속되는 주당이익을 최대화하는 문제와 관련된다. 이 문제를 해결하는 데 이용되는 것이 자본조달분기점분석(financing break-even point analysis)이다. 다시 말하면 자본조달분기점은 영업이익이 어느 수준일 때 서로 다른 자금조달방법의 효과가 같아지는가를 알려준다. 이를 설명하여 보자.

먼저 당기순이익은 영업이익에서 이자와 법인세를 차감한 것으로서 당기순이익을 발행주식수로 나누면 주당이익(EPS)이 된다. 타인자본의존도에 따라 영업이익의 변화가 주당이익에 미치는 영향으로서의 재무레버리지효과를 살펴보기로 하자.

〈표 8-7〉 HH사의 타인자본의존도와 레버리지효과 (단위: 백만원)

(대안 1) 자본조달 방안(타인자본 5억, 자기자본 10억)					
영업이익	50	100	150	200	250
(−)이자	50	50	50	50	50
세전이익	0	50	100	150	200
(−)법인세(50%)	0	25	50	75	100
당기순이익	0	25	50	75	100
주당이익(원)	0	125	250	375	500
(대안 2) 자본조달 방안(타인자본 10억, 자기자본 5억)					
영업이익	50	100	150	200	250
(−)이자	100	100	100	100	100
세전이익	−50	0	50	100	150
(−)법인세(50%)	0	0	25	50	75
당기순이익	−50	0	25	50	75
주당이익	−500	0	250	500	750

[그림 8-5] 자본조달분기점

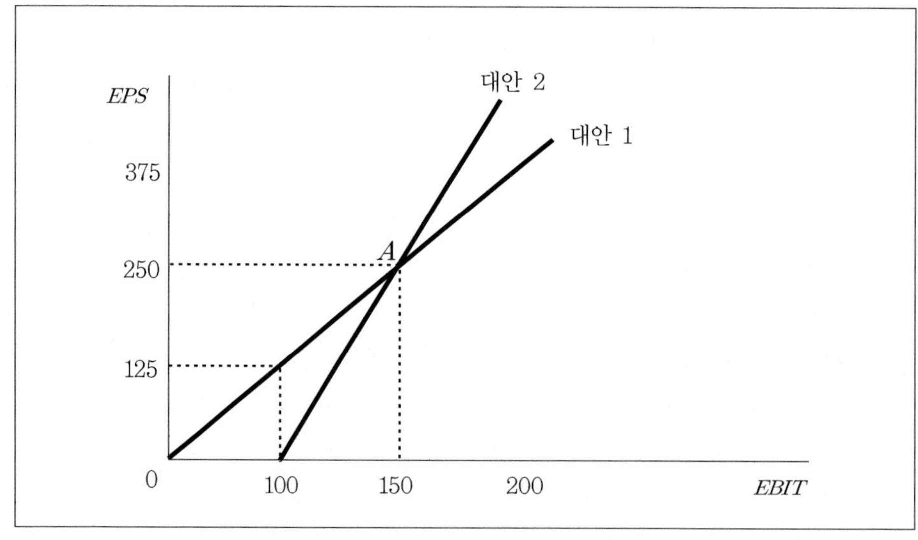

HH사에서 총 15억원의 자본을 조달하는데 다음과 같은 두 가지 조달방안 중에서 어느 대안을 선택하는 것이 유리한가?

(대안 1) 연리 10%의 이자율로 5억원을 차입하고 나머지 10억원은 보통주 20만주(주당 5,000원)를 발행하여 조달한다.
(대안 2) 연리 10%의 이자율로 10억원을 차입하고 나머지 5억원은 보통주 10만주를 발행하여 조달한다.

〈표 8-7〉에서 영업이익의 변화에 따라, 대안 1을 택할 때보다 대안 2를 택할 때가 EPS의 변화폭이 큰 것을 알 수 있다. 이 두 가지 자본조달방안별로 영업이익과 EPS 사이의 관계를 그려보면 [그림 8-5]와 같다.

[그림 8-5]를 보면 EPS면에서 대안 1과 대안 2의 자본조달방안이 차이가 없는 영업이익의 수준(A)이 존재하게 되는데 이를 자본조달분기점이라 한다. 즉 A점까지는 같은 영업이익의 수준에서 보다 많은 EPS를 실현할 수 있으므로 대안 1이 대안 2보다 유리하다. 그리고 A점 이후에는 대안 2가 유리하다.

자본조달분기점(financing break-even point)은 2개의 자본조달방안의 EPS를 같게 하는 영업이익의 점인데, 이는 다음 식 [8・12]와 식 [8・13]을 이용하여 구할 수 있다.

$$\mathrm{EPS}_1 = \mathrm{EPS}_2$$

$$\frac{(A-I_1)(1-T)}{n_1} = \frac{(A-I_2)(1-T)}{n_2} \qquad (8\cdot12)$$

$$A = \frac{n_1 I_2 - n_2 I_1}{n_1 - n_2} \qquad (8\cdot13)$$

단, A : 자본조달분기점에서의 *EBIT*
I_1, I_2 : 각각의 자본조달방안에 따른 고정재무비용
n_1, n_1 : 각각의 자본조달방안에 따른 발행주식수
T : 법인세율

대안 1과 대안 2의 EPS를 같게 하는 점인 자본조달분기점 A는 식 [8・12]와 식 [8・13]을 이용하여 구할 수 있다.

$$A = \frac{(1-0.5)(A-50)}{20\text{만주}} = \frac{(1-0.5)(A-100)}{10\text{만주}}$$

$$A = 150(\text{백만원})$$

따라서 자본조달분기점은 영업이익이 1억 5천만원인 점이다.

3. 재무레버리지도

영업이익증가에 따라 EPS의 증가폭이 대안 1에 비하여 대안 2가 큰 것은 대안 2가 재무레버리지, 즉 타인자본 의존도에 따른 이자비용이 크기 때문이다. 이와 같은 재무레버리지효과는 재무레버리지도(degree of financial leverage : DFL)를 이용하여 측정할 수 있다. 재무레버리지도(DFL)란 일정한 영업이익의 변화율에 대하여 타인자본 사용으로 인한 고정적인 이자의 지급이 수반하는 EPS의 변화 정도를 나타내는 것이며 식 [8・14]와 같이 계산된다.

$$DFL = \frac{EPS\text{변화율}}{EBIT\text{변화율}} = \frac{\frac{\Delta EPS}{EPS}}{\frac{\Delta EBIT}{EBIT}} \qquad (8\cdot14)$$

$$\text{여기에서 } EPS = \frac{(EBIT - I)(1-T)}{n}$$

단, I : 이자지급액
T : 법인세율
n : 발행주식총수

EPS의 증가분은 $\Delta EPS = \frac{\Delta EBIT(1-T)}{n}$ 으로 표시될 수 있으며[5] 따라서 EPS의 변화율은 다음 식 [8・15]와 같이 나타낼 수 있다.

---

5) ΔEPS= $\frac{\Delta EBIT(1-T)}{n}$ 인 것은 앞의 DOL계산 식에서 ΔEBIT=$(P-V)\Delta Q$임과 동일한 논리로 이해하면 된다. 즉 양자의 경우 고정비용으로서의 I(고정재무비용)나 FC(고정영업비용) 또는 EPS, EBIT의 변화에 관계없이 일정하므로 증가분으로서의 ΔEPS, ΔEBIT에 아무런 영향을 끼치지 못한다.

$$\frac{\Delta EPS}{EPS} = \frac{\frac{\Delta EBIT(1-T)}{n}}{\frac{(EBIT-I)(1-T)}{n}} = \frac{\Delta EBIT}{EBIT-I} \qquad (8 \cdot 15)$$

식 [8・15]를 식 [8・14]에 적용하여 식 [8・16]을 얻는다.

$$DFL = \frac{\frac{\Delta EBIT}{EBIT-I}}{\frac{\Delta EBIT}{EBIT}} = \frac{EBIT}{EBIT-I} \qquad (8 \cdot 16)$$

식 [8・16]을 이용하여 HH 기업에서 고려하고 있는 자본조달방안 대안 1과 대안 2의 DFL을 영업이익이 2억원일 경우를 기준으로 계산하여 보면 다음과 같다.

대안 1 : $DFL = \frac{200}{200-50} = 1.33$

대안 2 : $DFL = \frac{200}{200-100} = 2.0$

대안 1을 택할 경우 영업이익이 2억원일 때 영업이익이 1% 증가하면 EPS가 1.33% 증가하며, 영업이익이 감소할 때에 EPS는 영업이익감소율의 1.33배가 감소된다.

대안 2에 있어서는 영업이익이 2억원일 경우 영업이익이 1% 증가하거나 감소할 때 EPS는 그 2배인 2% 증가 또는 감소한다는 것을 보여주고 있다. 예를 들어, 영업이익이 2억원에서 25% 증가한 2억 5천만원이 될 때, EPS의 증가는 그 2배인 50%가 증가하게 된다. 〈표 8-7〉의 대안 2에서 보면 EPS가 500원에서 750원으로 증가한 것을 알 수 있다.

제4절 결합레버리지 분석

이상에서 손익계산서의 항목들을 두 가지로 분리하여 설명하였다. 영업레버리지 분석에서는 고정영업비용을 지렛대로 하여 매출액 변화에 대하여 영업이익이 확대되는 과정을 분석하였으며, 재무레버리지분석에서는 영업이익의 변화에 상응하여 고정재무비용의 크기가 영향을 미치는 주당이익 변화 폭을 확대하는 과정을 살펴보았다.

이러한 변화율이 확대되는 구체적인 정도를 DOL과 DFL에 의하여 측정할 수 있었다. 여기서 중요한 점은 대부분의 기업에서는 고정 영업비용과 고정재무비용이 함께 존재한다는 사실이다. 따라서 일정한 매출액의 변화에 대응하여 영업레버리지가 1차적으로 EBIT의 변화율을 확대하게 되면, 그 확대된 영업이익의 변화율에 대하여 2차적으로 재무레버리지가 작용함으로써 EPS의 변화율을 더욱 확대하게 하는 것이다.

[그림 8-6] 매출액의 변화가 주당이익의 변화를 확대하는 과정

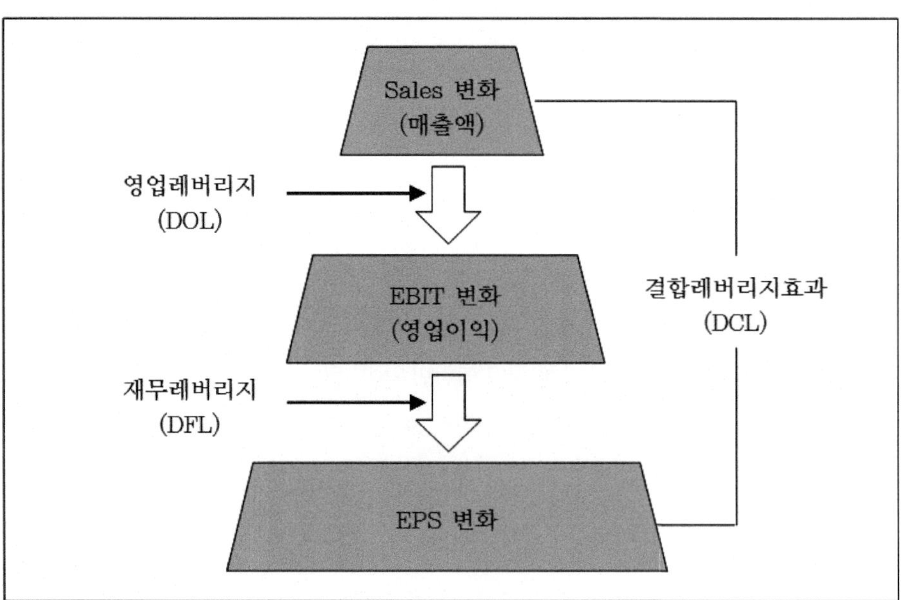

즉 영업레버리지가 매출액의 단위퍼센트 변화에 대하여 DOL만큼의 EBIT변화율을 가져온다면 재무레버리지는 다시 영업레버리지에 의하여 실현된 EBIT변화율에 대하여 「그 1단위 퍼센트마다」 DFL만큼의 EPS변화율을 가져오므로 당초 1단위 퍼센트의 매출액변화는 EBIT 변화 – EPS변화를 거치는 동안 결과적으로 「DOL×DFL」만큼의 EPS변화율을 가져오게 되는 것이다. [그림 8-6 참조]

이와 같이 적은 매출액의 변화가 영업레버리지 및 재무레버리지의 상승작용을 거쳐 매우 큰 폭의 EPS의 변화로 연결되는 효과를 결합레버리지효과(combined leverage effect)라 하며 이것은 결합레버리지도(degree of combined leverage : DCL)에 의하여 측정할 수 있다.

이러한 일련의 내용을 분석하는 것을 결합레버리지분석이라고 한다.

DCL은 「DOL+DFL」이 아니라 「DOL×DFL」로 계산된다는 사실에 주의해야 한다. 왜냐하면 위에서 자세히 설명되었듯이 DCL은 DOL과 DFL의 상승이기 때문이다. 이것은 DCL을 나타내는 다음 식 [8·17]에서도 알 수 있다.

$$DCL = \frac{\frac{\Delta EPS}{EPS}}{\frac{\Delta Q}{Q}} = \frac{\frac{\Delta EBIT}{EBIT}}{\frac{\Delta Q}{Q}} \times \frac{\frac{\Delta EPS}{EPS}}{\frac{\Delta EBIT}{EBIT}} = DOL \times DFL$$

$$= \frac{(P-V)Q}{(P-V)Q-FC} \cdot \frac{(P-V)Q-FC}{(P-V)Q-FC-I}$$

$$= \frac{(P-V)Q}{(P-V)Q-FC-I} = \frac{S-VC}{S-VC-FC-I} \qquad (8 \cdot 17)$$

식 [8·17]에서 보면 DCL은 총공헌이익($S-VC$)을 매출액에서 변동비용, 고정비용, 이자를 뺀 부분($S-VC-FC-I$)으로 나눈 것이다.

〈표 8-8〉 HH사의 결합레버리지 (단위: 백만원)

구분		
매출액	600	720
(−)변동영업비용(50%)	300	360
(−)고정영업비용	100	100
영업이익	200	260
(−)이자	50	50
세전이익	150	210
법인세(40%)	60	84
당기순이익	90	126
발행주식수	100,000주	100,000주
주당이익(원)	900원	1,260원

〈표 8-9〉 결합레버리지 효과

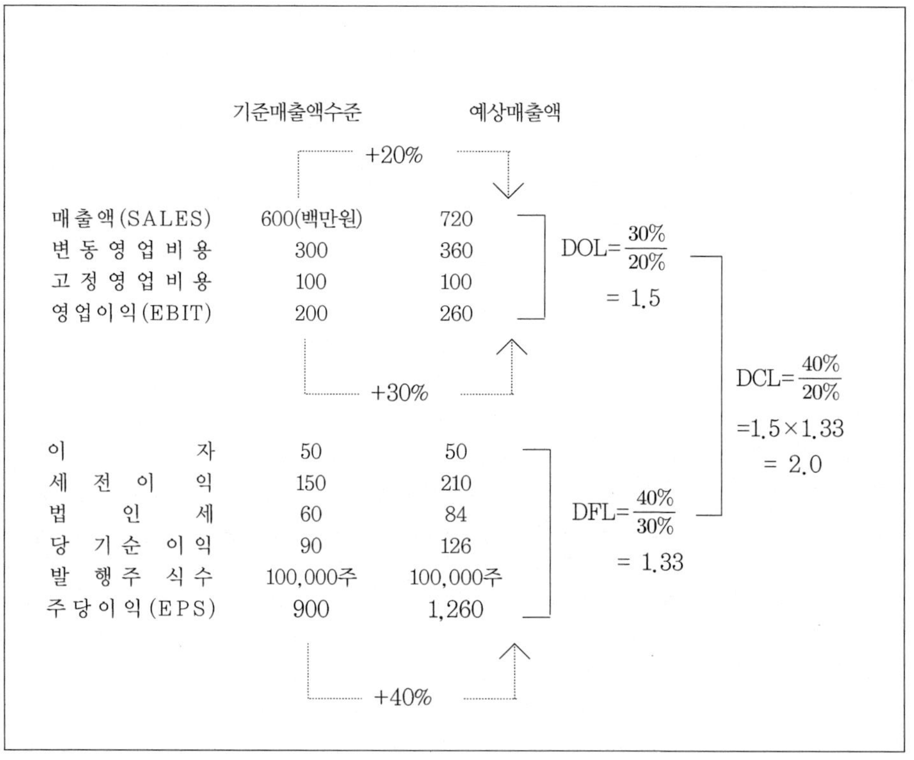

	기준매출액수준	예상매출액
	+20%	
매출액(SALES)	600(백만원)	720
변동영업비용	300	360
고정영업비용	100	100
영업이익(EBIT)	200	260
	+30%	
이자	50	50
세전이익	150	210
법인세	60	84
당기순이익	90	126
발행주식수	100,000주	100,000주
주당이익(EPS)	900	1,260
	+40%	

$DOL = \frac{30\%}{20\%} = 1.5$

$DFL = \frac{40\%}{30\%} = 1.33$

$DCL = \frac{40\%}{20\%} = 1.5 \times 1.33 = 2.0$

$$DCL = \frac{S - VC}{S - VC - FC - I}$$

$$= \frac{600 - 300}{600 - 300 - 100 - 50}$$

$$= 2.0$$

식 [8 · 17]을 이용하여 예를 들어 보기로 하자. HH사는 현재 매출액이 6억원, 변동비용은 매출액의 50%이다. 고정비용은 1억원이고, 5천만원의 이자를 지급하고 있으며, 주당이익은 900원이라고 하자. 이에 대한 세부명세는 〈표 8-8〉에 표시하였다. 이 HH사의 매출액이 7억 2천만원으로 증가가 예상될 경우 보통주 소유주에 미치는 영향은 어떠한가?

앞의 예에서 매출액이 6억원에서 7억 2천만원으로 20% 증가하는데 비하여 주당이익은 900원에서 1,260원으로 40%의 증가를 보이고 있다. 이 결합레버리지효과를 계산하는 과정을 〈표 8-9〉에 나타냈다.

즉 이 경우 매출액의 1% 증가(감소)는 1차적으로 영업레버리지에 의하여 1.5%의 EBIT 변화를 가져오고 재무레버리지는 다시 EBIT의 매 1% 변화에 대응하여 1.33%의 EPS 변화율을 수반하여 결과적으로 양자의 상승작용은 1% 매출액 변화마다 2%의 EPS 변화를 실현하게 하는 것이다.[6)]

제5절 레버리지와 위험

레버리지도가 커지만 그만큼 위험도 커진다. 고정비용이 적으면 영업레버리지도 낮으며, 고정비용이 크면 영업레버레지도가 높아진다. 영업레버리지도가 높아진다는 것은 매출액 변화에 따라 영업이익의 변화폭이 커진다는 것을 뜻하며, 따라서 미래에 매출액이 어떻게 될지 모르는 불확실한 상황에서 영업레버리지도가 커질수록 영업이익의 불확실성은 확대된다. 이를 [그림 8-7]에 나타냈다.

6) 이종연, 전게서, p.406

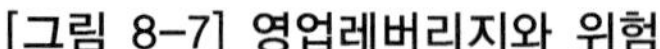
[그림 8-7] 영업레버리지와 위험

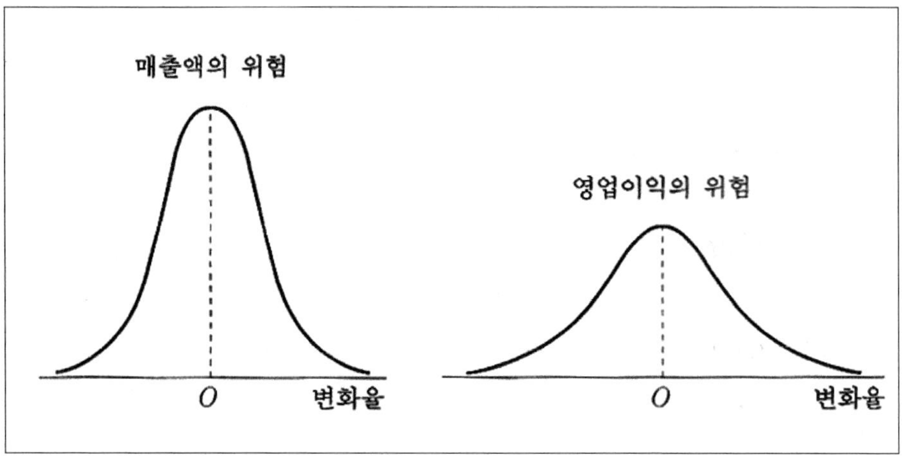

영업레버리지도를 DOL로 표시하면, 매출액변화율의 분산 $\sigma^2(S)$와 영업이익변화율의 분산 $\sigma^2(O)$와의 관계는 다음 식 [8・18]와 같다.

$$DOL = \frac{\frac{\Delta EBIT}{EBIT}}{\frac{\Delta Q}{Q}} \longrightarrow \frac{\Delta EBIT}{EBIT} = DOL \cdot \frac{\Delta Q}{Q}$$

$$\sigma^2\left(\frac{\Delta EBIT}{EBIT}\right) = \sigma^2\left(DOL \cdot \frac{\Delta Q}{Q}\right) = DOL^2 \cdot \sigma^2\left(\frac{\Delta Q}{Q}\right)$$

$$\therefore \sigma^2(O) = DOL^2 \cdot \sigma^2(S) \qquad (8\cdot18)$$

마찬가지로 재무레버리지도에도 이러한 관계가 성립한다. 즉 영업이익의 일정수준에서의 재무레버리지도를 DFL이라 할 때, 주당이익변화율의 분산 $\sigma^2(E)$는 다음 식 [8・19]와 같다.

$$DFL = \frac{\frac{\Delta EPS}{EPS}}{\frac{\Delta EBIT}{EBIT}} \longrightarrow \frac{\Delta EPS}{EPS} = DFL \cdot \frac{\Delta EBIT}{EBIT}$$

$$\sigma^2\left(\frac{\Delta EPS}{EPS}\right) = \sigma^2\left(DFL \cdot \frac{\Delta EBIT}{EBIT}\right) = DFL^2 \cdot \sigma^2\left(\frac{\Delta EBIT}{EBIT}\right)$$

$$\therefore \sigma^2(E) = DFL^2 \cdot \sigma^2(O) \qquad (8 \cdot 19)$$

식 [8・18]과 식 [8・19]를 결합하여 결합레버리지에 따른 위험 증가를 살펴볼 수 있다.

$$\therefore \sigma^2(E) = (DFL)^2(DOL)^2\sigma^2(S) \qquad (8 \cdot 20)$$

식 [8・20]은 매출액의 불확실성에 따르는 위험은 두 레버리지 때문에 확대되어 주당이익의 위험이 매우 커진다는 것을 보여 주고 있다. 이를 [그림 8-8]에 나타냈다.

그림에서 보는 바와 같이 매출액이 불확실한 상황에서 레버리지가 크면 클수록 주당이익변화율은 확대되어 위험이 증가한다. 레버리지 증가에 따라 위험도가 증가하므로, 레버리지 증가에 대하여 적절한 보상을 바라게 된다.

예를 들어 새로운 시설투자로 고정비용 지출이 많아질 때 이에 따라 기대영업이익이 종전보다 증가하지 않는다면 고정비용 지출로 인한 위험을 택하지 않을 것이다. 타인자본의 이용으로 재무레버리지가 증가할 때, 예상 주당이익이 종전과 같다면 위험만 감수하게 되므로, 타인자본 이용으로 인한 예상 주당이익이 높아지지 않는다면 타인자본을 사용하지 않을 것이다.

[그림 8-8] 레버리지와 위험

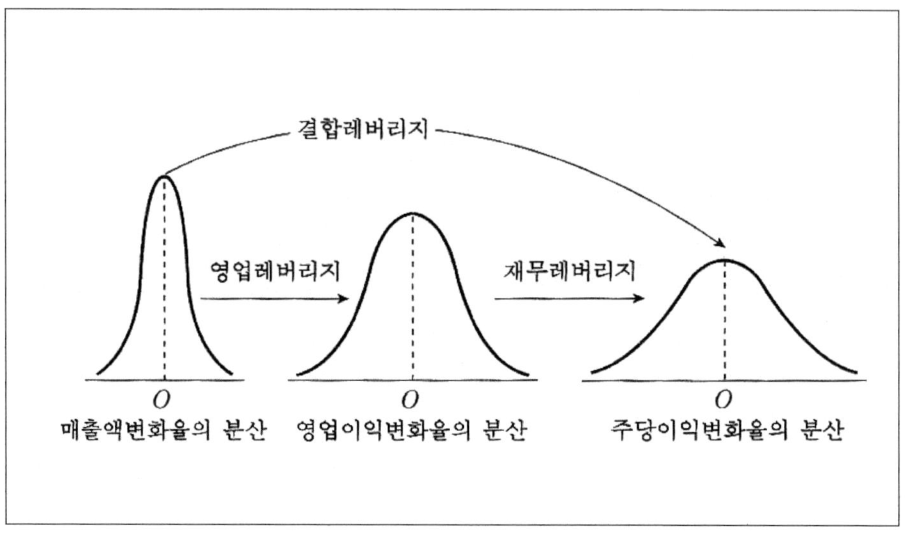

정리문제

1. 레버리지 효과가 발생하는 이유에 대하여 설명하시오.

2. 영업위험과 재무위험을 비교 설명하시오.

3. 기업의 자산구조로, 재무구조 및 비용구조가 기업경영에 미치는 영향을 레버리지 분석의 개념을 이용하여 설명하시오.

4. 다음은 (주)E사의 회계자료이다.

고 정 비	5,000만원
단위당 변동비	2,000원
완전가동시의 생산능력	20,000개
판매단가	7,000원

① 손익분기점을 구하시오.
② 3,000만원의 이익을 얻기 위한 최소한의 매출량을 구하시오.
③ 80%의 조업도를 유지할 경우의 이익을 구하시오.
④ 판매단가가 8,000원으로 변하였을 때의 손익분기점을 구하시오.

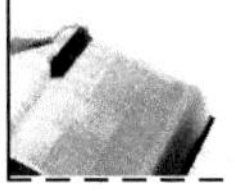

5. F사는 A, B, C 3가지 제품을 생산・판매하고 있는데, 각 제품의 판매단가(P), 단위당 변동비(V), 총매출액에서 차지하는 각 제품의 매출액구성비율은 다음과 같고, 총고정비는 연간 2,700,000원이다.

제품	P	V	매출비율(%)
A	5,000원	4,000원	15
B	6,000	4,500	30
C	7,000	4,900	55

총매출액에서 차지하는 각 제품의 매출액구성비율이 변하지 않는다고 가정할 때,

① F사의 손익분기점을 구하라.

② 1,350,000원의 이익을 얻기 위한 최소한의 매출액을 구하라.

③ 매출액이 20,000,000원일 때 F사의 영업레버리지도를 구하라.

④ 현재 F사의 총매출액은 20,000,000원이다. 제품 A를 P가 8,000원이고 V가 5,760원인 새로운 제품 D로 대체할 경우 총 매출액은 8% 증가하고, 고정비는 5% 증가할 것이 예상된다. 또한 제품 B, C, D의 매출액이 총매출액에서 차지하는 비율은 각각 20%, 30%, 50%가 되리라 기대된다. F사는 제품 A를 제품 D로 대체하는 것이 유리한가? 그 이유는?

6. 드링크제를 생산・판매하는 G제약회사의 연간 판매량은 5,000병이며 1병당 생산에 소요되는 변동비용은 25원, 1병당 판매가격은 45원이라고 한다. 또한 이 기업의 고정영업비용은 5만원, 이자비용은 6,000원, 우선주배당액은 2,400원이라고 한다.(세율 40%).

① 영업레버리지도, 재무레버리지도, 결합레버리지도를 계산하시오.

② 연간 매출 7,500병 수준에서 ①의 레버리지도를 다시 계산하시오.

③ 손익분기점을 구한 다음 ①과 ②의 결과로부터 손익분기점과 레버리지도와의 관계를 설명하시오.

정리문제 8장 해답

4. ① ▶손익분기점판매량 $= \dfrac{\text{고정비}}{\text{공헌이익}}$

$$= \frac{5{,}000\text{만원}}{(7{,}000\text{원} - 2{,}000\text{원})} = 10{,}000\text{개}$$

▶손익분기점 판매액 $= \dfrac{\text{고정비}}{1 - \dfrac{\text{단위당변동비}}{\text{판매단가}}}$

$$= \frac{5{,}000\text{만원}}{1 - \dfrac{2{,}000\text{원}}{7{,}000\text{원}}} = 7{,}000\text{만원}$$

② ▶ 목표이익달성매출량 $= \dfrac{\text{고정비} + \text{목표이익}}{\text{공헌이익}}$

$$= \frac{5{,}000\text{만원} + 3{,}000\text{만원}}{7{,}000\text{원} - 2{,}000\text{원}} = 16{,}000\text{개}$$

③ ▶이익 = 매출액 – 총변동비 – 고정비
= 판매량(판매단가 – 단위당변동비) – 고정비
= 20,000개×0.8×(7,000원 – 2,000원) – 5,000만원
= 3,000만원

④ ▶손익분기점판매량 $= \dfrac{\text{고정비}}{\text{공헌이익}}$

$$= \frac{5{,}000\text{만원}}{(8{,}000\text{원} - 2{,}000\text{원})} = 8{,}333.3\text{개}$$

▶손익분기점 판매액 $= \dfrac{\text{고정비}}{1 - \dfrac{\text{단위당변동비}}{\text{판매단가}}}$

$$= \frac{5{,}000\text{만원}}{1 - \dfrac{2{,}000\text{원}}{8{,}000\text{원}}} = 6{,}666.7\text{만원}$$

5. ① ▶다품종기업의 손익분기점 $= \dfrac{\text{고정비}}{\text{가중평균공헌이익률}}$

▶가중평균공헌이익률 $= \sum_{i=1}^{n} W_i C_i$

$W_i = i$제품의 매출액구성비율

$C_i = i$제품의 공헌이익률

제품	①공헌이익률	②매출액구성비율	①×②
A제품	$1-\frac{4,000원}{5,000원}=0.2(20\%)$	15%	3%
B제품	$1-\frac{4,500원}{6,000원}=0.25(25\%)$	30	7.5%
C제품	$1-\frac{4,900원}{7,000원}=0.3(30\%)$	55	16.5%

가중평균공헌이익률= 27%

∴ 다품종기업의 손익분기점 $= \frac{고정비}{가중평균공헌이익률}$

$= \frac{270만원}{0.27} = 1,000만원$

② ▶목표이익 손익분기점 $= \frac{고정비 + 목표이익}{가중평균공헌이익률}$

$= \frac{270만원 + 135만원}{0.27} = 1,500만원$

③ ▶$DOL = \frac{(P-V)Q}{(P-V)Q-FC} = \frac{S-VC}{S-VC-FC} = \frac{공헌이익}{EBIT}$

$= \frac{2,000만원 \times 0.27}{2,000만원 \times 0.27 - 270만원}$

$= 2$

④ ▶현재의 제품판매믹스를 계속할 경우 이익:

이익 = 매출액−총변동비−고정비

= 공헌이익−고정비

= 2,000만원×0.27−270만원

= 270만원

▶제품판매믹스를 변경하는 경우(제품 A를 제품 D로 대체) 이익:

i) 가중평균공헌이익률

제품	①공헌이익률	②매출액구성비율	①×②
D제품	$1-\frac{5,760원}{8,000원}=0.28(28\%)$	50%	14%
B제품	$1-\frac{4,500원}{6,000원}=0.25(25\%)$	20	5%
C제품	$1-\frac{4,900원}{7,000원}=0.3(30\%)$	30	9%

가중평균공헌이익률= 28%

ii) 총매출액 = 2,000만원×(1+0.08) = 2,160만원

iii) 연간고정비 = 270만원×(1+0.05) = 283.5만원

iv) 이익 = 매출액-총변동비-고정비

= 공헌이익-고정비

= 2,160만원×0.28-283.5만원

= 321.3만원

∴ 제품판매믹스를 변경할 경우의 이익이 321.3만원으로 변경전의 이익 270만원보다 더 크므로 변경하는 것이 더 유리함.

6. ① ▶ $DOL=\frac{Q(P-V)}{Q(P-V)-FC}=\frac{5,000(45원-25원)}{5,000(45원-25원)-5만원}$

$=2$

▶ $DFL=\frac{Q(P-V)-FC}{Q(P-V)-FC-I}$

$=\frac{5,000(45원-25원)-5만원}{5,000(45원-25원)-5만원-6,000원-2,400원}$

$=1.2$

▶ $DCL=DOL\times DFL$

$=2\times 1.2$

$=2.4$

② ▶$DOL = \frac{Q(P-V)}{Q(P-V)-FC} = \frac{7{,}500(45\text{원} - 25\text{원})}{7{,}500(45\text{원} - 25\text{원}) - 5\text{만원}}$

$= 1.5$

▶$DFL = \frac{Q(P-V)-FC}{Q(P-V)-FC-I}$

$= \frac{7{,}500(45\text{원} - 25\text{원}) - 5\text{만원}}{7{,}500(45\text{원} - 25\text{원}) - 5\text{만원} - 6{,}000\text{원} - 2{,}400\text{원}}$

$= 1.09$

▶$DCL = DOL \times DFL$

$= 1.5 \times 1.09$

$= 1.64$

③ ▶손익분기점판매량 $= \frac{\text{고정비}}{\text{공헌이익}} = \frac{5\text{만원}}{(45\text{원} - 25\text{원})} = 2{,}500\text{개}$

▶손익분기점 판매액 $= \frac{\text{고정비}}{1 - \frac{\text{단위당변동비}}{\text{판매단가}}} = \frac{5\text{만원}}{1 - \frac{25\text{원}}{45\text{원}}} = 11.25\text{만원}$

매출이 증가함에 따라 레버리지도가 낮아지고 있다. 즉 매출액 1단위 변화에 대하여 영업이익이나 순이익의 증가폭이 확대되어 나타나고 있다. 즉, BEP이상의 매출을 실현하고 있기 때문에 매출1단위 증가에 대하여 영업이익이나 순이익의 확대효과를 볼 수 있지만 만약 경기불황 등의 요인으로 매출이 BEP 이하가 된다면 상당한 부담을 안고 있는 구조로 판단할 수 있다.

제 9 장 재무예측

제1절 재무예측의 의의

재무예측(financial forecasting)이란 재무계획의 일환으로 미래시점에서의 기업의 재무적 상태(financial status)를 예측하는 것이다. 재무적 상태는 경영활동과 밀접한 관련을 가지고 있고 경영활동의 결과는 매출액의 증감으로 나타나는데, 이러한 매출액의 변화는 기업의 수익성에 영향을 미칠 뿐만 아니라, 미래의 자금흐름에 영향을 미침으로써 결과적으로 기업의 재무적 상태를 변화하게 한다.

또한 현재 기업의 매출량이 완전조업도(full capacity)를 초과하게 되면, 추가적인 설비투자의 필요성에 따라 추가자금이 필요하게 되는데, 이러한 소요자금의 예측은 매출액의 예측을 기초로 한 미래기업의 자금흐름에 따라 기업 내부에서 조달할 자금의 규모와 외부자금의 조달규모를 예측가능하게 한다.

이와 같이 재무예측의 단계는 매출액예측을 바탕으로 하여 이익예측 및 소요자금의 예측을 행함으로써 미래시점의 기업 재무상태를 예측하게 되는데, 이러한 재무예측의 궁극적인 목적은 기업 자금의 유동성부족위험을 감소시킴으로써 기업자금의 원활한 공급을 하는 데 있다. 또한 재무예측은 기업의 장·단기적인 재무계획의 전제조건으로서 행하여지며, 재무계획은 예산(budget)에 의해 구체적인 수치로 표시된다. 따라서 재무계획 및 통제를 효과적으로 행하기 위해서는 사전에 정확한 재무예측이 이루어져야 한다.

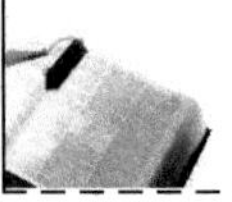

재무예측은 장기재무예측과 단기재무예측으로 나눌 수 있다. 장기재무예측은 향후 수년간에 걸쳐 매출액, 이익, 자금소요액 등을 예측하는 것으로서 이를 통하여 자본예산(capital budget)이 편성된다. 한편 단기재무예측은 향후 수개월이나 1년여에 걸쳐 자금사정이 어떻게 될지를 예측하는 것으로서 이를 통하여 현금예산(cash budget)이 작성된다.

재무예측의 체계는 예산편성과의 관계에서 잘 이해될 수 있다. 예측(forecasting)은 객관적인 입장(분석자 입장)에서 「미래 어떤 상황이 벌어질 것인가」(what will happen)를 예상하는 것이고, 예산편성(budgeting)은 기업의 재무담당자의 입장에서 주관적이고도 의도적인 계획의 일환으로 「미래 어떤 상황이 일어나야 하는가」(what ought to happen)를 수량적으로 계획하는 활동이다.

즉 재무예측을 바탕으로 수립된 재무계획은 예산편성에 의하여 구체적인 수치로 표시됨으로써 재무관리담당자에 의해 수행된다. 그러나 기업의 예산편성은 단순하게 기업의 재무적 측면의 분석을 통하여 행해진 재무예측만을 기초로 작성되는 것이 아니라, 기업의 전반적인 미래상태를 계량적으로 구체화시킨 것이기 때문에 기업의 목표와 장기경영계획과 함께 기업의 각 부문별 활동이나, 또는 부문계획과도 관련하여 수립되는 것이 일반적이다.[1)]

기업의 미래에 대한 거의 모든 재무예측은 매출액예측(sales forecasting)으로부터 시작된다. 따라서 매출액예측의 정확도는 다른 모든 재무예측에 중대한 영향을 미친다. 사실 매출액예측은 이익계획, 현금예산, 그리고 자금조달계획을 포함하여 많은 재무계획활동 중에서 가장 중요한 부분이기 때문에 대기업은 매출액예측의 중요성을 인식하고 계획적이며 규칙적으로 매출액예측에 많은 자원을 할당하고 있는 것이다.

이처럼 매출액예측은 재무계획과정에서 중요한 과정임에도 불구하고 재무계획을 수립하는 재무담당자가 매출액예측을 직접 하지 않고 오히려 마케팅부서나 다른 기획담당부서에서 실시하는 경우가 일반적이다.

다만 재무담당자는 매출액예측의 결과가 정확하다는 가정하에 계획을 수립하는

1) J.Fred. Weston and E.F. Brigham, *op. cit.*, p.245.

것이다. 본서에서도 매출액예측은 논외로 하고 주로 자금예측에 대하여 언급하고자 한다.

[그림 9-1] 재무예측 단계

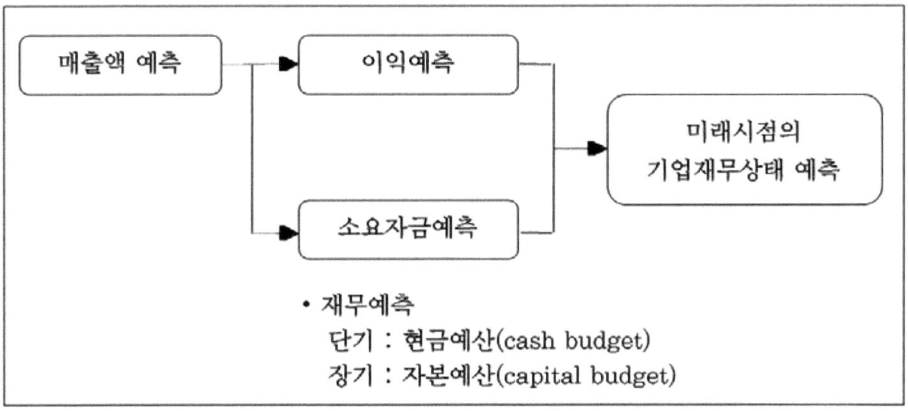

매출액 예측 → 이익예측, 소요자금예측 → 미래시점의 기업재무상태 예측

• 재무예측
단기 : 현금예산(cash budget)
장기 : 자본예산(capital budget)

제2절 자금예측

1. 자금예측의 의의

차기의 매출액에 대한 예측이 끝나면, 그러한 매출액을 달성하기 위해서 차기에 얼마의 자금을 외부에서 추가로 조달해야 할 것인지를 예측해야 한다. 왜냐하면 매출액이 증가하면 그와 더불어 일부 유동자산이나 고정자산이 증대되고 외상매입금, 미지급금 등 단기부채도 늘어나지만 일반적으로 자산의 증대가 부채의 증대보다 크게 되므로 이 차액에 상응하는 자본이 어떤 형태로든지 추가로 조달되어야 한다. 따라서 소요자금의 추정은 매출액 증가에 따른 자산 증가의 예측을 통하여 이루어진다.

이를 위해 매출액의 증가와 자산의 변화 사이에 자금조달의 행태(financing pattern)를 이해하는 것이 필요하다. 일반적으로 기업의 자산은 매출액의 성장에 따라 [그림 9-2]와 같이 변동한다고 할 수 있다. 그림에서 보는 바와 같이 시간에 따라서 매출액은 성장추세를 나타내는 것이 일반적이며 매출액의 증가에 따라 자산도 증가하는 것이 보통이다. 그런데 고정자산은 서서히 증가하는 데 비하여 현금, 외상매출금, 재고자산 등의 유동자산은 급격히 증가하게 된다. 이러한 유동자산의 증가는 영구적으로 일정하게 성장하는 부분, 즉 영구적 유동자산과 시간에 따라서 수시로 변동하는 불규칙적인 부분, 즉 변동적 유동자산 두 가지로 구성되어 있다.

고정자산과 영구적 유동자산에 대하여는 장기자본으로 조달하고 변동적 유동자산에 대해서는 단기자본으로 조달하는 것이 합리적이다. 매출액 증가에 따른 재무예측에 있어서 불규칙적이고 변동적인 유동자산의 예측은 어려우나, 최소한 영구적인 유동자산과 고정자산의 변화는 예측이 가능하다. 따라서 본절에서는 매출액 증가에 따른 자산 증가를 예측하고 이에 소요되는 필요자금을 추정하는 방법으로서 매출액백분율법과 회귀분석에 의한 방법을 설명하기로 한다.

[그림 9-2] 매출액, 자산, 자금소요와의 관계

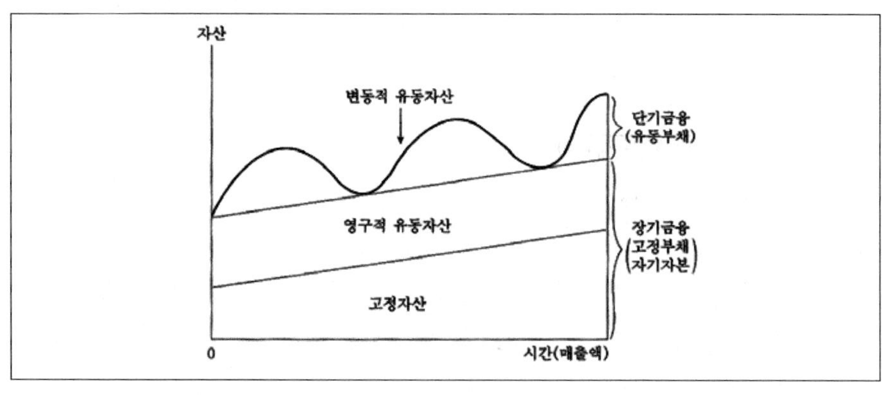

2. 매출액백분율법

매출액백분율법(percentage of sales method)은 재무상태표의 각 항목을 매출액에 대한 백분율로 표시하고 매출액의 변화에 대한 각 항목의 변화를 추정하여

미래에 기업의 추가적인 소요자금을 추정하는 방법이다. 이것은 매출액을 기초로 하여 미래의 추가적인 자금조달을 추정하는 것으로 계산절차가 단순하면서도 매우 실용적인 단기재무예측 기법이다. 단, 매출액백분율법은 미래의 매출액이 이미 정확하게 예측되어 있고 매출액과 비례하여 변하는 항목은 계속하여 같은 비율로 변화한다는 가정을 전제로 한다.

예를 들어 어떤 기업의 D년도 말 재무상태표는 다음의 〈표 9-1〉과 같으며, 매출액은 10억원이다. 이는 현재의 시설규모로 달성할 수 있는 최대의 매출액으로 완전조업상태이다. 또한 매출액이익률은 8%로서 D년도 이 기업의 당기순이익은 8,000만원이다. 이 중 60%인 4,800만원은 배당으로 지급하고 나머지 40%는 유보이익금으로 기업 내부에 유보되었다가 자본에 전입되거나 기업의 내부자금으로 이용된다.

〈표 9-1〉 재무상태표

D년. 12. 31 (단위: 만원)

자산		부채및자본	
현금	2,000	외상매입금	6,500
외상매출금	7,500	미지급금	4,000
재고자산	12,000	사채	18,000
고정자산	25,000	자본금	18,000
계	46,500	계	46,500

만약 D+1년도 매출액이 12억원으로 증가되리라 예상될 때 D+1년에 추가적으로 필요한 자금을 매출액백분율법을 통하여 추정해 보기로 하자.

먼저 재무상태표항목을 매출액의 변동에 따라 변하는 항목과 변하지 않는 항목을 살펴보면 다음과 같다.

첫째, 자산항목 중에서 현금, 외상매출금, 재고자산은 매출액의 증가에 비례하여 증가하게 된다. 그러나 일반적으로 고정자산은 매출액의 변동에 비례하여 변하지는 않지만 이 예에서는 10억원의 최대조업도에서의 매출액이므로 매출액이 10억원 이상으로 증가하면 고정자산에 대한 투자도 매출액의 증가에 비례하여 증가하리라 예상한다.

둘째, 부채항목 중에서 외상매입금과 미지급금은 매출액의 증가에 비례하여 증가하게 된다. 그러나 사채와 자본금은 매출액변동과 직접적인 관계가 없는 항목들이다.

따라서 이 기업의 경우, 재무상태표항목을 매출액에 대한 백분율로 표시하면 〈표 9-2〉와 같다.

〈표 9-2〉 매출액 백분율 B/S

D년. 12. 31 (단위: %)

자 산		부 채 및 자 본	
현 금	2	외상매입금	7
외상매출금	8	미 지 급 금	4
재 고 자 산	12	사 채*	(18)
고 정 자 산	25	자 본 금*	(18)

자산의 매출액백분율 47
−)부채의 매출액백분율 11
36

* : 매출액변동과 직접적인 관계가 없는 항목

〈표 9-2〉에서 보는 바와 같이 총자산은 매출액에 대하여 47%로서, 매출액이 10억원에서 12억원으로 증가하면 총자산은 매출액 증가분 2억원의 47%인 9,400만원이 증가하고, 외상매입금 및 미지급금은 2억원의 11%인 2,200만원이 증가한다. 따라서 다음 연도에 필요한 소요자금은 양자의 차이인 매출액의 36%(=47%−11%), 즉 7,200만원이 된다. 그러나 소요자금의 일부는 유보이익과 같은 내부금융으로 충당할 수 있다. 즉 이 기업의 경우 다음 연도의 예상매출액 12억원에 대한 매출액이익률은 8%이기 때문에, 당기순이익은 9,600만원이 된다. 이 중 60%인 5,760만원은 배당금으로 지급되고, 나머지 3,840만원은 유보이익으로서 추가적인 소요자금에 충당될 수 있다. 따라서 기업외부에서 조달되어야 하는 자금, 즉 외부자금조달액(external funds needed : EFN)은 3,360만원(=7,200−3,840만원)이다.

이와 같이 외부자금조달액(EFN)이 추정되면 재무관리자는 어떠한 원천으로부터 조달할 것인가를 결정하여야 한다.

소요자금을 추정하는 또 하나의 방법은 다음 식 [9·1]을 이용하는 것이다.

EFN = 자산의 증가분-부채의 증가분-유보이익의 증가분

$$= \frac{A}{S_1} \times (\Delta S) - \frac{B}{S_1} \times (\Delta S) - m \times S_2(1-d) \qquad (9\cdot1)$$

단, S_1 : 매출액
ΔS : 매출액증가분
S_2 : 예상매출액
A : 매출액변동에 따라 변하는자산
B : 매출액변동에 따라 변하는부채
m : 매출액이익률
d : 배당률

식 [9·1]을 이용하여 이 기업의 외부자금조달액(EFN)을 계산하면 다음과 같다.

EFN = 0.47 × 2억 - 0.11 × 2억 - 0.08 × 12억 × (1-0.6)
= 3,360(만원)

지금까지는 모든 자산은 매출액과 같은 비율로 변화한다고 가정하였다. 그러나 일반적으로 고정자산은 매출액과 같은 비율로 변화하지 않고 일정한 금액으로 증가한다. 이러한 경우의 EFN은 식 [9·1]을 수정한 식 [9·2]에 의하여 계산될 수 있다.

$$\text{EFN} = \frac{A'}{S_1} \times (\Delta S) + \Delta F - \frac{B}{S_1} \times (\Delta S) - m \times S_2(1-d) \qquad (9\cdot2)$$

단, $A' = A - F$
ΔF : 고정자산의 증가분

만약 앞의 사례기업의 매출액은 현재의 시설로서 완전조업상태이고, 고정자산은 매출액과 같은 비율로 증가하지 않고, 별도의 시설 투자비가 1억원 정도 소요된다면 외부자금조달액(EFN)은 다음과 같이 8,360만원이 된다.

EFN = (0.22×2억)+1억−(0.11×2억)−0.08×12억×(1−0.6)
= 8,360만원

이상에서 고찰한 바와 같이 매출액백분율법에 의한 소요자금의 예측은 재무상태표의 모든 항목을 매출액과 같은 비율로 변하는 항목과 그렇지 않은 항목으로 구분하여야 하는데, 이를 정확히 구분하기가 쉽지 않을 뿐만 아니라 매출액과 같은 비율로 변하는 항목이라 할지라도 정확하게 같을 수는 없다는 점이 이 방법의 한계로 지적되고 있다. 그러나 계산이 용이하다는 점에서 단기자금의 예측에는 유용하게 사용될 수 있다고 하겠다.

매출액백분율법과 관련하여 강조하고 싶은 것은 매출액백분율법을 이용하여 재무예측을 할 때 단순히 기계적으로 적용해서는 안 되며 과거의 많은 경험과 판단이 필요하다는 것이다. 이런 전제하에 매출액백분율법을 이용하면 상당한 효과를 거둘 수 있다.

3. 회귀분석(regression analysis)에 의한 방법

매출액백분율법은 재무상태표의 각 항목(실제는 일부 항목)이 매출액에서 차지하는 비중이 시간경과에 관계없이 일정하다고 가정한 반면에, 회귀분석에 의한 방법은 재무상태표의 각 항목이 매출액과 선형관계를 갖고 변화한다는 가정을 전제로 하고 있다. 따라서 회귀분석법은 매출액의 변화와 각 항목의 변화를 개별적으로 고려하여 소요자금을 결정하는 것이다.

따라서 이 방법은 먼저 재무상태표의 항목 중 매출액과 선형관계를 갖고 있는 항목을 찾아야 한다. 차변 중에서는 현금, 외상매출금, 재고자산이, 그리고 대변 중에는 외상매입금과 미지급금이 매출액과 선형관계를 가지고 있는 것으로 확인되었다 하자. 다음에는 이들 항목들이 매출액과 구체적으로 어떤 관계(회귀식)를 갖고 있는지를 회귀분석법으로 추정해야 한다. 이들 차변과 대변항목 모두에 대해서 매출액과의 회귀선 식을 추정한 결과가 다음과 같다 하자.

현 금	$Y_1 = a_1 + b_1X$
외상매출금	$Y_2 = a_2 + b_2X$
재고자산	$Y = a + bX$
외상매입금	$Y_3 = a_3 + b_3X$
미지급금	$Y_4 = a_4 + b_4X$

이렇게 추정된 회귀선식에 다음기에 예상되는 매출액을 대입하여 이들 각 계정과목의 크기를 계산하고 이들 계정과목을 해당하는 차변과 대변에 합계하여 추가소요 자금을 계산한다. 그러면 재무상태표 항목 중에서 재고자산에 대한 소요자금을 예측하는 예를 설명하여 보자.

D년부터 D+4년까지 5년간의 HH산업의 매출액과 재고자산의 실적이 〈표 9-3〉과 같고, D+5년 매출액이 11억원으로 증가될 것으로 예상된다고 한다.

먼저 과거 5년간의 매출액과 재고자산의 관계를 명확히 파악하여야 한다.

〈표 9-3〉 HH산업의 매출액과 재고자산실적 (단위: 백만원)

년	매 출 액	재고자산
D	400	92
D+1	610	120
D+2	700	150
D+3	800	165
D+4	950	178

〈표 9-3〉에서 알 수 있는 바와 같이 재고자산은 매출액의 증가에 따라 증가하고 있으므로 매출액과 재고자산의 상관관계를 나타내는 각 점에 가장 가까운 직선을 그을 수 있다. 따라서 매출액을 X, 재고자산을 Y, 재고자산의 변화를 표시하는 직선의 기울기를 b, 이 직선의 출발기점을 a라고 하면, 이 관계는 단순회귀식 $Y = a + bX$로 나타낼 수 있다. a와 b는 〈표 9-4〉를 이용하여 다음과 같이 계산된다.

〈표 9-4〉 HH산업의 매출액과 재고자산간의 관계 (단위: 백만원)

년	X(매출액)	Y(재고자산)	$X \cdot Y$	X^2	Y^2
D	400	92	36,800	160,000	8,464
D+1	610	120	73,200	372,100	14,400
D+2	700	150	105,000	490,000	22,500
D+3	800	165	132,000	640,000	27,225
D+4	950	178	169,100	902,500	31,684
합 계	3,460	705	516,100	2,564,600	104,273

$$b = \frac{n\Sigma XY - \Sigma X \Sigma Y}{n\Sigma X^2 - (\Sigma X)^2} = \frac{5 \times 516,100 - 3,460 \times 705}{5 \times 2,564,600 - (3,460)^2} = 0.17$$

$$a = \overline{Y} - b\overline{X} = 141 - 0.17 \times 692 = 23.4$$

따라서 회귀식은 다음과 같이 구할 수 있다.

$$Y = 23.4 + 0.17X$$

[그림 9-3] HH산업의 매출액과 재고자산간의 관계

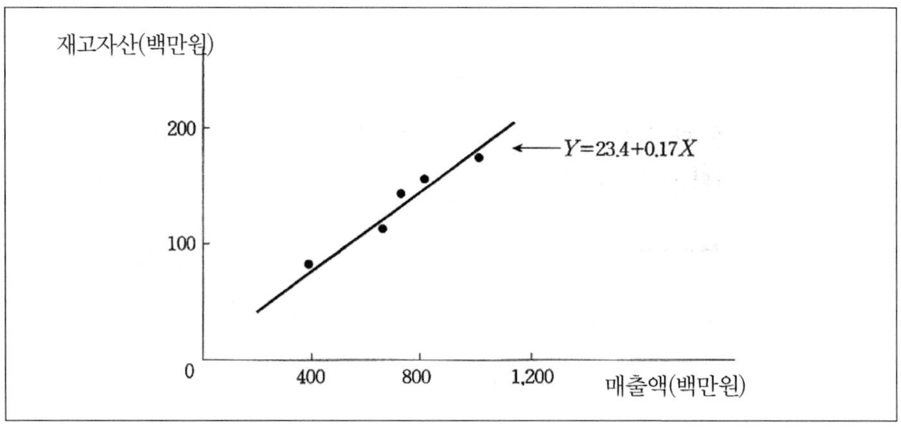

각 연도별 매출액과 재고자산을 대응시켜 이것을 그림으로 나타내면 [그림 9-3]과 같다. 앞서 구한 회귀방정식에 의하여 D+5년의 매출액이 11억원으로 증가할 때

의 재고자산은 210.4백만원으로 예측된다.

$$Y = 23.4 + 0.17 \times 1{,}100(\text{백만원})$$
$$= 210.4(\text{백만원})$$

따라서 추가로 조달해야 할 재고자산은 32.4(=210.4-178)백만원이 된다. 이와 동일한 방법으로 매출액의 증가와 직접적 관계가 있는 재무상태표의 다른 항목들의 증가분이 구해지면 그 나머지는 매출액 백분율법과 동일한 원리(추가소요자금=자산의 증가분-부채의 증가분)로 소요자금을 예측할 수 있다.

회귀분석에 의해 추정된 값은 실제값과 어느 정도 오차가 있으나, 장기재무예측에서는 비교적 다른 방법보다 오차가 적기 때문에 많이 이용되는 방법 중의 하나이다. 지금까지 분석에서는 소요자금을 결정하는 원인변수로서 매출액만 고려하였다. 그러나 재무상태표 항목을 추정함에 있어서 매출액만을 원인변수로 이용하는 단순회귀분석보다 매출액 이외에 소요자금예측에 영향을 미치는 변수들을 고려한 다중회귀분석(multiple regression analysis)을 이용하면 보다 효과적인 분석이 될 수 있을 것이다.

이상의 두 가지 재무예측방법에서 매출액백분율법은 주로 비율변화가 적은 단기적 예측에, 그리고 회귀분석법은 장기적인 예측에 보다 적합하다고 할 수 있다.

제3절 단기재무계획

일반적으로 재무관리자가 수행하게 되는 단기재무계획의 주요 내용으로는 기업의 현금과부족 상황을 파악하기 위한 현금예산과 미래에 기업의 재무제표는 어떻게 될 것인가를 예측하기 위한 추정손익계산서, 추정재무상태표의 작성을 들 수 있다.

1. 현금예산[2)]

현금예산(cash budget)은 기업의 활동 결과에 따라 기대되는 현금 흐름을 예측하는 것으로 다음과 같은 두 가지 목적을 수행하는 재무계획의 가장 중요한 요소이다.

① 재무관리자로 하여금 미래에 예상되는 현금과부족사태에 대비하도록 알려 주고,
② 어떤 성과를 평가할 수 있게 하는 기준을 제공해 준다.

따라서 모든 기업은 현금의 유입과 유출을 미리 계획하고 통제하여야 한다. 그렇지 못하면 투하자본에 대한 수익이 줄거나 극단적인 경우 도산을 면하지 못하게 될 것이다. 따라서 효율적인 영업활동을 수행하기 위해서 경영자들은 현금예산을 통하여 기업활동을 수행하는데 현금이 언제 얼마만큼 필요할 것인가를 미리 파악하여야 한다. 만약 현금부족이 예상되면 경영자들은 단기부채 또는 장기자본을 조달할 계획을 마련해야 하며 현금잉여가 기대되면 잉여현금의 투자기간과 투자대상에 관한 계획을 수립해야 한다.

현금예산은 일정기간(통상 1년)에 있어서 현금유입과 현금유출을 구체적인 항목별로 나타낸 것인데 이는 1년, 6개월, 3개월 또는 기타 기간에 걸쳐 작성된다. 일반적으로 현금흐름이 불규칙할 경우에는 짧은 기간을 단위로 하여 현금예산을 수립하고, 현금흐름이 안정된 경우에는 보다 기간을 길게 하여 현금예산을 편성할 수 있다.

현금예산을 작성할 때는 기업이 기대하고 있는 모든 현금흐름을 포함시켜야 하는데, 일반적으로 고려해야 할 주요 항목들은 〈표 9-5〉와 같다.

〈표 9-5〉 현금유출 및 현금유입 항목

현 금 유 출	현 금 유 입
노무비 및 급여 재료비 판매비 및 일반관리비 매입채무의 지급 부채의 상환 자본금의 감소 이자 및 배당의 지급 고정자산의 구입 세금	현금매출 매출채권의 회수 수입이자 및 배당금 부채의 증가 자본금의 증가 자산의 매각

2) Han-Kyu Chung, "Cash Forecasting Models," The Korean Economic Review (Sung Kyun Kwan University, 1982), pp.67~81

다음은 현금예산을 편성하는 예를 들어보자. HH여행사는 4월 1일부터 시작하여 9월 30일에 끝나는 관광철에 대비하여 현금계획을 수립하려고 한다. 월별 현금흐름을 추정하고 현금부족이 예상될 경우에는 부족액을 차입금으로 충당하려고 한다.

재무관리자는 〈표 9-6 ①〉의 3월 31일 현재 재무상태표를 이용하여 현금예산을 수립한다. 재무관리자는 마케팅관리자와 상의하여 〈표 9-6 ②〉에서 볼 수 있는 바와 같이 판매를 예측하였고 과거의 급여를 검토하여 〈표 9-6 ③〉에서 볼 수 있는 바와 같이 급여를 추정하였다. 또한 그는 판매비 및 일반관리비가 매월매출액의 12%일 것으로 추정하였다. 감가상각비는 매월고정자산액의 1%이다.

그리고 예산편성에 필요한 기타 자료는 다음과 같다.

〈표 9-6 ①〉 재무상태표

HH여행사 20xx년 3월 31일 현재 (단위: 만원)

자 산			부 채 및 자 본		
현 금		3,000	미 지 급 금	500	
재 고 자 산		8,000*	기 타 부 채	2,500	3,000
고 정 자 산	70,000		자 본		65,000
감가상각충당금	13,000	57,000			
자 산 합 계		68,000	부채 및 자본합계		68,000

* 재고자산 8,000만원은 안전재고 2,000만원과 4월 예상판매액의 60%인 6,000만원의 합계이다.

〈표 9-6 ②〉 판매예측 (단위: 만원)

월	4월	5월	6월	7월	8월	9월	합계
금 액	10,000	20,000	30,000	50,000	40,000	20,000	170,000

〈표 9-6 ③〉 급여예측 (단위: 만원)

월	4월	5월	6월	7월	8월	9월	합계
금 액	1,500	2,000	2,500	4,000	3,000	2,000	15,000

① 매출액의 80%는 현금매출이고, 20%는 외상매출인데 외상매출금은 다음 달에 전액 회수된다.

② 매출총이익률은 40%이다.

③ 모든 재고자산은 현금으로 구입한다.

④ 안전재고로 2,000만원을 항상 유지하여야 하고 다음 달 예상 매출액의 60%에 해당하는 재고자산을 매월 구입하여야 한다.

⑤ 최소현금보유액은 3,000만원이다.

⑥ 서비스개선목적으로 신형관광버스 4대를 5월 1일에 20,000만원, 2대를 6월 1일에 10,000만원으로 현금구입한다.

⑦ 미지급급여 및 기타부채는 변하지 않는다.

⑧ 차입은 1,000만원 단위로 이루어지며 차입금에 대한 이자는 고려하지 않는다.

⑨ 세금은 관광철이 끝난 후에 납부하므로 현금예산편성에서는 고려하지 않는다.

위의 자료를 토대로 현금예산을 편성하여 보면 〈표 9-7〉과 같다.

〈표 9-7〉 현 금 예 산

HH여행사 20xx년 4월부터 9월까지 (단위: 만원)

	4월	5월	6월	7월	8월	9월
매출액	10,000	20,000	30,000	50,000	40,000	20,000
현금유입						
현금매출	8,000	16,000	24,000	40,000	32,000	16,000
매출채권회수		2,000	4,000	6,000	10,000	8,000
합계	8,000	18,000	28,000	46,000	42,000	24,000
현금유출						
재고자산	12,000	18,000	30,000	24,000	12,000	
급여	1,500	2,000	2,500	4,000	3,000	2,000
판매비 및 일반관리비	1,200	2,400	3,600	6,000	4,800	2,400
시설투자		20,000	10,000			
합계	14,700	42,400	46,100	34,000	19,800	4,400
월중현금흐름	(6,700)	(24,400)	(18,100)	12,000	22,200	19,600
누적현금흐름	(6,700)	(31,100)	(49,200)	(37,200)	(15,000)	4,600
누적차입액	7,000	32,000	50,000	38,000	15,000	-

〈표 9-7〉에서 4월 중의 현금유입이 현금매출로부터 발생한 8,000만원이고 현금유출이 14,700만원이므로 현금부족액은 6,700만원이 된다. 3월 말 현재 현금잔액은 3,000만원이지만 이는 최소현금보유액으로 유지된 것이므로 현금부족액을 채우는 데 사용될 수 없다. 따라서 4월 중에 차입하여야 할 금액은 6,700만원이나, 차입은 1,000만원 단위로 이루어지므로 7,000만원의 현금을 차입하여야 한다.

5월 중에도 현금 유입액이 18,000만원이고 현금유출액이 42,400만원이므로 5월 중 현금부족액은 24,400만원이 된다.

그런데 4월 중의 현금부족액이 6,700만원이므로 4, 5월 중의 현금 부족액은 31,100만원(=6,700 + 24,400)이 되어 누적차입금액이 32,000만원이 된다.

6월까지는 현금부족이 발생하여 누적차입액이 증가하고, 7월과 8월에는 잉여현금이 생겨서 누적차입액이 감소하게 된다. 9월에는 잉여현금이 19,600만원 발생하여 누적차입액 15,000만원을 상환하고도 4,600만원의 현금 여유가 있게 되어 9월말 재무상태표의 현금계정상에는 3월 말에 비하여 현금잔액이 4,600만원 증가한 7,600만원이 된다.

2. 추정손익계산서

지금까지 설명한 현금예산 또는 현금예측은 재무계획 및 통제를 위한 유용한 분석도구이지만 두 가지 한계점을 지니고 있다.

① 현금예산은 현금흐름만을 다루기 때문에 예상되는 기업의 미래경영성과에 관한 회계정보를 제공하지 못한다.

② 현금예산은 재무상태표상의 세 가지 항목(현금, 시장성유가증권, 단기지급어음)에 대한 예상잔액만을 보여 주기 때문에 기업의 미래재무상태에 관하여 극히 제한된 정보만을 제공한다.

따라서 대부분의 기업들은 이러한 현금흐름예측 이외에 미래의 재무제표를 예측추정하게 되는데, 이러한 재무제표를 추정재무제표(pro forma financial statement)라고 부른다. 추정재무제표는 다시 추정 손익계산서, 추정재무상태표로 구분되며, 미래에 있어서 예상되는 기업의 순이익 그리고 자산·부채·자본에 대한 전망을 제공해 준다. 한편, 이러한 추정재무제표는 판매예측 및 현금예측과 관련하여 이미 개발된 정보들을 주로 이용하여 작성하게 된다. 현금예산의 경우와 마찬가지로 추정재무제표 작성 시에도 가장 중요한 것은 정확한 판매예측이다.

추정손익계산서(pro forma income statement)란 미래에 일정기간의 수익, 비용 및 순이익을 예측하여 작성한 손익계산서를 말한다. 판매예측에 의하여 예상매

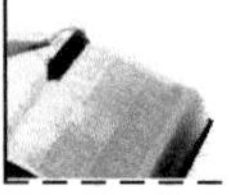

출액이 결정되고 현금흐름(현금유입과 유출항목)은 현금예산에서 알 수 있으므로 그 이외의 항목을 추가하여 추정손익계산서를 작성할 수 있다. 〈표 9-8〉은 HH여행사의 현금예산을 이용하여 작성된 추정손익계산서이다.

〈표 9-8〉 추정손익계산서

HH여행사 20xx 4. 1 ~ 20xx. 9. 30 (단위: 만원)

매 출 원 가	102,000	매 출 액	170,000
임 금	15,000		
판매비 및 일반관리비	20,400		
감 가 상 각 비	5,600		
당 기 순 이 익(세 전)	27,000		
	170,000		170,000

여기서 매출액과 급여는 〈표 9-6 ②〉와 〈표 9-6 ③〉에서 주어진 바와 같고, 매출원가는 매출액의 60%(매출액 총이익률 40%이므로)로 102,000만원이며, 판매비 및 일반관리비는 매출액의 12%인 20,400만원이고, 감가상각비는 매달 고정자산액의 1%로 계산된 것이다. 고정자산은 3월 말의 70,000만원에서 5월 1일에 20,000만원, 6월 1일에 10,000만원이 증가하여 감가상각비는 다음과 같다.

감가상각비 :
70,000만원 × 1% × 6개월(4, 5, 6, 7, 8, 9월) = 4,200만원
20,000만원 × 1% × 5개월(5, 6, 7, 8, 9월) = 1,000만원
10,000만원 × 1% × 4개월(6, 7, 8, 9월) = 400만원
계 5,600만원

따라서 〈표 9-8〉에서 볼 수 있는 바와 같이 관광철의 HH여행사의 당기순이익은 27,000만원이 될 것으로 추정된다.

3. 추정재무상태표(pro forma statement of financial position)

예산편성과정에서 우선 ① 현금예산, ② 추정손익계산서를 편성하고, 다음에 ③ 추정재무상태표를 작성하는 것이 실무적으로 편리하다. 왜냐하면 추정재무상태표는 현금예산, 추정손익계산서, 전기의 재무상태표를 기초로 하여 작성되기 때문이다. 추정재무상태표는 미래의 일정시점에 있어서 기업의 재무상태, 즉 자산, 부채 및 자본을 추정하여 나타낸 것이다.

〈표 9-9〉는 현금예산을 기초로 작성한 HH여행사의 추정재무상태표이다.

〈표 9-9〉 추정재무상태표

HH여행사　　　　20xx년 9월 30일 현재　　　　(단위: 만원)

자 산			부 채 및 자 본		
현 금		7,600	미 지 급 금	500	
외상 매출금		4,000	기 타 부 채	2,500	3,000
재 고 자 산		2,000	자 본 금	65,000	
고 정 자 산	100,000		당 기 순 이 익	27,000	92,000
감가상각충당금	18,600	81,400			
자 산 합 계		95,000	부채 및 자본합계		95,000

9월 30일 현재 현금잔액은 3월 말 재무상태표상의 현금잔액 3,000만원과 4월부터 9월까지 누적된 잉여현금 4,600만원을 합한 7,600만원이다. 외상매출금은 9월 매출액 20,000만원의 20%인 4,000만원이며, 재고자산은 9월 중 구입이 없었기 때문에 안전재고로 유지된 2,000만원이 계상된다. 그리고 고정자산은 3월 말 재무상태표상의 70,000만원에 추가로 구입된 30,000만원을 더하여 100,000만원이 되며, 감가상각비충당금은 13,000만원의 기초금액에 4월부터 9월까지 누적된 감가상각비 5,600만원을 더하여 18,600만원이 된다.

정리문제

1. 매출액백분율에 의한 재무예측에 대하여 설명하시오.

2. (주)B사는 다가오는 2/4분기(4월~6월)의 현금예산을 작성하려고 한다. 3월 31일의 재무상태표는 다음과 같다.

(주)B사 재무상태표

3월 31일 현재 (단위: 만원)

자 산			부채 및 자본	
현 금		1,800	미 지 급 입 금	1,000
재 고 자 산		4,900	사 채	2,000
고 정 자 산	4,000		자 본 금	5,500
감가상각충당금	700	3,300	유 보 이 익	1,500
자 산 합 계		10,000	부채 및 자본합계	10,000

매출액 및 월별 임금지급액은 다음과 같이 추정되었다.

(단위: 만원)

월 별	매 출 액	임금지급액
4월	2,000	300
5월	5,000	500
6월	8,000	800
7월	6,000	

월별 판매비 및 일반관리비(감가상각비 제외)는 매월 매출액의 12%가 되리라 예상되며 감가상각비는 매월 고정자산액의 1.5%이다. 그리고 (주)B사의 현금예산 편성에 필요한 자료는 다음과 같다.

① 매출액의 80%는 현금매출이고 20%는 외상매출인데, 외상매출금은 다음날 전액 현금으로 회수된다.

② 매출총이익률은 40%이다.

③ 재고자산의 구입은 구입 시에 전액 현금으로 지급된다.

④ 안전재고로 3,700만원을 항상 유지한다.

⑤ (주)B사는 다음 달 예상매출액의 60%에 해당하는 재고자산을 구입한다.

⑥ 최소현금보유액은 1,000만원이다.

⑦ 미지급임금, 사채, 그리고 자본금에는 아무런 변동이 없다.

⑧ 세금은 9월 30일 이후에 납부하게 되므로 현금예산편성에서는 고려하지 않는다.

(주)B사의 4, 5, 6월에 걸친 현금예산과 4월 1일부터 6월 30일 사이의 추정손익계산서 및 6월 30일 현재의 재무상태표를 작성하시오.

3. C기업은 신기계 구입을 고려 중에 있으며 이 기계가 도입될 경우에는 기업의 매출이 800만원에서 1,000만원으로 증가될 전망이다. 이러한 매출 증가에 따라 비례적인 변화가 예상되는 항목들은 자산항목과 지급어음과 미지급비용항목이며 매출액순이익률은 8%이고 이익의 40%는 배당으로 지급할 계획이다.
현재의 재무상태표는 아래와 같다.

재무상태표

유 동 자 산	3,000,000	지 급 어 음	4,000,000
고 정 자 산	12,000,000	미 지 급 비 용	1,000,000
		장 기 부 채	3,000,000
		보 통 주	2,000,000
		유 보 이 익	5,000,000
총 자 산	15,000,000	부채 및 자본총계	15,000,000

① 추정 재무상태표를 작성하라.

② 매출액백분율법에 의해 외부자금소요액을 구하라.

③ 다음과 같은 각각의 조건하에서 이 기업의 외부자금소요액을 매출액백분율법에 의해 계산하라.

㉠ 매출액순이익률이 8%에서 10%로 변화

㉡ 매출액순이익률이 8%이고 배당성향은 20%로 감소

정리문제 9장 해답

2. i) 현금예산(4월~6월)

(단위: 만원)

구분	4월	5월	6월
매출액	2,000	5,000	8,000
〈현금유입〉			
현금매출	1,600[1]	4,000	6,400
매출채권회수		400[2]	1,000
계	1,600	4,400	7,400
〈현금유출〉			
재고자산	3,000[3]	4,800	3,600
임금	300	500	800
판매비 및 일반관리비	240[4]	600	960
계	3,540	5,900	5,360
월중 현금흐름[5]	(1,940)	(1,500)	2,040
누적 현금흐름[6]	(1940)	(3,440)	1400
누적 차입액[7]	860	2,640	–

1) 월 매출의 80%가 현금매출
   2,000×0.8 = 1,600
2) 매출의 20%는 외상매출금으로 다음 달 현금으로 회수됨
   2,000×0.2 = 400
3) 다음 달 예상매출액의 60%
   5,000×0.6 = 3,000
4) 판매비 및 일반관리비는 매출액의 12%
   2,000×0.12 = 240
5) 월중 현금흐름 = 당월 현금유입 – 당월 현금유출
6) 누적 현금흐름은 4월~6월 사이에 누적된 현금흐름
7) 누적 차입액은 4월~6월 사이에 월초 현금잔액, 월중 현금흐름 및 최소 현금보유액을 감안하여 차입한 금액의 누적액
   4월 누적 차입액 = 최소 현금보유액 – [4월 초 현금잔액 + 4월 중 현금흐름]
   = 1,000 – (1,800 – 1,940) = 860
   5월 누적 차입액 = 최소 현금보유액
   –[5월 초 현금잔액(720=1,800−1940+860)+5월 중 현금흐름]+4월 차입액
   = 1,000 – (720 – 1500) + 860
   = 2,640

ii) 추정 손익계산서(4월 1일~6월 30일)

손익계산서

(주)B사 (4월 1일~6월 30일) (단위: 만원)

매출원가[1]	9,000	매출액[5]	15,000
임금[2]	1,600		
판매비 및 일반관리비[3]	1,800		
감가상각비[4]	180		
세전순이익	2,420		
합계	15,000	합계	15,000

1) 매출 총이익률이 40%이므로 매출원가율은 60%임.(9,000=15,000×0.6)
2) 4월~6월 임금 합계
3) 매출액의 10%
4) 매월 고정자산액의 1.5%(=4,000×0.015×3개월)
5) 4월~6월 매출액 합계

iii) 추정 재무상태표

재무상태표

(주)B사 (6월30일 현재) (단위: 만원)

현금[1]	3,200	미지급임금	1,000
재고자산[2]	7,300	사채	2,000
고정자산	4,000	자본금	5,500
		유보이익	1,500
(감가상각충당금)[3]	880	세전순이익	3,620
자산합계	13,620	부채 및 자본합계	13,620

1) 현금잔액은 4월 초 현금잔액과 3개월간 누적현금흐름의 합계(3,200=1,800+1,400)
2) 재고자산은 안전재고액과 7월 매출을 대비하여 6월에 구입할 재고자산의 합계액 (7,300 = 3,700 + 6,000×0.6)
3) 4월 초 감가상가충담금잔액과 3개월간의 감가상각금액의 합계(880=700+180)

3. ① 매출액증가율 = (1,000만원 − 800만원) ÷ 800만원 = 0.25(25%)

추정 재무상태표 (단위: 천원)

	현재		추정
유동자산	3,000	×1.25	3,750
고정자산	12,000	×1.25	15,000
총자산	**15,000**	**×1.25**	**18,750**
지급어음	4,000	×1.25	5,000
미지급비용	1,000	×1.25	1,250
장기부채	3,000		3,000
보통주	2,000		2,000
유보이익	5,000		5,480*
부채 및 자본총계	**15,000**		**16,730**

* 매출액 1,000만원 수준에서의 유보이익(내부자금 조달액)

= 당기 미처분 유보액(B/S) + 차기 유보이익 예상액

= 당기 미처분 유보액 + 차기 매출액×매출액순이익률×(1 − 배당성향)

= 5,000천원 + 10,000천원×0.08×(1 − 0.4)

= 5,480천원

▶ 필요한 외부자금 소요액 = 18,750천원 − 16,730천원 = 2,020천원

② 외부자금 소요액(단위: 백만원)

매출액증가에 따른 외부자금소요액 = 자산증가액 − 부채증가액 − 유보이익증가액

$$= \frac{15}{8}(10-8) - \frac{5}{8}(10-8) - (0.08)(10)(1-0.4)$$

= 2.02백만원

여기서

$$자산증가액 = \frac{자산}{매출액} \times \Delta S$$

$$부채증가액 = \frac{부채}{매출액} \times \Delta S$$

유보이익증가액 = 매출액순이익률 × 예상매출수준 × (1 − 예상배당성향)

③ ㉠ 매출액 순이익률이 10%로 변화하는 경우 외부자금소요액

$$= \frac{15}{8}(10-8) - \frac{5}{8}(10-8) - (0.1)(10)(1-0.4)$$

= 1.9백만원

㉡ 매출액 순이익률 8%, 배당성향 20%로 감소할 경우 외부자금소요액

$$= \frac{15}{8}(10-8) - \frac{5}{8}(10-8) - (0.08)(10)(1-0.2)$$

= 1.86백만원

∴ 수익성의 증가와 유보율의 증가는 외부자금소요액을 감소시킨다.

제 10 장 경영분석응용

제1절 PBL이란?1)

문제중심학습(Problem-based learning, PBL) 또는 문제기반학습은 제시된 실제적인 문제를 학습자들이 해결하는 과정에서 학습이 이루어지는 학습자 중심의 학습환경이자 모형이다. 학습자들은 사고 전략과 영역 지식을 함께 배우게 된다. 문제중심학습의 형태는 의학 교육에서 출발하였는데 현재에는 다른 분야에서도 쓰이고 있다.

문제중심학습의 목적은 유연한 지식, 효과적인 문제해결능력, 자기주도학습, 효과적인 협업능력, 내재적 동기를 학습자들이 계발하도록 돕는 데 있다. 문제중심학습은 능동적 학습의 한 가지 양식이라고 할 수 있다.

학습자들은 집단 협업을 통해서 이미 알고 있는 것과 알아야 할 것, 문제해결에 도움이 될 정보가 어디에 있으며 어떻게 접근해야 하는지를 찾아내게 된다. 교수자(문제중심학습에서는 튜터-tutor라고 한다)의 역할은 학습 과정을 관찰하고 안내하고 보조함으로써 학습을 촉진하는 것이다. 튜터는 학습자들에게 문제에 도전할 수 있는 자신감을 형성하고 격려해 주어야 하는 동시에 학습자들의 이해를 확장시켜야 한다. 강의식 교과목중심학습과 문제중심학습의 비교는 〈표 10-1〉과 같다.

---

1) 위키백과, 우리 모두의 백과사전

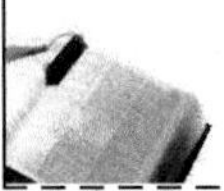

〈표 10-1〉 교과목 중심학습과 문제 중심학습의 비교[2)]

	교과목 중심학습 (subject-based learning, SBL)	문제 중심학습 (problem-based learning, PBL)
내 용	주제 중심	증례 또는 문제중심
주 체	선생	학습자
학습방법	강의	토론 및 자율학습
학 급	대그룹	소그룹
학습계획	교과목별 독립	통합, 통괄
평가내용	학습 내용	지식 형성과정이 추가
평가방법	필기시험	태도 관찰이 추가

제2절 PBL 절차

문제중심학습의 절차는 여러 문헌에서 다양하게 제시가 되고 있지만, 본 책자에서는 학습 현장에서 적용을 해보고 효율적이라 생각하는 부분을 보완하여 설명을 하고자 하며, 학습자 그룹의 규모, 학습능력, 시간 등을 고려하여 맞춤식 운영을 하여야 한다.

이러한 학습 방법에 익숙하지 않은 학습자의 경우는 교수자(튜터)의 역할이 중요시 되며, 학습자에게 자신감과 동기를 부여해 주고, 그룹별 활발한 토론이 이루어지도록 촉진자(facilitator) 역할을 수행하거나, 때로는 토론을 주제하는 진행자(modulator) 역할을 하여 자기주도 학습이 활발하게 진행될 수 있도록 해야 한다. 문제중심학습의 절차는 [그림 10-1]에 기술하였다.

2) 김용진 外, PBL의 이론과 실제(한국의학교육 제12권 제1호 2000)

[그림 10-1] 문제중심학습 절차

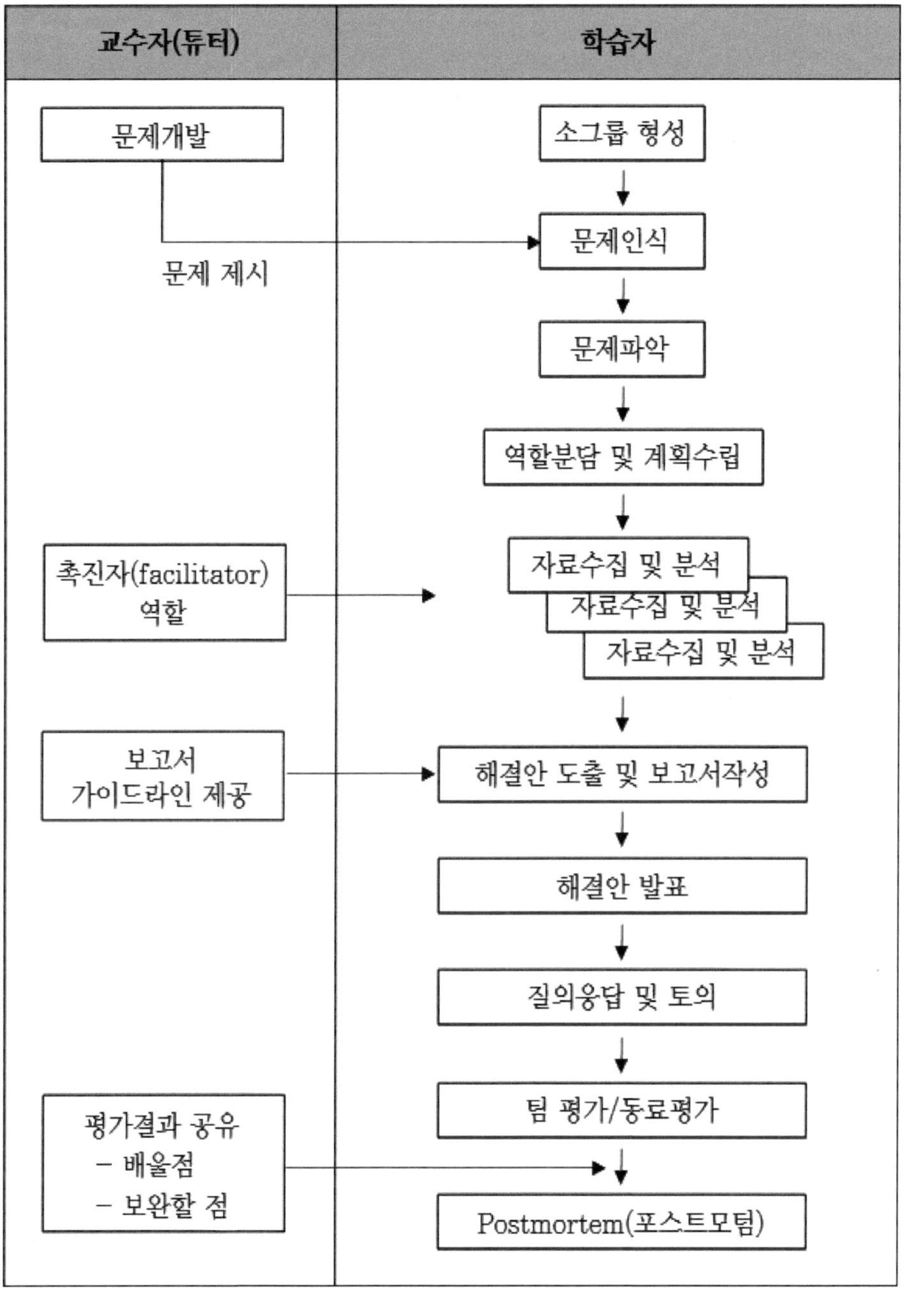

교수자(튜터)	학습자
문제개발	소그룹 형성
문제 제시 →	문제인식
	문제파악
	역할분담 및 계획수립
촉진자(facilitator) 역할 →	자료수집 및 분석 / 자료수집 및 분석 / 자료수집 및 분석
보고서 가이드라인 제공 →	해결안 도출 및 보고서작성
	해결안 발표
	질의응답 및 토의
	팀 평가/동료평가
평가결과 공유 - 배울점 - 보완할 점 →	Postmortem(포스트모텀)

위의 문제중심학습을 수행하면서 학습자는 다음과 같은 내용을 스스로 깨달을 수 있게 된다.

역할분담 단계에서 학습자별 장점을 파악하여 상호간 협력의 중요성을 배우게 되고, 평가 단계에서는 항상 평가를 받던 입장에서 탈피하여 평가를 경험해 봄으로써 평가의 객관성과 어려움을 경험하게 되고, 본인이 포함된 그룹과 다른 그룹을 평가함으로써 스스로 잘된 점과 보완할 점을 인식하게 된다. 마지막으로 포스트모텀 단계에서는 평가하면서 느낀 점과 보완할 점을 토의해 봄으로서 유사한 과제 진행 시 한 단계 더 성장할 수 있는 기반을 마련해 준다.

제3절 경영분석 응용사례

경영분석 학습을 마무리한 후, PBL과제를 수행했던 실질적인 사례를 소개하고자 한다.

- 소그룹 : 5~6명으로 구성
- 문 제 : 국내 1,000대 기업 중 3년간 매출 및 영업이익이 정체 또는 감소되는 업체를 선정하여, 경영분석 지식(재무비율 및 비계회자료분석)을 활용하여 기업경영현황을 파악해 보고, 대표자 입장에서 대책을 수립해 본다.
  (국내 1,000대 기업 자료는 제공을 해 준다.)
- 보고서 : 보고서에 반드시 포함해야 할 가이드 제공
  ① 팀원 소개(사진 포함) 및 역할
  ② 기업 선정 사유
  ③ 기업 개요
  ④ 각종 재무비율 및 영업활동 분석
  ⑤ 해결안 도출
  ⑥ PBL 과제 수행 후 느낀 점
- 평 가 : 평가시트 예시는 [그림 10-2 참조]

– 포스트모텀 : 바둑의 복기, 학습자의 복습 행동 등의 사례를 들어 포스트 모텀 방법 및 중요성을 설명한다.

[그림 10-2] PBL(problem based learning) 평가 Sheet

• 평가일자 :

• 평 가 자 : 본인 소속팀 :

팀	평가항목					합계
	선정기업의 타당성 (1/3/5점)	보고서 작성 수준 (1/3/5점)	기업분석 수준 (1/3/5점)	해결안 도출 타당성 (1/3/5점)	발표 수준 (1/3/5점)	
A팀						
B팀						
C팀						
D팀						
E팀						

〈부표1〉 표준정규분포도

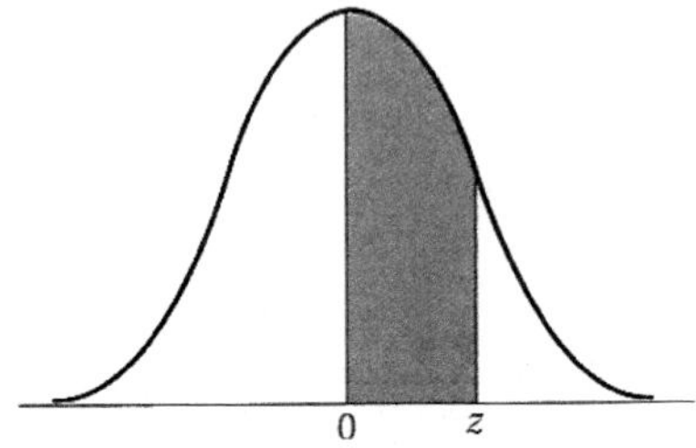

이 표는 z=0에서 z점까지의 넓이를 나타내 준다.

z	.00	.01	.02	.03	.04	.05	.06	.07	.08	.09
0.0	.0000	.0040	.0080	.0120	.0160	.0119	.0239	.0279	.0319	.0359
0.1	.0398	.0438	.0478	.0517	.0557	.0596	.0636	.0675	.0714	.0753
0.2	.0793	.0832	.0871	.0910	.0948	.0987	.1026	.1064	.1103	.1141
0.3	.1176	.1217	.1255	.1293	.1331	.1368	.1406	.1443	.1480	.1517
0.4	.1554	.1591	.1628	.1664	.1700	.1736	.1772	.1808	.1844	.1879
0.5	.1915	.1950	.1985	.2019	.2054	.2088	.2123	.2157	.2190	.2224
0.6	.2257	.2291	.2324	.2357	.2389	.2422	.2454	.2486	.2518	.2549
0.7	.2580	.2612	.2642	.2673	.2704	.2734	.2764	.2794	.2823	.2852
0.8	.2881	.2910	.2939	.2967	.2995	.3023	.3051	.3078	.3106	.3133
0.9	.3159	.3186	.3212	.3238	.3264	.3289	.3315	.3340	.3365	.3389
1.0	.3413	.3438	.3461	.3485	.3508	.3531	.3554	.3577	.3599	.3621
1.1	.3643	.3665	.3686	.3708	.3729	.3749	.3770	.3790	.3810	.3830
1.2	.3849	.3869	.3888	.3907	.3925	.3944	.3962	.3980	.3997	.4015
1.3	.4032	.4049	.4066	.4082	.4099	.4115	.4131	.4147	.4162	.4177
1.4	.4192	.4207	.4222	.4236	.4251	.4265	.4279	.4292	.4306	.4319
1.5	.4332	.4345	.4357	.4370	.4382	.4394	.4406	.4418	.4429	.4441
1.6	.4452	.4463	.4474	.4484	.4495	.4505	.4515	.4525	.4535	.4545
1.7	.4554	.4564	.4573	.4582	.4591	.4599	.4608	.4616	.4625	.4633
1.8	.4641	.4649	.4656	.4664	.4671	.4678	.4686	.4693	.4699	.4706
1.9	.4713	.4719	.4726	.4732	.4738	.4744	.4750	.4756	.4761	.4767
2.0	.4772	.4778	.4783	.4788	.4793	.4798	.4803	.4808	.4812	.4817
2.1	.4821	.4826	.4830	.4834	.4938	.4842	.4846	.4850	.4854	.4857
2.2	.4861	.4864	.4868	.4871	.4876	.4878	.4881	.4884	.4887	.4890
2.3	.4893	.4896	.4898	.4901	.4904	.4906	.4909	.4911	.4913	.4916
2.4	.4918	.4920	.4922	.4925	.4927	.4929	.4931	.4932	.4934	.4936
2.5	.4938	.4940	.4941	.4943	.4945	.4946	.4948	.4949	.4951	.4952
2.6	.4953	.4955	.4956	.4957	.4959	.4960	.4961	.4962	.4963	.4964
2.7	.4965	.4966	.4967	.4968	.4969	.4970	.4971	.4972	.4793	.4974
2.8	.4974	.4975	.4976	.4977	.4977	.4978	.4979	.4979	.4980	.4981
2.9	.4681	.4982	.4982	.4983	.4984	.4984	.4985	.4985	.4986	.4986
3.0	.49865	.4987	.4987	.4988	.4988	.4989	.4989	.4989	.4990	.4990
4.0	.49997									

〈부표2〉 t분포표

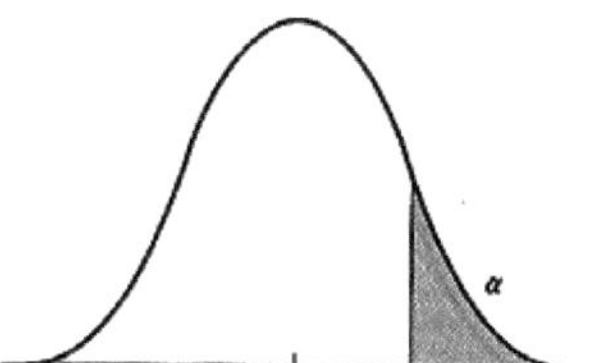

d.f.	α					
	.25	.1	.05	.025	.01	.005
1	1.000	3.078	6.314	12.706	32.821	63.657
2	.816	1.886	2.920	4.303	6.965	9.925
3	.765	1.638	2.353	3.182	4.541	5.841
4	.741	1.533	2.132	2.776	3.747	4.604
5	.727	1.476	2.015	2.571	3.365	4.032
6	.718	1.440	1.943	2.447	3.143	3.707
7	.711	1.415	1.895	2.365	2.998	3.499
8	.706	1.397	1.860	2.306	2.896	3.355
9	.703	1.383	1.833	2.262	2.821	3.250
10	.700	1.372	1.812	2.228	2.764	3.169
11	.697	1.363	1.796	2.201	2.718	3.106
12	.695	1.356	1.782	2.179	2.681	3.055
13	.694	1.350	1.771	2.160	2.650	3.012
14	.692	1.345	1.761	2.145	2.624	2.977
15	.691	1.341	1.753	2.131	2.602	2.947
16	.690	1.337	1.746	2.120	2.583	2.921
17	.689	1.333	1.740	2.110	2.567	2.898
18	.688	1.330	1.734	2.101	2.552	2.878
19	.688	1.328	1.729	2.093	2.539	2.861
20	.687	1.325	1.725	2.086	2.528	2.845
21	.686	1.323	1.721	2.080	2.518	2.831
22	.686	1.321	1.717	2.074	2.508	2.819
23	.685	1.319	1.714	2.069	2.500	2.807
24	.685	1.318	1.711	2.064	2.492	2.797
25	.684	1.316	1.708	2.060	2.485	2.787
26	.684	1.315	1.706	2.056	2.479	2.779
27	.684	1.314	1.703	2.052	2.473	2.771
28	.683	1.313	1.701	2.048	2.467	2.763
29	.683	1.311	1.699	2.045	2.462	2.756
30	.683	1.310	1.697	2.042	2.457	2.750
40	.681	1.303	1.684	2.021	2.423	2.704
60	.679	1.296	1.671	2.000	2.390	2.660
120	.677	1.289	1.658	1.980	2.538	2.617
∞	.674	1.282	1.645	1.960	2.326	2.576

〈부표3〉 재무비율 공식모음

수익력 평가	수익성 비율 profitability	기업경영의 총괄적 효율성 (화폐적 효율성)을 측정

* ROA : return on assets
* ROE : return on equity
* ROI : return on investment

$$\text{ROI(투자이익률)} = \frac{\text{투자이익}}{\text{투자자본}}$$

* 투자자본
: 총자본, 자기자본
영업자본, 장기자본
* 투자이익(성과)
: 당기순이익,
계속사업이익
영업이익
매출총이익

$$\frac{\text{영업이익}}{\text{매출액}} = \frac{\text{매출총이익}}{\text{매출액}} \times \frac{\text{영업이익}}{\text{매출총이익}}$$

영업효율성 생산효율성 관리효율성

$$\text{총자본 순이익율(\%)} = \frac{\text{당기순이익}}{\text{(평균)총 자본}} \times 100$$

$$\text{총자산 순이익율(\%)} = \frac{\text{당기순이익}}{\text{(평균)총 자산}} \times 100$$

$$\text{자기자본 순이익율(\%) (ROE)} = \frac{\text{당기순이익}}{\text{(평균)자기자본}} \times 100$$

$$\text{매출액 영업이익율(\%) (영업활동 경영성과)} = \frac{\text{영업이익}}{\text{매출액}} \times 100$$

$$\text{매출액 경상이익율(\%) (기업전체 경영활동성과)} = \frac{\text{경상이익}}{\text{매출액}} \times 100$$

$$\text{매출액 순이익율(\%)} = \frac{\text{당기순이익}}{\text{매출액}} \times 100$$

수익력 평가	활동성 비율 Activity	기업이 보유한 제 자원의 활용도 (물리적 효율성)를 측정

$$\text{활동성비율(회)} = \frac{\text{매출액}}{\text{특정(OO)자산}} = \text{OO자산 회전율}$$

$$\text{총자산 회전율(회)} = \frac{\text{매출액}}{\text{(평균)총자산}}$$

$$\text{매출채권평균회수기간(일)} = \frac{\text{매출채권 평균잔액}}{\text{1일 평균매출액}}$$

$$\text{1일 평균매출액} = \frac{\text{연간매출액}}{\text{365일}}$$

$$\text{매출채권 회전율(회)} = \frac{\text{매출액}}{\text{매출채권(평균잔액)}}$$

$$\text{재고자산 회전율(회) (매출액기준)} = \frac{\text{매출액}}{\text{재고자산(평균잔액)}}$$

$$\text{재고자산 회전율(회) (매출원가기준)} = \frac{\text{매출원가}}{\text{재고자산(평균잔액)}}$$

$$\text{고정자산 회전율(회)} = \frac{\text{매출액}}{\text{고정자산}}$$

$$\text{매출량 손익분기점} = \frac{\text{FC (고정영업비용)}}{\text{P (제품의 판매단가)} - \text{V (제품단위당 변동비용)}}$$

$$\text{매출액 손익분기점} = \frac{\text{FC (고정영업비용)}}{1 - \dfrac{\text{V (제품단위당 변동비용)}}{\text{P (제품의 판매단가)}}}$$

위험 평가	유동성 비율 liquidity ratios	기업의 단기채무 상환 능력을 측정

$$유동비율(\%) = \frac{유동자산}{유동부채} \times 100$$

$$당좌비율(\%) = \frac{당좌자산(유동자산-재고자산)}{유동부채} \times 100$$

$$영업비용방어기일(일) = \frac{당좌자산}{일\ 평균현금영업비용} = \frac{당좌자산}{\frac{연간영업비용-감가상각비등}{365일}}$$

위험 평가	레버리지 비율 leverage	기업의 타인자본 의존도와 장기채무상환능력을 측정

$$부채비율(\%) = \frac{부채(유동부채+고정부채)}{자기자본} \times 100$$

$$유동부채비율(\%) = \frac{유동부채}{자기자본} \times 100$$

$$자기자본비율(\%) = \frac{자기자본}{총\ 자본} \times 100$$

$$이자보상비율(배) = \frac{법인세비용차감전이익+이자비용}{이자비용}$$

$$고정비율(\%) = \frac{고정자산}{자기자본} \times 100$$

$$고정장기적합률(\%) = \frac{고정자산}{자기자본+고정부채} \times 100$$

기타 평가	성장성 비율 Growth	기업이 외형 및 성과 면에서 얼마나 성장하고 있는가를 측정

$$매출액\ 증가율(\%) = \frac{당기매출액 - 전기매출액}{전기매출액} \times 100$$

$$총자산\ 증가율(\%) = \frac{기말\ 총자산 - 기초\ 총자산}{기초\ 총자산} \times 100$$

$$주당이익\ 증가율(\%) = \frac{기말\ 주당이익 - 기초\ 주당이익}{기초\ 주당이익} \times 100$$

시장평가 비율 valuation	기업의 위험도와 수익성을 반영하는 비율로서 기업의 성과를 완전하게 측정

* EPS : earnings per share
* PER : price/earning ratio
* PBR : price book value ratio (주가순자산비율)

$$주당이익[EPS](원) = \frac{당기순이익 - 우선주배당금}{가중평균\ 유통주식수}$$

$$주가수익비율[PER]\ (배) = \frac{주가}{주당이익(EPS)}$$

$$주가\ 대\ 장부가치비율[PBR] = \frac{주가}{주당\ 장부가치} = \frac{주가}{[(총자산-총부채) \div 발행주식수]}$$

$$q비율 = \frac{자산의\ 시장가격}{자산의\ 추정\ 대체원가} = \frac{증권시장에서의\ 평가액}{실물시장에서의\ 평가액}$$

생산성 비율 Productivity	기업활동의 능률과 업적을 측정하고 성과배분의 적정여부를 분석

찾아보기

◖ O ◗

◖ P ◗

◖ Q ◗

◖ R ◗

◖ S ◗

◖ T ◗

◖ U ◗

◖ V ◗

◖ W ◗

▶ 저자 약력◀

김 중 호

- 명지대학교 기계공학과 졸업
- 아주대학교 대학원(경영학석사)
- 안양대학교 대학원(경영학박사)
- 삼성전자 DAS개발기획 그룹장

현) 오산대학교 세무회계과 교수

〈저서 및 논문〉

- 알기 쉬운 경영분석(도서출판 두남)
- 알기 쉬운 경영학(도서출판 두남)
- 지각된 경영컨설팅 서비스 품질이 조직몰입과 혁신행동에 미치는 영향(2019)
- 6시그마 도입이 기업의 경영 성과에 미치는 영향에 관한 사례연구(2002)
- 전문대학 신입생의 개인특성이 대학적응 만족도에 미치는 영향(2017)
- The Polarization of Wealth
  : The Effect of Support of Knowledge Management on Knowledge Management Activity and Company Performance(2017)

盧 德 煥

- 경희대 한의예과 退
- 전북대 경영학과 卒
- 전북대 대학원(경영학박사)
- 한국도로공사 관리과장
- 전주대학교 전임강사

현) 군산대학교 경영회계학부 교수

〈저 서〉

- 영한 경영·회계용어사전(법영사)
- 뉴파워 시사·경제영어사전(법영사)
- 영한 경영학사전(법영사)
- 한영 경영학사전(법영사)
- 영한 국제통상용어사전(법영사)
- 새로운 재무관리론(학문사)
- 기본경영학(형설출판사)
- 경영학연습(형설출판사)
- 재무제표분석(박영사)
- 재무분석(박영사)
- 포인트 경영학(박영사)
- 프린시피아 재무경영(형설출판사)
- 경영의 이해(도서출판 두남)
- 공학인의 경영연습(도서출판 두남)
- 경영학원론(도서출판 두남)
- 경영학 에센스(도서출판 두남)
- 경영분석 기초(도서출판 두남)

알기 쉬운 경영분석

초　판 1쇄 발행 —— 2019년　8월 10일
초　판 2쇄 발행 —— 2021년　8월 30일
지은이 —— 김 중 호 · 노 덕 환
펴낸이 —— 전 두 표
펴낸데 —— 도서출판 두남
서울시 강동구 성내동 455-12 두남빌딩
신고 : 제25100-1988-9호
TEL : (02) 478-2065~7, 2311
FAX : (02) 478-2068
E-mail : dunam1@unitel.co.kr
http://www.dunam.co.kr

정가 16,000원

ISBN 978-89-6414-844-0　93320